中国司法改革实证研究丛书

致力于中国司法制度、刑事诉讼制度和纠纷解决的
实证研究作品

教育部哲学社会科学研究后期资助项目（06JHQ0006）支持
国家985工程四川大学社会矛盾与社会管理研究创新基地支持

中国司法改革实证研究丛书
左卫民/丛书主编

中基层法院法官任用机制研究

THE RESEARCH ON THE APPOINTMENT MECHANISM OF
JUDGES AT INTERMEDIATE AND BASIC COURTS

左卫民　全亮　黄翀　王禄生　张洪松/著

图书在版编目(CIP)数据

中基层法院法官任用机制研究/左卫民等著. —北京：北京大学出版社，2014.12
（中国司法改革实证研究丛书）
ISBN 978-7-301-25490-5

Ⅰ.①中… Ⅱ.①左… Ⅲ.①法官—人事管理—研究—中国 Ⅳ.①D926.17

中国版本图书馆 CIP 数据核字(2015)第 022834 号

书　　名	中基层法院法官任用机制研究
著作责任者	左卫民　全　亮　黄　翀　王禄生　张洪松　著
责任编辑	陈蔼婧
标准书号	ISBN 978-7-301-25490-5
出版发行	北京大学出版社
地　　址	北京市海淀区成府路 205 号　100871
网　　址	http://www.pup.cn　http://www.yandayuanzhao.com
电子信箱	yandayuanzhao@163.com
新浪微博	@北京大学出版社　@北大出版社燕大元照法律图书
电　　话	邮购部 62752015　发行部 62750672　编辑部 62117788
印刷者	北京溢漾印刷有限公司
经销者	新华书店
	965mm×1300mm　16 开本　20 印张　269 千字
	2014 年 12 月第 1 版　2014 年 12 月第 1 次印刷
定　　价	48.00 元

未经许可，不得以任何方式复制或抄袭本书之部分或全部内容
版权所有，侵权必究
举报电话：010-62752024　电子信箱：fd@pup.pku.edu.cn
图书如有印装质量问题，请与出版部联系，电话：010-62756370

"中国司法改革实证研究丛书"序

2014年10月20日至23日召开的中共十八届四中全会,无疑将在当代中国法治建设的进程史上留下划时代的一笔。继党的十八届三中全会提出进一步深化司法体制改革的新措施后,党的十八届四中全会通过的中共中央《关于全面推进依法治国若干重大问题的决定》,又提出了关于司法改革的重大举措,这对中国司法建设与改革而言显然具有积极意义。

长期以来,笔者及笔者带领的学术团队包括所指导的博士研究生,一直致力于司法制度、刑事诉讼制度和纠纷解决的实证研究,力图真切地把握中国司法与诉讼制度的运行现状,深度剖析其利弊得失,抓住切实存在的重要问题,探究其成因,并在此基础上提出有针对性和可操作性的改革建言。通过不断地展开实证研究,我们取得了关于司法与诉讼制度若干方面的一些研究成果。考虑到当前司法改革的重要性,也考虑到实证研究的重要性,笔者将我们团队近期有关司法制度的研究成果收辑成册,以中国司法改革实证研究为主题,与北京大学出版社联系并系列出版。笔者的看法是,中国司法研究固然早成显学,但司法改革的正确推进尤其是长期有效推行,仍然有待于科学、细致及深入的实证研究。有鉴于此,笔者将自己及所带领团队关于司法的实证研究成果奉献给大家,希望抛砖引玉,引起更多学界同仁关注并展开司法实证研究,同时也为当下和未来的司法改革提供些许参考。

需要指出的是,对于法学研究者而言,实证研究乃是一门新兴的研究方法,无论是笔者抑或笔者所带领的团队成员,都有一个学习与掌握的过程。本系列作品中,有些实证研究方法运用得比较多,有的则比较少;有些运用得比较好,有些则有所欠缺,但鉴于这些作品大都或多或少地运用实证方法,比如使用数据展开分析等,因此笔者仍然以实证研究为主题收辑在一起。其中不当之处,敬请读者诸君批评。

左卫民

2014 年 12 月 3 日于四川大学研究生院

序

这是一本早该出版,却由于各种原因姗姗来迟的著作。2006年,我以"中国法官任用制度改革研究"为题,申请并获得教育部哲学社会科学研究后期资助重点项目(06JHQ0006)。当时之所以申报这个题目,是因为我认为法官任用机制是一个重要而又缺乏研究的问题,同时,还在于当时我已经开始了对于中国刑事诉讼运行机制的实证研究,对实证研究方法在其他法律领域的应用也持积极的态度。在这之前,我在重点研究刑事诉讼的同时,长期关注司法制度,发现在这一领域基于数据开展实证研究的成果并不多见。因此,当我在刑事诉讼领域进行实证研究并取得一定成果的时候,我也开始尝试在司法制度领域推动实证研究,这本书正是我在此领域努力的体现。

在项目立项后,我组建了团队,成员主要包括博士生还有若干硕士生,在后期的研究之中,还有新生的研究力量如张洪松博士的加入。在调查对象上,我在S省选了不同地区的几个法院作为样本。一个是即使在全国范围内也堪称发达的"一线城市"的中级法院和其下属基层法院,一个是在全国属于中等发达地区的中级法院和其下属基层法院,第三个是在全国属于相对落后的农业市的中级法院和其下属基层法院。在之后的3到4年时间,我带领团队成员,包括全亮、黄翀、王禄生,还有一些硕士生作为辅助人员,先后到这些法院进行了实证研究。这种实证研究既包括搜集关于法官任用的各种文字性资料——在这些文字资料中挖掘研究所需的数据;同时也包括与各级法官的深度访谈——针对院长、副院长、审委会委员、庭长、副庭长、审判员、助审员、书记员的不同情况,我们对他们的背景、来源等进行了深度访问;此外,我们还做了专门的问卷调查。

本研究以我们根据一定的标准去设计、收集和分析的相关数据资料为基础,同时注意多元理论的运用,采用了综合的、交叉性学科的理论尤其是社会学、人类学的方法来展开。经过团队成员的努力,在2009—2010年之间,我们就已经形成了本书的初稿。在初稿的写作分工方面,第一章由我、黄翀和张洪松撰写,第二章由王禄生撰写,第三章由黄翀撰写,第四章、第五章由黄翀和全亮撰写,第六章由我和全亮撰写,第七章由我撰写。最后,由我负责统稿;同时,黄翀、王禄生、张洪松、全亮也参与了统稿工作。

然而,作为课题负责人,我对形成的初稿并不很满意。因为几位主要写作者当时都很年轻,在具体写作时的行文风格和思路上呈现出较大的差异。当然,我应该承担宏观把关责任。因此,围绕这个课题的初稿,我从框架、观点、论证和文字等多个方面指导课题组成员进行了多次修改,课题组成员也多次协助我修改。在这种往返多次的修改中,包括我在内的每一个课题组成员实际上都深度参与了每一章的写作。修改持续进行了两三年,中途数度因为修改而疲倦,以至于将书稿搁置了很长一段时间。

直到2013年,随着中央大力推进新一轮司法改革,尤其党的十八届三中全会提出"推动省以下地方法院、检察院人财物统一管理"后,我才感觉不能再拖了。因为任何一个研究特别是针对实践问题的研究,都期待能够对当下的改革产生一定的参考价值,而我们关于中、基层法院法官任用机制的实证研究,或许能够为当前正在推进的司法改革,尤其是法院的人财物省级统管改革提供参考。有鉴于此,课题组最近加快了进度,对书稿进行了最后的修改。

尽管我对这个课题的成果还不是很满意,很多数据是几年前收集的,距离今天的司法数据可能会有差距,同时在观点上也显得有些重复、交叉,甚至有矛盾、冲突。但整体上看,它仍然可以看做是第一部关于中国中、基层法院法官任用机制实证研究的专著,因此我们还是愿意把它适时推出来。

这部著作的好坏自然应该交由读者诸君去评判。虽然我们已很努力,但它肯定还存在很多缺点,欢迎读者诸君提出意见。作为作者,如果它能够为大家进一步研究这个问题提供一些基础性的材料并作为推进后续研究的一块"砖头",我们就心满意足了。当然,我们也会继续努力,在以后推出更多的中国司法制度实证研究成果。在我们已经推出的中国刑事诉讼运行机制实证研究系列丛书之外,我们还将陆续以中国司法实证研究为名,推出系列作品,这是第一本。希望大家能关注,提出更多的意见和建议。

左卫民

2014年4月17日于纽约一个阳光灿烂的早晨

目 录

第一章　导论 …………………………………………………… 001
　一、研究对象与现状 ………………………………………… 001
　二、研究思路 ………………………………………………… 009
　三、研究材料与方法 ………………………………………… 012
　四、本书的基本结构 ………………………………………… 018
第二章　业务型普通法官任用机制（Ⅰ）……………………… 024
　一、作为重要审判力量的助审员 …………………………… 024
　二、任用机制的变迁 ………………………………………… 027
　　（一）资格考试标准的历史沿革 ………………………… 027
　　（二）学历标准的历史沿革 ……………………………… 028
　　（三）身份标准的历史沿革 ……………………………… 029
　　（四）任用程序的变迁 …………………………………… 030
　三、任用标准 ………………………………………………… 031
　　（一）刚性标准 …………………………………………… 032
　　（二）柔性标准 …………………………………………… 046
　四、任用程序 ………………………………………………… 053
　　（一）任用阶段与决策主体 ……………………………… 053
　　（二）程序分类与效果评估 ……………………………… 057

第三章　业务型普通法官任用机制（Ⅱ） …… 063
一、作为业务骨干的审判员 …… 063
二、任用机制的变迁 …… 069
三、任用标准 …… 077
　（一）刚性标准 …… 077
　（二）柔性标准 …… 085
四、任用程序 …… 091
　（一）分配确认型 …… 091
　（二）竞争选拔型 …… 097
　（三）程序的效应 …… 102

第四章　业务型领导法官任用机制（Ⅰ） …… 115
一、作为部门领导的正副庭长 …… 115
二、任用机制的变迁 …… 119
三、任用标准 …… 123
　（一）刚性标准 …… 124
　（二）柔性标准 …… 130
四、任用程序 …… 139
　（一）程序类别 …… 140
　（二）任用阶段 …… 143
　（三）效果评估 …… 151

第五章　业务型领导法官任用机制（Ⅱ） …… 171
一、作为分管领导的副院长 …… 171
二、任用机制的变迁 …… 175
三、任用标准 …… 181
　（一）刚性标准 …… 182
　（二）柔性标准 …… 186
四、任用程序 …… 192
　（一）组织程序 …… 192

（二）法律程序 …………………………………………… 200
　　（三）架构与影响 ………………………………………… 202

第六章　政治型领导法官任用机制 ………………………… 208
　一、作为"一把手"的院长 …………………………………… 208
　二、任用机制的变迁 ………………………………………… 210
　三、任用标准 ………………………………………………… 215
　　（一）刚性标准 …………………………………………… 216
　　（二）柔性标准 …………………………………………… 226
　四、任用程序 ………………………………………………… 236
　　（一）地方主导型 ………………………………………… 237
　　（二）上级主导型 ………………………………………… 245
　　（三）效果的评估 ………………………………………… 254

第七章　中国法官任用机制评析——以任用理念为脉络 …… 268
　一、两种理念主导下的法官任用 …………………………… 269
　　（一）两种法官任用理念的缘起 ………………………… 269
　　（二）两种理念影响的法官任用 ………………………… 276
　二、二律背反：法官任用的中国图景 ……………………… 281
　　（一）任用标准国际化与任用程序本土化 ……………… 281
　　（二）下层法官职业化与上层法官干部化 ……………… 285
　三、前瞻：中国法官任用机制的未来 ……………………… 290

参考文献 ……………………………………………………… 293

第一章 导 论

一、研究对象与现状

　　法官任用机制——通过何种程序选任什么样的法官——是任何一个法治国家都需认真对待的问题:"因为它是通过未来法官们的社会化而强化旧的价值和输入新价值的手段。"①新中国成立以来,我国法官的规模不断扩充,目前具有法官身份的法院工作人员已有21万左右,其中从事审判工作的就有15万左右。② 对正在进行持续司法改革的中国来说,这样一个规模庞大的职业群体的选拔及其素质,将直接决定中国司法的质量,进而影响到法治中国的建设进程。③ 如何构建一个"中国式"的法官任用机制并将其嵌入独特的司法生态中,以实

---

　　① 〔美〕H. W. 埃尔曼:《比较法律文化》,高鸿钧、贺卫方译,清华大学出版社2002年版,第112页。
　　② 参见孙建:《法官选任制度的构建》,载《法学杂志》2004年第2期。
　　③ 在当代中国社会中,法官的素质及其选拔直接决定着司法的质量,并进而影响到法制的建设。比如,2009年黑龙江高院院长一职的变动就引发了媒体关于"党政型院长"和"司法型院长"的热议。具体讨论可参见董馨、蔡小莉:《全国高院院长,14位党政型14位司法型》,载2009年7月20日《成都商报》。该文讨论了我国"党政型"院长的选拔理念和"司法型"院长的优势,认为"党政型"和"司法型"院长各有所长,"党政型"院长协调能力更强,"司法型"院长专业经验更多。对此问题的思考还可见傅达林:《一省高院院长与一方司法生态》,载2009年7月24日《中国青年报》。这些关于法官选任的思考,折射出处于转型期的社会对权威、公正、高效司法的期待。

现法治的功能,一直是中国司法改革中一个亟待解决的重大课题。

新中国建立以来的很长一段时间里,我国在法官任用过程中,并未对拟任法官的专业素质和任用程序提出任何特殊要求,因而法官在任用机制上,与普通行政机关公务员几乎不存在差异。改革开放以来,随着经济社会生活的复杂化、格式化,以及社会公众法律意识、法治观念的增强,这样一种高度行政化的任用机制,无论是与新形势下政治部门对司法部门提出的新要求,还是与新时期人民对司法工作的新期待,都已渐生抵牾。因此,以1995年《中华人民共和国法官法》(以下简称《法官法》)的制定和2001年《法官法》修订为标志,中国法院以法官职业化为核心,在法官的选任、晋升、培训、考评和监督等制度方面进行了一系列的改革。首先,在任用标准上提高法官任用的专业素质要求,包括学历条件、专业条件、工作经历条件等[1],同时确立法官任职前培训制度[2],并将通过严格考试获得职业资格作为法官任用的必要条件。尤其是2002年国家统一司法考试的实施,使我国在法官职业化方面迈出了非

---

[1] 在专业素质上,1995年《法官法》规定的任职条件是:高等院校法律专业毕业或者高等院校非法律专业毕业具有法律专业知识,工作满两年的,或者获得法律专业学士学位,工作满1年的;获得法律专业硕士学位、法律专业博士学位的,可以不受上述工作年限的限制。由于这一规定出台时中国的法学教育还不够发达,因此无论对学历还是对经历的要求都不高。随着法制建设的不断深入,2001年《法官法》修订时,法官任用的最低学历要求原则上被提高到本科层次:高等院校法律专业本科毕业或者高等院校非法律专业本科毕业具有法律专业知识,从事法律工作满两年,其中担任高级人民法院、最高人民法院法官,应当从事法律工作满3年;获得法律专业硕士学位、博士学位或者非法律专业硕士学位、博士学位具有法律专业知识,从事法律工作满1年,其中担任高级人民法院、最高人民法院法官,应当从事法律工作满两年。所谓原则上提高到本科层次,是指该法同时也设定了一个例外,即对于适用该学历条件确有困难的地方,经最高人民法院审核确定,在一定期限内,可以将担任法官的学历条件放宽为高等院校法律专业专科毕业。

[2] 根据2006年修订的《法官培训条例》,拟任法官的人员须接受预备法官培训,初任法院院长、副院长须接受任职培训。按照规定,拟任法官的人员以及在职法官,经过规定的培训并考核合格的,方可任职、晋级、续职,任职前培训作为法官遴选环节的一个组成部得以确立。此外,根据中共中央组织部和最高人民法院等部门《公开选拔初任法官、检察官任职人选暂行办法》第24条的规定,公开选拔的初任法官任职人选在依法任命前,也应当参加3个月以上的任职培训并取得合格证书。

常重要的一步。① 其次，在任用程序上强化省级法院的管理权限，正式确立了任命法官和提请任命法官的审核制度。② 最后，拓宽法官任用的来源和渠道，包括面向社会从具有任职条件和资格的人员中公开选拔初任法官③，从下级法院优秀法官中选任上级法院的法官④，从律师

---

① 在任职资格上，根据1995年《法官法》第12条第1款关于"初任审判员、助理审判员采用公开考试、严格考核的办法，按照德才兼备的标准，从具备法官条件的人员中择优提出人选"的规定，最高人民法院组织了初任法官资格统一考试。不过，这种考试由法院系统自行组织，报考对象仅限于审判机关在编工作人员，并不向社会开放，在法官职业化进程中发挥的实际功能仍然有限。2001年，随着《法官法》第12条第1款的修订，国家要求"初任法官采用严格考核的办法，按照德才兼备的标准，从通过国家统一司法考试取得资格，并且具备法官条件的人员中择优提出人选"，从而将原法院系统的初任法官考试、检察院系统的初任检察官考试和司法部主管的律师资格考试纳入国家统一司法考试，实行"三考合一"，我国法官任用进入了一个新的阶段。

② 为推进法官职业化建设进程，2002年9月，最高人民法院印发了《关于加强任命法官管理工作的通知》，正式确立了任命法官和提请任命法官的审核制度。审核分为两级，对象为地方各级人民法院拟初次任命和提请任命的法官，即基层人民法院任命和提请任命法官报中级人民法院审核，并报高级人民法院备案；中级人民法院任命和提请任命法官报高级人民法院审核。2004年，为进一步加强和规范初任法官审核工作，最高人民法院政治部下发了《关于进一步加强初任法官审核工作的通知》，根据该规定，初任法官的审核权统一收归高级人民法院行使，基层人民法院和中级人民法院任命和提请任命法官，应当在履行干部管理手续和法律手续之前，报请高级人民法院审核。不过，对于初任法律职务的法院院长或副院长，由上级人民法院按照有关干部协管工作的规定和程序进行考核，不再另外履行审核程序，但中级人民法院应当将其对拟任基层法院院长、副院长的考核情况上报高级人民法院备案。

③ 根据中共中央组织部和最高人民法院等部门关于《公开选拔初任法官、检察官任职人选暂行办法》的规定，面向社会从具有任职条件和资格的人员中公开选拔初任法官仅适用于选拔人民法院初任非领导成员的法官任职人选。选拔工作由省级以上党委组织部会同级人民法院组织实施，但具体的面试、考察由市级党委组织部门会同人民法院共同完成，最后由市级组织部门汇总公示无问题的初任法官拟任职人选名单，经高级人民法院审核后，报省级党委组织部审批。

④ 如果完全按个人报名、考试择优选调的方法进行，容易出现"真正能力强的不愿来"的现象，因此在实践中，上级人民法院在从下级法院选任法官时，往往将其与干部交流、挂职锻炼等工作结合起来。比如，在东北某省会城市，中级人民法院主要通过以下两种方式从基层法院遴选法官，一是选择基层优秀法官到中院挂职，经过一定期限实际锻炼后进行择优选调；二是以考试的形式面向基层法院遴选。相关情况可参见王忠友：《关于对法官遴选的探索与实践》，载沈阳市中级人民法院网，http://syzy.chinacourt.org/public/detail.php?id=1596。

或其他高层次法律人才中选任法官①,等等。

这种以职业化为核心的法官任用制度改革虽然取得了一定的成效,但也由于改革措施过于机械化,缺乏长远的考量和持久的推动,一些改革措施在一定程度上脱离了中国的制度语境,在实践中又过于"一刀切",改革逐步陷入困境。② 比如,在中西部少数民族地区和一些欠发达地区的中基层法院,一方面,随着法官任用"门槛"的提高,同时一些传统的法官来源和渠道受到限制③,高素质法官人才的补给开始出现困难;另一方面,由于这些地区中基层法院的工资福利不高、职级待遇偏低,骨干审判人员流失的比例逐年提高④,法官的短缺和断层现象日趋严重。针对这一问题,改革者采取了一系列的举措,包括降

---

① 早在1999年《人民法院五年改革纲要》中,最高人民法院就提出要改革法官来源渠道,逐步建立上级人民法院的法官从下级人民法院的优秀法官中选任以及从律师和高层次的法律人才中选任法官的制度。按照《纲要》的设计,对经公开招考合格的法律院校的毕业生和其他人员,应首先充实到中级人民法院和基层人民法院;高级人民法院和最高人民法院审判庭5年之后,从下级人民法院和社会的高层次法律人才中选任法官。这一改革措施在人民法院的第二个和第三个五年改革纲要被继续被强调,2005年《人民法院第二个五年改革纲要》要求"逐步推行上级人民法院法官主要从下级人民法院优秀法官中选任以及从其他优秀法律人才中选任的制度",而2009年《人民法院第三个五年改革纲要》则直接明确规定"最高人民法院、高级人民法院和中级人民法院遴选或招考法官,原则上从具有相关基层工作经验的法官或其他优秀的法律人才中择优录用"。

② 参见王禄生:《对本土制度语境下法官职业化的回顾、反思与展望——以三十年法院人事制度改革为分析样本》,载《四川大学学报》(哲学社会科学版)2010年第2期。

③ 比如,根据2003年最高人民法院联合中组部、人事部出台的《人民法院书记员管理办法(试行)》,我国对法院书记员开始试行单独职务序列聘任制管理。由于聘用制书记员不能直接转任法官,这使得"书记员—助理审判员—审判员"这样一种传统的晋升模式不再有效,法院书记员丧失了作为法官后备人员的制度功能。

④ 相关情形可参见刘军:《西部基层法院人员短缺现象的分析与对策——以长武县人民法院为视角》,载2012年3月4日《各界导报》。西部中基层法院人才外流的方向呈现多元化趋势,但以党政机关和经济发达地区为主。值得注意的是,随着上级人民法院从下级人民法院的优秀法官中遴选法官的制度逐步确立,上级法院可以通过组织安排、面向基层法院招考、直接从基层法院选调等手段从基层法院补充人员,进而将人才短缺或流失的问题向下转嫁。不过,从长远来看,如果基层法院的人才梯队不合理或者出现"断档",上级法院也会出现无人可选的局面。

低中西部部分地区的法官任用标准①,实施法官招录办法改革②,等等。尤其是从 2008 年开始又启动了政法干警招录培养体制改革,改革的基本思路是从退役士兵和大专院校毕业生这两大人群中选拔优秀人才,进行定向培养,毕业后进入基层政法机关工作。③

这些改革举措虽然在一定程度上缓解了我国中西部少数民族地区和欠发达地区中基层人民法院的法官短缺与法官断层问题,但其采纳的高度行政化解决方法,既忽视了问题本身的复杂性和多维性④,也在一定程度上背离了法官任用制度改革的职业化方向⑤,其与司法人员分类管理、法官职业保障等周边配套制度的关系也未理顺,改革陷入一个进退维谷的困局。在此背景下,2013 年中共中央《关于全面深化改革若干重大问题的决定》对包括法官在内的司法人事制度改革作

---

① 比如,实行国家统一司法考试以后,为保证西部及贫困地区有规律地补充法律职业者,国家对某些西部地区的司法官给予放宽学历要求,降低司法考试报名学历条件,在统一分数线之下另行确定分数线等特殊政策。参见杨秀清、张步洪:《司法考试与司法官选拔制度的衔接》,载《人民检察》2006 年 17 期。

② 包括定向选拔、委托培养、定期工作、定向流动等。

③ 2008 年,针对中西部基层法院的"人才荒",中央政法委同中央组织部、中央编办、最高人民法院、最高人民检察院、教育部、财政部、公安部、司法部、人力资源和社会保障部等 11 个部门,联合下发了《政法院校招录培养体制改革试点工作实施方案》,正式启动政法干警招录培养体制改革试点工作。目前,政法干警招录体制改革试点工作已经形成常态化的运行机制,每年开展一次,截至 2012 年已连续开展五年,共招录培养 5.5 万人,大批毕业学员被分配到基层政法机关。为保障改革顺利进行,中央先后出台了多项保障措施,包括对被招录的学生不收取学费,学生培养经费和基本生活补贴由中央和地方财政全额保障等,而"一考两用"则是政法干警招录培养体制改革的另一大亮点,亦即考生入学考试和公务员考试合并进行,通过入学考试后即取得入学和准公务员考试资格。相关情形可参见卢杰:《政法干警招录改革缓解基层人才荒——4 年招录培养 5.5 万人绝大多数毕业学员走向定向岗位》,载 2012 年 3 月 2 日《法制日报》;沈荣、程勇、陈群安:《政法干警招录改革:培养一支生力军》,载 2012 年 9 月 16 日《人民法院报》,等等。

④ 我国中西部局部地区的法官短缺和断层问题形成的原因是异常复杂的,国家统一司法考试等改革带来的"门槛"是原因之一,但绝不是导致中西部地区法官短缺和断层的主要原因。后者既有"门槛""待遇"等方面的原因,也有"编制""体制"等方面的原因,客观上还有逐渐专业化的法律与这些地区对法律的真实需求可能脱节等问题,因而较难通过行政干预的方法得到彻底解决。

⑤ 比如,降低法官任用标准的做法无异于饮鸩止渴,因为这一做法不仅与法官职业化的改革方向有悖,而且不利于国家法制的统一。此外,它与社会主义市场经济条件下尊重人才自由流动的基本原则之间也不无抵牾。

了新的顶层设计,提出要改革司法管理体制,推动省以下地方法院人财物统一管理。具体到法官任用领域,改革的目标是建立符合职业特点的司法人员管理制度,主要包括4项改革举措:一是推进司法人员分类管理改革,突出法官的办案主体地位,健全有别于普通公务员的法官专业职务(或技术职称)序列,健全书记员、专业技术人员等司法辅助人员的管理制度,制定司法辅助人员的职数比例等配套措施,进一步提升司法队伍职业化水平;二是完善法官选任招录制度,建立初任法官统一招录、集中培训、基层任职、有序流动、逐级遴选的机制,建立预备法官训练制度,将完成预备法官职业训练并考核合格作为法官的法定任职条件,建立选拔律师、法律学者等专业法律人才担任法官的制度机制,同时针对不同审级法院的法官设置不同的任职条件,实行法官逐级遴选制度;三是完善法官任免、惩戒制度,建立科学合理、客观公正的业绩评价体系和考核晋升机制,在人民法院成立吸收社会有关人员参与的法官选任委员会、惩戒委员会,制定公开、公正的选任、惩戒程序,确保政治素质高、职业操守好、业务能力强的优秀法律人才进入法官队伍,确保法官的违法违纪行为及时得到应有惩戒;四要强化法官的职业保障制度,按照责权利相统一的原则,在严格司法人员任职条件,强化司法人员办案责任的同时,要为法官依法公正履职提供必要的职业保障。[1]

在司法改革持续进行的背景下,法官任用机制问题在过去十几年中一直是我国理论和实务研究的热点之一,有关法官遴选标准和选任程序的论著大量出现。总体上看,既往研究的成果主要表现在三方面。一是对法官任职的标准基本达成了共识。[2] 20 世纪 90 年代末,

---

[1] 参见孟建柱:《深化司法体制改革》,载 2013 年 11 月 25 日《人民日报》。
[2] 相关论述可参见王晨光:《统一司法考试与法官素质和法官遴选制度》,载 2001 年 9 月 9 日《法制日报》;姚建宗:《国家统一司法考试与我国司法官遴选:基本认识与框架设计思路》,载《法制与社会发展》2002 年第 2 期;谭世贵:《从任职条件起步——关于法官、检察官选任制度的改革方案》,载《中国律师》2002 年第 11 期;张泽涛:《司法资格考试与我国法官选任制度的改革》,载《法学家》2003 年第 2 期;刘忠:《关于法官的选任年龄》,载《比较法研究》2003 年第 3 期。

贺卫方在《复转军人进法院》中提出,复转军人不应当成为法官,除非他们从前受过系统的法学教育并且符合法官任职的其他要求,这篇文章曾引发热议。① 而现在几乎没有人会质疑法官任职的法学专业知识、实践经验等基本要求。"与其他方面的改革相比,法官选任制度在过去的十年间取得的成绩是最突出的,而且选任标准的提升也是最容易取得社会共识的领域。"② 二是就法官任用程序设置进行了研究,论者提出了诸如强化人大常委会对法官的任用审查,提高法官任用主体的层级和建立独立的法官遴选委员会等主张。③ 三是出现了不少关于法官任用制度的比较研究。④ 诸多研究对英美法系和大陆法系国家法官的选任标准和程序进行了介绍,英美法系从律师中选法官的传统、大陆法系法官的逐级晋升制度等为一些论者所推崇。应当看到,这些研究对我国法官任用制度的完善起到了十分积极的促进作用,如推动了国家统一司法考试制度的建立和《法官法》的修改。但分析十几年形成的理论文献,我们亦会发现绝大部分研究成果是在西方法治理论

---

① 相关论述可参见贺卫方:《复转军人进法院》,载1998年1月2日《南方周末》;龙宗智:《评贺卫方〈复转军人进法院〉一文》,载《法学》1998年第6期;芹夫:《〈复转军人进法院〉风波》,载《法学》2000年第7期;曹瑞林:《续〈复转军人进法院〉风波》,载《法学》2000年第9期;曹瑞林:《复转军人缘何不能进法院》,载贺卫方:《运送正义的方式》,上海三联出版社2002年版。

② 贺卫方:《中国的法院改革与司法独立——一个参与者的观察与反思》,载《浙江社会科学》2003年第2期。

③ 相关论述可参见夏克勤:《中国法官职业化的必由之路——以法官选任制替代审判长选任制》,载《法学》2001年第4期;陈详军:《我国法官遴选制度现状及完善》,载《海南大学学报》(人文社会科学版)2003年第1期;阮世能:《法官逐级选任制度研究》,载《人民论坛》2003年第5期;孙建:《法官选任制度的构建》,载《法学杂志》2004年第2期;张华、王丽:《我国法官选任制度研究》,载《金陵法律评论》2004年秋季卷。

④ 相关论述可参见陈永生:《两大法系法官制度之比较》,载《政法论坛》1998年第5期;甄树青:《法官遴选制度比较研究》,《外国法译评》1999年第4期;周道鸾编:《外国法院组织与法官制度》,人民法院出版社2000年版;丁艳雅:《法官选任方式与程序之比较研究》,载《中山大学学报》(社会科学版)2001年第4期;王丽萍:《美国的律师考试制度及其对我国司法考试的启示》,载《法律科学》2001年第5期;关穀:《法官遴选制度比较》(上)(中)(下),载《法律适用》2002年第4、5、6期;陈卫东、韩东兴:《司法官遴选制度探微》,载《法学论坛》2002年第3期;李昌林:《法官资格制度——比较与借鉴》,载《人民司法》2003年第8期。

的关照下形成的。比如,在任用标准方面,英国历史上法官柯克曾和当时的国王据理力争,认为法官需要长期学习和实践,并不是任何人都能胜任此职位,美国大法官霍姆斯亦指出"法律的生命从来就不是逻辑,而是经验",这些典故和理论在我国学者论证法官应具备的素质时被反复提及。① 而在任用程序的完善上,诸如提升法官任用主体的层级或成立独立的法官遴选委员会等建议的灵感,往往也来自西方国家法治的实践。

我们认为,译介西方国家关于法官任用的成熟理论和制度,在我国法官职业化建设的初期,确有开阔视野,启迪人心的作用。但当这些基本理论和成熟制度已经作为一种知识得到普及时,我们若还囿于以往的理论,就会有很大的局限性。第一是发现不了新问题。近几年来对法官任用标准的研究,仍在依靠那套我们早已熟知的西方法治话语,分析着法官的"任职年龄""任职学历""任职经验";法官任用程序则是在关注过法官任前培训、加强人大审查法官任用的作用、建立独立的法官遴选委员会和从下级法院遴选法官等问题后,几乎找不到新的研究议题。第二,既往的研究进行规范分析的居多,进行实证分析的偏少。在法官任用机制问题上,目前的不少研究遵循的套路仍然是首先论述我国的法律制度规定、国外的法律制度规定,然后比较制度找差距,进而借鉴他国完善我国的制度,这样一种研究范式已经明显不能适应当前司法改革的现实需要。在我国司法实践中,影响甚至决定法官任用的因素,除了立法上规定的正式的制度条件外,还存在着其他一些非正式的制度。正是这些非正式制度或者因素使我国的法官任用机制异常复杂,不仅缺乏一个明确可见的任用标准,而且由于多个权力主体同时操控着法官的产生和任用过程,法官任用中的提名、酝酿、考察、考核和任命等程序也不够明确。要改革这样一个法官

---

① 值得注意的是,在讨论法官任用制度改革时,我国学者似乎对英美法系国家的经验尤其看重,但考虑到我国在司法传统等方面与大陆法国家的亲缘性和近似性,似乎更应该去关注与借鉴大陆法国家的司法制度。对此的反思可参见左卫民:《十字路口的中国司法改革:反思与前瞻》,载《现代法学》2008年第6期。

任用制度,首先必须通过研究将这些非正式的"潜"标准、"潜"程序从学理上描述出来,将其问题化,进而才可能寻求非正式的潜规则向正式的制度的转化。显然当前规范导向的研究不足以胜任这一任务。虽然一些先行者已开始运用经验材料分析法官任用制度并得出了一些令人印象深刻的新结论①,但从总体上来讲,运用调研所获得的第一手材料进行法官任用机制的研究偏少,在新的理论视角指导下得出具有深刻结论的实证文章更少。②

二、研究思路

由于存在诸多如法官遴选、法官选任、法官任免、法官选拔等涵义相近的词语,为严密逻辑,我们需要对法官任用的概念进行厘定。根据现行《法官法》的规定,法官职务是指法院的院长、副院长、审判委员会委员、庭长、副庭长、审判员和助理审判员。根据这一释义,我们认为,法官任用的内涵有两层意思:一是不具有法官身份的人经一定程序被赋予法官的身份(即初次担任法官职务),即通常所说的"初任法官"之任命,如法院书记员被任命为助理审判员职务;二是指已经(具

---

① 与众多规范分析的文章相比,运用经验材料研究法官任用制度的实证文章往往能有新的结论,令人印象深刻。如较早运用交叉学科研究方法的朱苏力,在其《送法下乡》一书中对基层法院法官所需知识的解说,及其在《法官遴选制度考察》一文中结合中国实际对统一司法考试、法官助理、从下级法院遴选法官、法官交流轮岗制度所进行的反思性论证。又如孙笑侠等人在《法律人之治——法律职业的中国思考》一书中,借助媒体刊录的经验材料对法官竞争上岗制度进行的反思性研究。不管这些著者言说的逻辑是否最终成立,但借用实证与交叉学科的理论和方法,至少找到了新问题。

② 虽然在网上也能搜到不少近几年各地法院就法官流失所写的调研报告,这其中也涉及法官任用问题,但由于此类调研报告的主要目的乃是引起上级部门的重视,从而解决法院实际面临的困难,因此并没有多少理论的阐述。相关论述可参见杨明忠:《法官队伍流失、断层剖析——写在〈法官法〉实施 15 周年之际》,载四川法制网,http://www.legaldaily.com.cn/dfjzz/content/2010-07/07/content_2190341.htm? node = 7495;甘劲草:《法官流失现象透视》,载民主与法制网,http://www.mzyfz.com/news/mag/r/20090908/115548.shtml,2009-9-8;黄有斌:《基层法官流失的原因考量及职业保障体系的完善》,载周口新闻网,http://www.zkxww.com/PAPERS/lunwen/falv/fxll/200903/35483.html。

有法官身份)担任某一法官职务的人经一定程序被赋予新的法官职务,即通常所理解的"再任法官"之任命,比如从助理审判员晋升到审判员等。实际生活中人们往往误把法院招录工作人员直接理解为任用法官。事实上,受我国法院系统长期以来形成的晋升模式所限,法院机构一般不能直接对外招录具有法官身份的人员——即便这些人是直接作为法官后备人选而招录的,也通常先以书记员/法官助理的身份进入法院,并等待着晋升为助理审判员。因此,书记员/法官助理的招录程序不属于我们这里所讲的法官任用之范畴。

关于法官任用机制虽已有诸多论述,但它仍是个未尽的话题。区别于以往的研究,本书在研究视角和研究方法上进行了以下调整:

首先,将法官任用机制放在更为宏观的社会系统中研究。如同经济嵌入社会一样,司法同样嵌入社会。不受外界干扰、自给自足的司法场域或许从来就只存在于理想中,现实中法院系统的运行从来都是嵌入到特定的政治、经济、文化背景之中。存在于这种大系统中的法官任用机制,必然和周遭的环境发生联系。在法官任用机制中,哪些权力主体介入了,以何种方式介入,施加何种影响,不同职位的法官所受到的外界制约是否相同,不同地方的政治、经济差异等对法官任用机制产生了何种影响,这些问题都需要细致的考察。以往将法官任用机制放在宏观社会系统中的研究尚不多见,即使有,也只是对个别问题予以关注。

其次,采用更为实证的方式对法官任用机制进行考察。法官一直被视为司法干部,在管理和任用上贯彻着"党管干部"的原则,但具体如何管理,其任用机制和非司法干部的任用机制是否存在差别?比如,法官选任标准问题,法定的标准在现实中如何贯彻,现实中有无其他标准,这些问题都需要通过实证考察作细致的研究。但在中国,各级国家机关具有"封闭运作"的内在倾向,机关内部的信息资料通常不会对一般公众开放,而像法院这样的"政法机关"就更会有很多不公之于众的信息资料,这无疑增加了对法官任用机制做实证考察的难度。部分也是因为这个原因,以往对此问题的研究以规范分析的方式居多,间或有个别的实证探讨,但较大样本的经验性实证调查一直比较缺乏,基于学术智识构建起来的话语场域并不一定能反映出实践中的真实情景。而在有限的对法官任用实证调查的文章之中,大部分是关于法官素质的,对法官任用的组织程序、法律程序及其与任用标准如何互动的研究仍付阙如。作为已有研究成果的深入与细化,本书将力图以实证的方式考察中国法官任用的真实情况,探讨其深层次背景及原因,在此基础上分析利弊得失。

再次,区分不同职务法官的任用作差异性研究。不同职务法官的任用虽存在一定的共性,但差异性亦十分明显,这突出地表现为其在实践中遵循的标准和适用的程序大相径庭(这一点将为本书的实证调研所证实)。但在以往的总体性研究下,我们无法发现不同职务法官在任用过程中各自的特征、面临的问题并进行有针对性的分析,而本书作为对法官任用的一项"分别式"的研究,对不同职务法官的任用过程进行了区分。为此,我们尝试对法官任用机制进行类型学上的划分。在现行的法院管理体制之下,以是否需要承担管理职责为标准,中国的法官可以区分为普通法官和领导法官;以是否主要从事审判业务为标准,中国的法官又可以分为业务型法官和非业务型法官。按照这两种标准进行组合,纯粹从事审判业务的助理审判员和审判员被我们归为业务型普通法官;正副庭长是庭室负责人,不仅需承担相应的管理职责,还需承担签发法律文书,主持研究重大、疑难以及有影响的各类案件等具体的审判工作,属于业务型领导法官;副院长对口管理不同的业务庭,除参与院领导班子集体决策活动外,其一方面要在分管的范围内对重大行政事务实施领导与管理,另一方面也要对分管的庭室承担文书签发、业务指导等具体审判工作,故也被我们界定为业务型领导法官;院长主要从事的乃是法院工作的大政方针、路线方向的决策制定以及包括人、财、物在内的行政管理,属于我们界定的非业务型领导法官,即政治型领导法官。① 与这种职责和角色的区别定位相适应,中国法官任用机制在总体上可以分为三类,即业务型普通法官任用机制、业务型领导法官任用机制和政治型领导法官任用机制。遵照这样一个法官任用机制类型的划分,我们对不同职务法官任用机制的差异将有更为细致的把握,这种针对性更强的研究也将使我们对法官任用机制作出更符合中国语境的阐释。

最后,透过法官任用的表象探讨其隐藏在背后的任用理念。区别于以往的研究,我们还有另一种考量,那就是揭示法官任用制度背后的理念抉择。一方面,中国的干部人事机制呈现出党领导下的一体化特征,法官在我国一直被作为干部来对待,故法官和其他党政干部在任用机制在上并没有本质的不同,都要接受《中华人民共和国公务员法》《党政领导干部选拔任用工作条例》等的规范;另一方面,司法权有其独特性并得到一定程度的重视,这使得作为司法者的法官在任用机制方面又与一般干部任用机制有着或多或少的差异,单独的《法官法》的颁布即是明证。基于这样一种认识和考虑,我们在对中国法官任用机制进行考察的时候,将重点关注在法官任用过程中干部任用因素与司法任用因素各自起了多大的作用,如何起作用,并表现出怎样的互动关系,这些关系在不同类型的法官任用方面是否表现出差异性,等等。

三、研究材料与方法

我们对中国法官任用机制的研究建立在实证调研的基础之上。总体来看,由于300余个中级法院和3 000余个基层法院构成了我国法院系统的主体,其运作直接彰显着整个国家司法体系的正当性,在

---

① 审判委员会在我国法院业务活动的大政方针、路线方向上也起着决策功能,但鉴于其成员基本上就是院长、庭长,因此其在某种意义上就是他们职能的一个面向,所以本书未将审委会委员的任用机制作为独立研究对象,特此说明。

本书中,我们对中国法官任用机制的实证考察将以中级法院和基层法院为重点。在调查对象上,我们选择了A市中级法院及其下属的两个基层法院,B市中级法院及其下属的一个基层法院,C市中级法院及其下属的两个基层法院。需要说明的是,调查对象并不是随机抽样确定的,而是充分考虑了其典型性和代表性的"有意为之"。因此在选取调研对象时,我们尽量选各方面表现出较为明显差异性的法院,这一方面是为了照顾其在全国范围内的代表性,从而使我们的结论更具一般性,另一方面我们也希望通过对不同级别、不同地域法院的考察,把握不同类型的法官任用机制在外在条件发生变化的情况下的"变"与"不变",从而更准确地把握其总体特征。

A市是一座历史文化名城,城区人口超过400万,属于传统上的大城市;经济发展水平相对较高,2007年其GDP总量和东部发达沿海城市相差不大,在2007年全国611个城市的人均GDP排名中居于前100位中的中间位置。[①] B市是一座以科技、卫生闻名的城市,城区人口70多万,城市规模中等;经济发展水平一般,该市2005年的GDP总量为人民币480多亿元,2007年GDP总量超过人民币700亿元,在当年的全国人均GDP排名中,该市排在100名到200名的中间位置。[②] C市位于盆地边缘向高原过渡的地带,是一座新兴的旅游城市,城区人口30多万,属于典型的中小城市;由于地理位置上的原因,C市经济上一直较为落后,2007年GDP总量为人民币170多亿元,人均GDP在全国参与排名的611个城市中处在靠后的位置。

---

① 由于人口多的原因,A市2007年人均GDP总量的排名没有GDP总量的排名靠前。不过,在人均GDP的排名上,公认国内经济较发达的城市北京也只以人民币24 077.39元排名第41,沿海城市东莞以人民币32 278.75元排在第19位。A市的人均GDP和北京相差不是很大。参见人民网,http://ccdy.people.com.cn/GB/107120/6831987.html。

② 2007人均GDP排在第200名的是东兴(桂)11 832.25元,河南的知名城市洛阳(豫)以13 845.43元排在第152位,B市人均GDP与洛阳差不多。参见人民网,http://ccdy.people.com.cn/GB/107120/6831987.html。

表1-1　A、B、C三城市基本信息对比表①

地区	辖区	人口(总人口/非农人口)	GDP总量（人民币:元）	地方财政收入（人民币:元）
A市	10区4市6县	1013多万/460多万	3000多亿	约716亿
B市	3区6县1市	520余万/70多万	480多亿	约40亿
C市	1区7县	150多万/30多万	170多亿	约9亿

中国法院的设置和所在城市的规模、经济发展水平等息息相关。A、B、C三市中级法院在人员规模、案件受理数量等方面呈现出了较大的差异。

表1-2　A、B、C三市中级法院基本信息对比表②

法院	干警/法官人数	下辖基层法院数量	年均受理案件数量
A中院	406/218	20	约12000件
B中院	166/约100	11	约5000件
C中院	80/46	8	约2800件

我们认为，A市中级法院作为一个拥有400多名工作人员的大法院，其各项改革都走在全国前列，该中院的法官任用机制应在规模大、经济文化发达的城市的中院中具有相当程度的代表性；B市中级法院的法官任用机制则在中等规模、经济发展一般的城市的中院中具有典型性；而C市中级法院的法官任用机制应在规模不大，经济发展较为落后的城市的中院中具有相当程度的代表性。

除了中级法院，我们还调研了5个区县(市)法院。两个城区法院中，a1基层法院位于A市中心城区，该区经济实力雄厚，2007年人均

---

① 数据来源于政府网页介绍。A、C两市基本信息的相关数据来于2007年，B市基本信息的相关数据来自2005年，B市2007年的GDP总量为700多亿，地方财政收入达到了71.9亿元。虽然统计年份上有差别，但B市的经济发展和A市相比存在明显差距，而和C市相比，其在2005年GDP总量就高过C市2007年的GDP总量，故有理由认为，A、B、C三市代表了经济发展水平处于不同阶段的城市。

② A中院的统计数据截至2007年11月；C中院的统计数据截至2007年12月；B中院的统计数据截至2005年8月。数据都为调研时法院自己提供。后面章节出现A、B、C三中院的数据统计截至时间与此相同，不再分别进行说明。

GDP 居 A 市各区县之首。c1 基层法院位于 C 市下属的城区,该区除含若干街道办事处和居委会外,还辖 24 个乡镇,该区 GDP 居 C 市之首,但总量不高。我们调研的 3 个农业县(市)法院包括 a2、b、c2。a2 法院位于 A 市下属的一个县级市,就人均 GDP、地方财政收入等指标来看,该县级市经济发展较好;b 法院位于 B 市辖区内的一个传统农业大县,该县经济以农副产业为主,是全国粮、油、茧、猪、果、原竹、油橄榄生产基地,经济发展水平在全国县级行政区域中属于中等水平;c2 法院位于 C 市东北部的一个国家级贫困县,经济很落后,每年享受国家 1 个亿的财政转移支付。

表 1-3　a1、c1、a2、b、c2 五区县(市)基本信息对比表①

区县(市)	面积	人口(总人口/非农人口)	GDP 总量(人民币:元)	地方财政收入(人民币:元)
a1	82.5 平方公里	约 28 万/无农村人口	约 246 亿	约 59.4 亿
c1	1 067 平方公里	约 32 万/约 13 万	约 53 亿	约 5 000 万
a2	1 420 平方公里	约 70 万/约 15 万	约 108 亿	约 6.7 亿
b	2 661 平方公里	约 147 万/约 19 万	约 60 亿	约 1.6 亿
c2	1 364 平方公里	约 12 万	约 11 亿	约 3 000 万

a1 法院是典型的辖区不包含农业人口且经济发达的城区法院,所受理的民商事案件多为工商业纠纷,c1 法院则在很大程度上代表辖区混杂有农业人口、经济发展一般的城区法院,所受理的案件中有很大比例为农村纠纷。a2、b、c2 同为县(市)法院,a2 法院所在的县级市经济发展较好,地方财政经费较充足;法院人员规模与 a2 法院相当的 b 法院位于传统的农业大县,经济发展一般;c2 法院人员规模小,且位于贫困县,地方财政经费不充足令法院办案经费捉襟见肘。5 个区县法院的选择考虑了其辖区的经济发展水平、法院人员规模、受理案件类型、

---

① a1、c1、a2、c2 基本信息的数据来自 2007 年,b 县基本信息的数据来自 2005 年。数据来源于政府网页介绍。排序总体是先城区法院后县(市)法院,同一类型法院又按照经济发展水平排序。

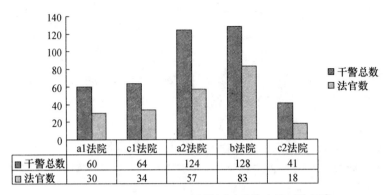

图 1-1　a1、c1、a2、b、c2 三区县(市)法院人数对比图①

经费保障等因素,有理由相信 5 个区县(市)法院任用机制运转的总体情况能在相当程度上揭示我国基层法院法官的任用机制。

课题组对法官任用机制的调查前后共历时 4 年。2004 年,课题组对前文提及的部分中级法院和基层法院进行预调查,根据初步调查所发现的问题,拟定了正式的调查大纲。2005 年,课题组对 A、B 两市中级法院和基层法院 b 进行正式调查,完成调研报告。2007 年,课题组又对 A 市中级法院进行补充调查,出于样本的代表性考虑,本次增加了对 C 市中级法院的调查。在基层法院层面,2007 年课题组对 A 市中级法院下面 a1 和 a2 法院,C 市中级法院下的 c1 和 c2 法院进行了调查。

在调研过程中,课题组综合运用了资料搜集、个别访谈和问卷调查等三种方法。我们在每个法院的调研分为以下三步:首先,课题组从法院主管人事的政治部(处)取得该院法官选任的基本数据和已形成文字的选任材料,通过数天的整理分析后,对该法院的法官任用有了一个大致的了解,并根据所搜集的资料反映出来的问题拟就访谈大

---

① a1 法院的统计数据截至 2008 年 1 月;c1 法院的统计数据截至 2007 年 12 月;a2 法院的统计数据截至 2008 年 1 月;b 法院的统计数据截至 2005 年 8 月;c2 法院的统计数据截至 2007 年 12 月。数据都为调研时法院自己提供。后面章节出现 A、B、C 三中院的数据统计截至时间与此相同,不再分别进行说明。

纲。然后,课题组进行最重要的个别访谈工作。访谈的对象主要包括担任不同职位的一线法官和主管或熟悉法院人事工作的干部。在符合访谈条件的人中,我们尽量找熟悉或者能够"搭上关系"的人员,课题组成员和被访谈者的师生、朋友、同学甚至校友关系被利用上,凭借这种关系,访谈得以更为顺利、坦诚地进行。① 最后,为了了解法官对现行法官任用机制的评价,我们进行了问卷调查。② 问卷所设计的题目我们在访谈中已有涉及,除获取访谈者个人基本信息外,其他都为评价性题目。问卷调查的初衷在于解决在那些法院人数多,而访谈有限所导致的在总体性评价的"量"上不足的问题。问卷调查主要在2007年调研的 A 市中院和 C 市中院进行③,调查对象包括两所中院审判业务庭④的所有工作人员(包括法官、书记员和法官助理)。其中,A 市中院发放问卷 206 份,回收问卷 164 份,问卷回收率为 79.6%;C 市中院发放问卷 38 份,回收问卷 36 份,问卷回收率为 94.8%。问卷调查发放与回收得到了法院政治部工作人员的协助,部分法官由于外出开会、办案等原因没能填写问卷。

　　需要说明的是,虽然我们在调查法院的确定上考虑了其在全国层面上的代表性,但是广袤的中国土地上有为数众多的法院,希望通过对这种样本有限的调查得出某种一般性结论,这可能招致对其是否具有普适性的质疑。鉴于"在经验研究中,结论的不可靠不是方法论

---

　　① 法院人事信息的不公开性一定程度上增加了我们调查法官任用机制的难度,不过借助和法院领导的师生、朋友或同学等关系,课题组成功地进入了"现场"。访谈进行的地点既包括了法院的办公室,也包括了平常喝茶、聊天的非工作场所。
　　② 《法官任用调查问卷》由 25 个小题组成,其中甄别性题目 8 题,单选 7 题,不定项选择题 9 题,开放性问答 1 题。
　　③ B 市中院和 b 县法院由于完成调研的时间较早,当时没有进行问卷调查。其他基层法院则因为法官人数有限,通过访谈已能最大量地获取信息,故未进行问卷调查。
　　④ A 中院的审判业务庭包括民一庭、民二庭、民三庭,刑一庭、刑二庭,少审庭,审监庭,行政庭,赔偿办,立案庭和执行裁判庭,上述庭室的法官、书记员和法官助理共有 206 人;C 中院的审判业务庭包括民一庭、民二庭、民三庭,刑一庭、刑二庭,审监庭,立案庭,行政庭(含赔偿办),上述庭室的法官、书记员和法官助理共有 38 人。

倾向所致,而是对方法论的简单运用甚至滥用造成的",①我们在研究中十分关注所使用的方法,尽量避免把调查获得的资料和数据不加质疑地使用,避免在没有获取完整的资料或者获取的资料效度不高的情况下就进行空洞和一般性的概括,同时注意将经验材料和一般理论对照结合。为此,我们在分析中还将引入从其他文献资料、新闻报道以及网络上搜集到的其他地区、其他法院的情况,以检验基于本次调查所分析的情况是否个别现象。然而,我们并不盲信自己所得出的结论,因客观条件的制约和自身能力的局限,我们的研究仍然可能不乏片面甚至谬误之处。但即使存在缺陷和问题,我们仍然相信通过这样的实证研究,可以为理论界进一步研究中国法官任用制度提供新的参考。

四、本书的基本结构

在正式的审判制度层面,法官是依法行使国家审判权的审判人员,包括院长、副院长、审判委员会委员、庭长、副庭长、审判员和助理审判员。值得注意的是,在这个正式的制度架构中,无论是现行《法院组织法》还是《法官法》都没有赋予院长、副院长、庭长、副庭长比审判员甚至助理审判员更大的法定审判权限。在审判职责上,我国的法官应当是一个平等的、同质的职业群体。但是,在司法实践中,由于人民法院在常规的审判事务之外同时还承担了大量与审判相关的行政管理事务以及其他司法行政事务。这些事务与审判事务相互交叉、共同附着于同一机构,在一个制度空间内运作,非常容易造成职能上的混淆和正式审判制度的变形和扭曲。② 这也使得实践中的法官群体可能呈现出一种不同于正式制度的差异化、异质性的特征。我们在调研中

---

① 周庆智:《中国县级行政结构及其运行——对 W 县的社会学考察》,贵州人民出版社2004年版,第12页。
② 参见苏力:《送法下乡:中国基层司法制度研究》,中国政法大学出版社2000年版,第70—73页。

发现,差异化和异质性或许更能概括当代中国法官职业群体的典型特征:

一方面,法院审判职能与行政管理职能的混同深刻地形塑了当代中国法院制度运行的现状。改革开放以来,人民法院一直在狭义上的审判机构(民事、刑事、行政、审监等业务庭)之外不断增设司法行政机构,除了《法官法》设定的学历和法律职业资格等要求外,这些综合管理机构的人员在编制、等级、待遇、考核、升迁等方面与审判业务人员并无实质差异。因此,在法院管理的日常实践中,两类机构的人员任用往往呈现"你中有我,我中有你"的交错状态,很多法院甚至鼓励具有法官资格的人员在审判业务部门与司法行政部门之间换岗"交流"。① 而从我们对领导型法官任用过程的实证研究来看,在综合管理部门的任职通常有助于候选人获得领导型法官的任用,因而成为法院领导培养后备干部的重要手段。其结果是,目前我国具备法官资格但不在审判工作岗位,却在综合管理部门从事党务、人事、司法行政或后勤工作的"法官"仍然为数不少。② "法官"这一称谓既包含主要从事审判业务工作的法院干警,也包含为数不少的在综合管理部门从事司法行政工作的法院干警,而非如《法官法》之规定,仅限于实际行使审判权的审判人员。基于此种职能上的差异性,我们以是否从事审判业务为标准,将中国的法官界分为业务型和非业务型。值得注意的是,业务与非业务的界分并不是绝对的,它们只是我们分类考察中国法官任用机制的概念工具,并不代表对现实世界的真实描述。比如,在本书关于审判员任用的章节,我们会发现,作为审判业务部门的庭长也可能积极参与由政治部主导的审判员任用,而这一过程属于典型的司法行政事务。同时,院长对法院日常运作的掌控也不仅局限于司法行

---

① 参见陈杭平:《论中国法院的"合一制"——历史、实践和理论》,载《法制与社会发展》2011年第6期。
② 参见王信芳:《对法官助理制度改革的若干问题思考——以法官助理管理体制的构建为视角》,载最高人民法院政治部编:《法官职业化建设指导与研究》,人民法院出版社2007版,第145—153页。

政事务,也同时包括审判事务,虽然在常规的情形下院长可能会将之委诸分管副院长来为其把关。

另一方面,与许多西方国家直接将司法权赋予法官,进而承认法官在行使审判权时可以不受法院内部其他人员的影响不同,现行《中华人民共和国宪法》(以下简称《宪法》)第126条所规定的审判独立是以"法院"而非"法官"为主体的,这就在逻辑上为法院内部院、庭长对裁判生成过程的参与容留了比西方直接将司法权赋予法官更多的解释空间。事实上,即使在对司法独立的保障强度更高的1954年《宪法》第78条"人民法院独立进行审判,只服从法律"中,对审判独立的保障也是以法院为主体的。既然《宪法》将审判权赋予了法院这一组织体,这就不仅在《宪法》上排除了将法官或合议庭独享裁判权作为司法改革当然前提的必要性,同时也为人民法院内部不同层次的多元主体参与裁判过程提供了制度空间。不过,由于现行法对法院内部的裁判过程未予规定,法院内部的多元主体如何参与裁判过程并不明确,实践中往往演变为院、庭长对案件的审批或者变相审批。虽然,经过十余年的司法改革,案件在审判阶段的程序对抗已经有了更为实质的意义,最高人民法院也试图通过对院、庭长审判管理权限的合理界定来增强庭审对抗的实质性,尤其是通过将院、庭长作为合议庭和审判委员会两个审判主体之间的动态链接因素来实现这一点。① 但是,从

---

① 根据2002年最高人民法院《关于人民法院合议庭工作的若干规定》第16、17条的规定,院长、庭长可以对合议庭的评议意见和制作的裁判文书进行审核,但是不得改变合议庭的评议结论。同时,院长、庭长在审核合议庭的评议意见和裁判文书过程中,对评议结论有异议的,可以建议合议庭复议,同时应当要求复议的问题及理由提出书面意见。合议庭复议后,庭长仍有异议的,可以将案件提请院长审核,院长可以提交审判委员会讨论决定。在2010年最高人民法院《关于进一步加强合议庭职责的若干规定》中,院、庭长作为"合议庭"和"审判委员会"两个审判主体之间的动态链接因素的制度功能被重申。根据该规定第7条,除提交审判委员会讨论的案件外,虽然院长或者庭长不能直接影响合议庭依法作出裁判,但对(1)重大、疑难、复杂或者新类型的案件;(2)合议庭在事实认定或法律适用上有重大分歧的案件;(3)合议意见与本院或上级法院以往同类型案件的裁判有可能不一致的案件;(4)当事人反映强烈的群体性纠纷案件;(5)经审判长提请且院长或者庭长认为确有必要讨论的其他案件,仍然可以由审判长提请院长或者庭长决定组织相关审判人员共同讨论,合议庭成员应当参加。

实际效果上看,由于审判委员会的组成方式、法院审判职能与司法行政职能的重叠、不合理的"权力在法官、责任在院长"的问责机制等多重因素的影响,潜藏在案件审理背后的案件审批和其他形式的组织控制在经历短暂的弱化之后又迅速恢复,由此形成了一个比较稳定的"多主体、层级化、复合式"的裁判生成模式。① 在这样的裁判生成模式下,助理审判员、审判员等普通法官与院、庭长之间的关系是科层式的,前者主要负责具体的审判业务,而后者除了本人亲自负责部分案件的处理外,主要承担对一线办案法官的管理工作,两者在审判职责上存在显著差异。因此,即使仅就审判事务而言,中国语境中的法官也是一个分殊的、异质的群体。此种差异构成了我们以是否承担管理职责来区分法官的基础,据此可区分出"普通型法官"和"领导型法官"两种理想类型,助理审判员、审判员一般属于前者,而院长、副院长、庭长、副庭长则属于后者。

建构法官任用制度的目的是为法院提供合适的人才,这种供给面向的考察,设定了法院所承担的职能和法官所扮演的角色等需求面因素在法官任用中的重要作用。因此,我们在理论上可以假设:中国不同职务法官任用标准和任用程序的差异,源于区别性的职责和角色定位。亦即:当法官所从事的工作是真正意义上的司法职能时,对职业化的要求往往是可欲的;如果法官所从事的主要是一种行政性的或者非司法的职能,法官任用上的职业化可能就是不必要的。② 当法官所从事的工作主要集中在单纯的裁判事务上时,对法律专业技能的要求可能是第一位的;而如果法官主要承担的是计划、组织、领导和控制等管理职能,对与人共事、理解他人和激励他人等人际交往技能的要求可能就是更加重要的。基于这样一种理论假设,我们在本课题中引入

---

① 参见顾培东:《人民法院内部审判运行机制的构建》,载《法学研究》2011 年第 4 期。

② 目前全国法院系统共有在编干警 30 余万人,其中法官 21 万,而在这 21 万审判人员中真正意义上的法官人数不足 15 万人,具有法官职称却不从事审判工作或者根本不能从事审判工作的人员在法院队伍中占了大量的比例。参见孙建:《法官选任制度的构建》,载《法学杂志》2004 年第 2 期。

了类型化的方法,以法官(1)是否主要从事审判工作和(2)是否承担管理职责为坐标轴,将法官任用区隔为四种类型:业务普通型、业务领导型、非业务普通型、非业务领导型。不过,基于现实中法官在法院内部的分布状况,在本课题中,业务型法官的任用才是重点。对于非业务型法官,我们将主要考察在等级分立的结构框架下对法院人、财、物等资源配置负总责的法院院长的任用。由于在法院内部,通过对审判委员会的领导,院长同时也是业务层面审判层级网络的顶点,只要院长本人愿意,他通常具有足够的权威介入个案的实际处理过程之中,相应地也要对其属下合议庭或独任法官的枉法裁判承担责任。因此,院长事实上已经成为法院的"一把手",在中国特色法院独立的政治语境中对整个法院的审判职能和司法行政管理负总责,并直接承受着党委、人大等从外部施加的责任约束。院长作为人民法院内部唯一一位由同级人大选举产生的法官,本文称之为政治型领导法官。

在此基础上,本书对中国法官任用机制的考察总体上可以分为三类:第二章和第三章为业务型普通法官任用机制研究,在这两章里,我们将分别讨论助理审判员和审判员的任用机制;第四章和第五章为业务型领导法官任用机制研究,主要分析的是正副庭长和副院长的任用机制;第六章为政治型领导法官——院长的任用机制研究。第一章为导论,第七章则是在前几章考察的基础上,展开对中国法官任用制度的总体评析。全书共七章。

对每一种类型法官任用机制的实证考察,我们都围绕任用标准和任用程序进行。和一般的研究不同,我们对法官任用标准的探讨不仅仅局限于法定标准。事实上《法官法》所设定的标准多是针对初任法官,而晋升审判员、晋升正副庭长、任用正副院长,要么缺乏针对性的法定标准,要么就是标准语焉不详。几类法官职位任用的法定标准虽然缺位,但却有着异常丰富的实践标准。在以往规范分析的研究中,这些重要的、发挥实质遴选功能的实践标准往往被忽视,而我们将通过实证考察,使其从幕后走向台前。在任用程序方面,我们既关注法定程序在实践中的运作,也关注隐藏在法定程序后、不易为人把握的组织程序。我们对法官任用程序的考察既有静态的描述,也尝试构建以任用主体为中心的过程分析。借助个案材料,我们试图展现任用主体决策时考虑的因素,不同任用主体之间交涉时的行为逻辑以及法官候选人应对选任/晋升的种种策略。我们注重客观化的定量分析,文中大量使用了我们通过调研获得的第一手数据,我们希望通过该数据佐证现有观点或结论,以期提高结论的说服力。

第二章 业务型普通法官任用机制（Ⅰ）

一、作为重要审判力量的助审员

按照现行《中华人民共和国人民法院组织法》（以下简称《法院组织法》）的立法规定，人民法院由院长一人、副院长、庭长、副庭长和审判员若干人组成，助理审判员似乎未被视为人民法院的正式组成人员。[①] 事实上，在国家法律层面正式确认助理审判员的法官资格是在《法官法》正式出台后。在职能上，《法院组织法》也对助理审判员作了特别的处理，根据该法第 37 条第 2 款，助理审判员由本院院长提出，经审判委员会通过，协助审判员进行工作，可以临时代行审判员职务。从立法的初衷看，为了解决审判力量不足而赋予法院设立助理审判员的人事自主权，只是一种临时性的补救措施。设立助理审判员应该根据法院实际需要和对象条件严格掌握，不能将其作为一种长期的、普遍的措施使用。[②]

在实践中，随着社会的发展，法院系统承担的办案压力不断提升，同时部分审判员在系统内部晋升成为中层干部，承担大量行政事务的

[①] 《人民法院组织法》中规定的法院组成人员中未明确提到助理审判员，助理审判员只是被指定临时代行审判员职责，详见《人民法院组织法》第 19、24、27、31 条。

[②] 参见褚贵炎：《助理审判员不能老是"临时"下去》，载《法学》1991 年第 1 期。

同时办案时间势必减少,加之法院内部的人事分类管理制度并未真正建立起来,法官辅助人员缺乏,改革开放以来多数基层法院一直面临着"案多人少"的压力,这使得本为临时性措施的助审员制度长期化,助审员和审判员成为审判人员的基本分类。同时,由于助审员人民法院可自主任命,程序相对简单;而审判员的任命不仅涉及各级人大,政法委、组织部门也可能参与其中(具体内容可参见本书关于审判员选任的章节),这使得人民法院倾向于通过任命助审员的方式来缓解办案压力。当各级法院都心领神会地通过任命助审员来解决办案人手紧张的问题时,系统内部对助理审判员的使用就可能逐渐形成一种共识,助审员也就逐渐与审判员一道成为法院审理案件的主要力量。其结果是,法律上的"协助"在现实中逐步演变为真正的"执行",除了称呼不同外,与审判员的工作已无区别:

首先,从审判权的内容来看,助审员拥有审理民事、刑事、行政等各类案件的职权,且和审判员一样,既可以为审判长,也可以为合议庭成员,还可以独立主持审判(独任审判员)。助审员担任审判长和独任审判员的资质虽曾遭人质疑[1],但最高人民法院曾经通过批复,认可了助审员具备主审和独审的资格。根据最高人民法院1983年发布的《关于助理审判员可否作为合议庭成员并担任审判长问题的批复》,"助审员在临时代行审判员职务时,应在工作中依法享有与审判员同等的权利,即可以独任审判,也可以成为合议庭成员,由院长或庭长指定也可以担任合议庭的审判长"[2]。

---

[1] 1979年《法院组织法》规定:"合议庭由院长或者庭长指定审判员一人担任审判长。院长或者庭长参加审判案件的时候,自己担任审判长。"这样的规定在实践中产生了争议,即助审员能否担任审判长和独任审判员。

[2] 2013年1月14日,最高人民法院通过《关于废止1980年1月1日至1997年6月30日期间发布的部分司法解释和司法解释性质文件(第九批)的决定》,决定自2013年1月18日起,该司法解释性质文件不再适用。但是,该文件的实质内容仍然得以维系,因为最高人民法院废止该项文件的理由并非"社会形势发生变化,不再适用"等,而是"已被刑事诉讼法及相关司法解释代替",而此前通过的最高人民法院关于适用《中华人民共和国刑事诉讼法》的解释第175条明确规定,"助理审判员由本院院长提出,经审判委员会通过,可以临时代行审判员职务,并可以担任审判长"。

其次,助审员在《法院组织法》上虽然被定位为"代行审判员职务","代行"具有临时性,然而在现实中这种短期的、暂时的代行职务已演变为长期的、经常性的惯例。某人一经任命为助理审判员,即可长期履职。另外,虽然依据《法院组织法》,助审员需经院长提请审委会批准后方能代行审判员的职务,但现实中该程序已被虚置,取而代之的是助审员的选任程序,只要被选任为助审员就似乎"自动"被赋予长期代行审判员职务的资格。

因此,不同于国外的法官助理或者助理法官,助理审判员是一项具有鲜明的本土特色的制度。首先,我国的助审员虽然从事的是协助审判员的工作,但仍然具有法官资格。在国外,虽然有大量人员协助法官工作,但这些人员不具有法官身份,如美国的法官助理。其次,从实际运行的结果来看,我国的助审员实际上被视为比审判员低一级的审判职务,是晋升审判员的中间、过渡环节。虽然在形式上,这与部分国家的做法类似。比如《日本裁判所组织法》就规定,通过全国司法考试并接受司法进修所培训两年,毕业考试合格,才能被任命为助理法官(判事),担任助理法官3年以上才能被任命为简易裁判所法官。① 巴西圣保罗州也将法官分为九个等级,其中一级为非终身候补法官,二级为终身候补法官,三级以上为正式法官,聘用法官在试用期内合格,就被任命为非终身候补法官。② 但是,就其实质而言,两者却有实质的差异。在我国,助理审判员具有与审判员相同的审判权力,而在实行过渡法官制的国家中,过渡职务的审判职权和正式法官之间则有显著差别。以日本为例,助理法官(判事)不得独任审理,也不得担任合议庭的裁判长。③

---

① 参见周道鸾主编:《外国法院组织法与法官制度》,人民法院出版社2000年版,第272页。
② 同上书,第66页。
③ 参见韩波:《法院体制改革研究》,人民法院出版社2003年版,第25页。

二、任用机制的变迁

助审员事实上是法院内部最低一级的法官职务,在逐级晋升的传统下,法官们的第一个审判职务在绝大多数时候就是助审员。一旦被任用为助审员,就意味着实现了从非法官到法官的身份转变。随着经济、社会的转型,我国法院所承担的职能和法官的角色经历了巨大的变迁,助审员的任用标准和任用程序也随之变化。

(一) 资格考试标准的历史沿革

新中国成立后很长一段时间内,助审员的任用未有明确的国家规定的资格考试标准。20 世纪 80 年代末 90 年代初,在最高法院部署下,法院内部开始试行某种形式的资格考试。比如,A 中院 1989 年出台的《关于晋升审判员职级的暂行办法》中规定:"……干部,经法律知识考试成绩及格,经院党组审查批准后,方取得助审员资格。"B 中院也从 1993 年起,按照最高法院的要求对助审员任命组织考试,不过那时候的考试形式非常灵活,尚未形成统一的考试制度,各级人大和法院都可能参与出题。① 从总体上看,这一阶段部分法院考试的试点工作实际上是最高法院在全国推行资格考试制度的试验和铺垫。

1995 年《法官法》颁布,第一次以法律的形式确立了法官初任考试,是法官任职标准发展的重要里程碑。自此,初任审判员、助审员资格考试开始在全国范围内逐渐制度化,由最高院统一出题,并颁发资格证书,最初规定资格考试的有效期为 3 年,1999 年最高法院取消了对初任法官考试资格证书有效期的规定。② 1995 年之后最高法院组织了 3 次全国范围内的初任法官资格考试(1995 年、1997 年、1999

---

① 2005 年 8 月 1 日 B 中院访谈笔录内容,见访谈笔录第 64 页。
② 1996 年《初任审判员助审员考试暂行办法》第 13 条规定:"《初任审判员、助审员考试合格证书》有效期为 3 年。在有效期内根据工作需要,经考核可以被任命为审判员或助审员。"1999 年修订后的《办法》第 14 条取消了 3 年的有效期的限制。

年),参与考试人员为1993年7月1日后进入法院工作、尚未取得初任法官资格的人员。通过初任法官资格考试,符合法定工作年限的才可以获得任命。2001年,修订后的《法官法》将原有的法官资格考试替换为统一的司法考试,进一步提高了法官的准入门槛,这是我国法官任用制度改革的重大成果。

(二)学历标准的历史沿革

我国助审员的学历标准经历了"从无到有、从有到精"的发展过程,即由最初没有学历的限制,过渡到专科学历的限制,最终发展到本科学历的要求。新中国成立后很长一段时间,对法官的学历标准未充分重视,实践中没有对学历作出硬性要求。1979年《法院组织法》中也未对学历作出规定。1983年修订《法院组织法》时虽然加入了"具备法律知识"的要求,但对什么是"法律知识"则语焉不详。在实践中,由于缺乏对文凭的硬性要求,大量非法律专业人员充斥法院。1983年6月,最高法院院长江华描述四川的情况是"法院干部中,党团员占84%……政法院系的大专毕业生仅498人,占4.6%,而小学以下程度占15%,其中还有相当数量是文盲和半文盲"。[①] 随着对法律知识的强调和对学历构成的重视,以及中国教育事业的发展和多渠道办学的兴起,尤其是法院干部业余大学、高级法官培训中心等的设立,这一情况有所改善。1995年前后,政法系统人员的专科学历比例产生了一个飞跃,由80年代初的6%增长到1993年的33.8%。1995年《法官法》将助审员的学历标准规定为"高等院校法律专业毕业或者高等院校非法律专业毕业具有法律专业知识"。这是首次以法律的形式对初任法官的学历标准作出明确的界定。2001年修订后的《法官法》进一步将助审员的学历标准提高到"高等院校法律专业本科毕业或者高等院校非法律专业本科毕业具有法律专业知识",这个发展过程与最高人民法院建立职业化的法官队伍的改革思想是吻合的。

---

① 转引自贺卫方:《通过司法实现社会正义》,载《超越比利牛斯山》,法律出版社2003年版,第62页。

(三) 身份标准的历史沿革

身份标准指法院职务的候选人只有具备某种身份才具有遴选资格，主要包括任前的职务和职级。建国之初，对于晋升助审员的身份标准并没有严格的规定，当时有大量行政人员、军转干部进入法院，并直接被任命为助审员。对此，A 中院院志有记载："解放后，A 市法院的审判员和助审员，在 1950—1954 年间，由军队转业干部、党政机关中的党员干部和接收一部分原 A 地方法院司法人员充任。"此后，各级法院助审员主要从本院内部的书记员中产生，这也就促使书记员成为晋升助审员的一个重要的身份标准，甚至有人将书记员称为助审员的"预备役"。

1999 年最高法院发布《人民法院五年改革纲要》之后，书记员的"预备役"的身份发生了悄然的改变。《纲要》强调人民法院要逐步建立起自下(下级法院)而上(上级法院)遴选的机制，与之相伴随的是实行书记员聘用制。以 2003 年的《人民法院书记员管理办法(试行)》为标志，法院系统书记员聘用制度改革逐步推进。所谓聘用制书记员是根据中央编办《关于为地方法院、检察院补充政法专项编制的通知》，使用补充的政法专项编制，按照一定的程序在社会上公开招募的书记员。虽然在工资和福利等待遇上，聘用制书记员仍然参照公务员执行，但这种身份在法院系统内部却仍然被视为"无编制"，因为与以前的书记员不同，聘用制书记员无法顺利转为法官。[1] 在书记员制度

---

[1] 当然，《人民法院书记员管理办法(试行)》中并未明确规定书记员不能晋升为助审员，而根据 1999 年《人民法院五年改革纲要》规定："2002 年以后担任书记员的，由于书记员任职条件低于法官任职条件不得参加初任法官资格考试(符合法官任职条件的除外)。"其潜台词似乎是只要符合了助审员的任用标准(书记员的学历标准要低于助审员)，这些书记员仍然可以被选任为助审员。在缺乏国家统一政策的前提下，各地政策呈现出多样化的局面。比如，重庆市法院系统曾规定，这批书记员在符合法官任职条件后 5 年内报组织部门批准，成为一般公务员之后可依法任命为法官，遵循的是"准公务员—公务员—法官"的路径。但是，2008 年 4 月 24 日重庆高院发布了关于在基层法院推行法官助理制度的文件，又明确指出，聘任制书记员不得被任命为法官助理，这在实际上阻断了聘用制书记员转为法官的通道。参见彭劲荣：《对聘任制书记员制度的思考》，载北大法律信息网，http://202.115.54.39/claw/ApiSearch.dll? ShowRecordText? Db = art&Id = 0&Gid = 335586973&ShowLink = false&PreSelectId = 60606072&Page = 0&PageSize = 20&orderby = 0&SubSelectID = undefined#m_font_0。

改革和从下级法院遴选法官的同时,各级法院将直接招录的、已通过司法考试的传统行政编制人员任命为法官助理,待工作一定年限之后再选任为助审员。因此,在现阶段,选任助审员的身份标准除了传统的书记员和下级法院审判员①外,还包括本院的法官助理。不过,随着法官助理试点工作的推进,部分法院在人事制度等方面所遇到的困难也逐渐受到重视,同时2005年《人民法院第二个五年改革纲要》已经不再出现"取消助理审判员"的提法,改革又开始从法官助理向助理审判员回归。②

(四) 任用程序的变迁

在任用标准不断提高的同时,助审员的任用程序也持续变迁。根据1954年《法院组织法》,地方各级法院的助审员由上一级司法行政部门任免,最高人民法院助审员由司法部任免。20世纪60年代,司法部被撤销,助审员的任命权转移到各级法院手中。根据1960年全国人大常委会《关于最高人民法院和地方各级人民法院助理审判员任免问题的决定》,最高人民法院助理审判员由最高人民法院任免,地方各级人民法院助理审判员由本级人民法院任免。虽然1979年重新制定的《法院组织法》再一次将助审员的任命权交由司法行政机关行使,但1983年修订该法时又调整为"由本级人民法院任免",1995年《法官法》进一步明确了"人民法院的助审员由本院院长任免"。

在具体的任免程序上,没有实行正式考试制度之前,由于缺乏明确的资格要件,院领导尤其是院长个人对拟任人选的评价与看法,对助审员的任用起决定性作用。用b法院政治处主任的话来说就是:"看你工作多少年了,觉得你各方面表现还不错,领导认为可以任助审

---

① 由于审判员要报本级人大任命,因此下级审判员进入上级法院工作后通常会先被任命为助审员。此外,受行政职级的影响,下级法院遴选的审判员可能行政职级达不到审判员晋升的要求,只能先任命为助审员。

② 参见刘晨:《法院改革中制度移植的反思——从"从法官助理回归助理审判员"想开去》,载广州市法学会主编:《法治论坛》第15辑,中国法制出版社2009年版。

员了,党组开个会就任命了。"在这种情况下,选任程序相对简单,基本上"院长想任命谁就可以任命谁",直接通知即可,也不需要公示。"基本上是暗箱操作,但也不是说就一定有问题,只是确实随意性较大。"B中院一位审判员回忆,"规定了助审员、初任审判员考试后,有了相对明确的任职标准,考不过就无法得到任命资格,这一过程就要相对规范且公开、透明一些了"。随着社会对法官综合素质的期待不断提高,法院系统对初任法官的综合素质也提出了新的要求,相应地,助理审判员任用的程序机制也进一步完善,以适应对法官综合素质的评定。首先,法院系统内部出现了通过考试测评业务能力的程序;随后,中国式的民主测评程序也开始引入。总的来说,助审员的选任程序在不断朝着法定化、标准化、规范化的方向发展。当然,由于受到行政化管理体制和各地法院实际情况的制约,符合助审员条件的书记员需要经过多长时间,以何种程序被任命,在各地实践中仍然不尽相同。

三、任 用 标 准

我国《法官法》规定:"担任法官必须具备下列条件:(一) 具有中华人民共和国国籍;(二) 年满二十三岁;(三) 拥护中华人民共和国宪法;(四) 有良好的政治、业务素质和良好的品行;(五) 身体健康;(六) 高等院校法律专业本科毕业或者高等院校非法律专业本科毕业具有法律专业知识,从事法律工作满二年,其中担任高级人民法院、最高人民法院法官,应当从事法律工作满三年;获得法律专业硕士学位、博士学位或者非法律专业硕士学位、博士学位具有法律专业知识,从事法律工作满一年,其中担任高级人民法院、最高人民法院法官,应当从事法律工作满二年。""初任法官采用严格考核的办法,按照德才兼备的标准,从通过国家统一司法考试取得资格,并且具备法官条件的人员中择优提出人选。"法律规定的标准显然对助审员的任用产生了实质影响,但在诸多的标准中,有些标准的实际影响大,有些标准的实际影响却比较小。此外,在文本标准之外,还存在着虽然没有法律规定,对助审员任用却有实际作用的实践标准。这些实践标准虽然潜藏在公众的视野之外,但它对助审员能否获得任用却可能是至关重要的。为了更好地把握中国语境中法官任用的真实状况,在本课题中,我们将把这两种标准一并纳入考察范围。

根据某一具体标准在法官任用中所起作用的不同,我们将助审员的任用标准分为刚性标准、柔性标准两类。刚性标准是硬指标,是担任助审员所必须的,因而具有"固化"的特点,往往成为选任助审员时的最低标准,基本上不存在灵活与变通的问题。在实践中,刚性标准通常不具有弹性操作空间,且具有固定判断参数指标,因而在现实中表现出相当的客观性,易于识别,如国籍、年龄、学历、资格考试等。柔性标准与此不同,它是灵活性与原则性相统一的,在助审员的选任中常常因为属于"自由裁量权"的范围而成为刚性标准的补充。由于一般不具有固定判断参数指标,柔性标准具有弹性操作空间,如政治素质、业务能力等,容易"仁者见仁、智者见智"。在助审员的选任标准中,无论是法律之内还是法律之外的各种标准,都可以具体划分为刚性标准和柔性标准,不过在不同的地区,两种标准之间的关系存在差异。比如,在西部地区,受制于人员的缺乏,在一个人具备了刚性标准之后,对于其,柔性标准的要求可能就变得"可有可无"了。当然,这里所谓的"可有可无"也仅仅是针对助审员选任而言的,从整体上来考虑,我们仍不能否认柔性标准的重要性,比如在中层干部选任的时候它就是重要的标准,且有一定的考核方法。这些内容将在本书后面的章节中详细论述。以下,我们将对助审员任用中重要的刚性标准和柔性标准进行分析。

(一)刚性标准

任命助理审判员的刚性标准包含有许多方面的内容。对这些标准根据重要程度进行排序,比较重要的包括资格考试标准、学历标准、工作年限标准、身份标准等,而年龄、国籍等方面的标准则不甚重要。

1. 资格考试标准

资格考试标准即国家司法考试。2002 年国家司法考试实行后,助理审判员任用的门槛提高,书记员要获得助理审判员的资格,必须首先通过国家司法考试,这在相当程度上提高了新任法官的法律专业素质。在访谈中,a2 法院主管人事的领导对此给予了非常积极的评价:

> 这两年我们新招进来的人员在专业素质上,特别是(法学)功底确实有很大提高。法律系的毕业生招来做书记员,基本不用担心他们的专业知识不够的问题,只需要进行一下实务操作培训即可上岗,不像以前面对社会招干或转业下来的干部还要先专门"普法"一下。①

由于通过国家司法考试、取得法律职业资格证书成为助审员任用的刚性标准,全国统一组织的国家司法考试也在很大程度上改变了我国法院传统上进人的随意性,成为法院在人事安排上抵御外来干涉的"护身符":

> 司法考试好,以前你(有些机关)要硬塞给我的人,我法院虽然不需要但也只有认了,没办法(拒绝);但现在没通过司法考试就没有审判资格,而且又不是随便哪个都能考过的,那么他自己干脆也就不愿意来了,因为当不了法官,来法院就没意思了。②

当然,统一司法考试在推动法官队伍职业化建设的同时,也产生了一些负面的影响,最主要的表现即人才的"逆流动"。近年来,全国各级法院系统都出现了不同程度的人员流失,在西部一些基层法院表现得尤为突出。比如,根据 S 省高院的统计,S 省基层法院法官参加 2002、2003 两年国家司法考试的有 1 539 人次,合格者有 149 人,而其中有 123 人改行做律师,占考试合格人数的 82.55%。而课题组对 b 县 1999 年至 2003 年人员流失情况的调查中也有令人印象深刻的发现:在该期间段通过司法考试的 3 人中,有 2 人转行做了律师。这些

---

① 2004 年 11 月 15 日 a2 法院访谈内容,见访谈笔录第 1—2 页。
② 2004 年 11 月 15 日 a2 法院访谈内容,见访谈笔录第 2 页。

本来应该成为助审员的人员的流失,使得法院法官出现了"断层"。a2法院的情况也不乐观。从实行司法考试以来,考试合格的 4 人中已有两人离开了法院去做律师了,没有辞职的两位也只是刚通过考试的大学本科生。对此,该院的领导与一般的法官都颇感无奈:"无非是个职业,既然工作重待遇低,那么大家都有选择离开的自由。"在访谈中我们听到最多的就是"法官职业责任大,待遇低"这样的抱怨,C中院主管人事的领导半开玩笑地对我们说,法院内部是表面"风平浪静",实际却"暗潮涌动",这些"暗潮"当然也包括那些已通过司法考试、尚未辞职的人。

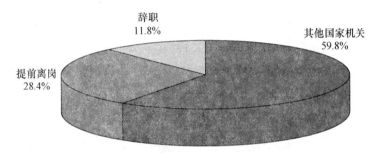

图 2-1　b 法院 1999—2003 年法官流失情况

本来旨在向司法机关输送人才的司法考试制度,在实践中却导致人才从法院向社会流出,造成法官队伍的萎缩,再加上艰苦的工作条件、繁重的工作负担、低下的福利待遇和难以解决的职级问题等,使得法院成了从业律师的"上岗培训班"。① 其直接后果就是部分中西部基层法院的法官队伍青黄不接,没通过考试的继续当书记员,通过司法考试就走人。同时,2002 年机构改革及优惠的政策,也使法院一批有经验的法官提前退休,有经验的法官改行的改行、退休的退休②,而

---

① 苏力:《法官遴选制度考察》,载《法学》2004 年第 3 期。
② 在国家机构改革过程中,各地都制定了一些提前退休和离岗休息的优惠政策,因而在基层法院中,相当一批 50 岁左右,长期工作在一线,具有一定审判实践经验的业务骨干提前退休。还有些地方在推进干部年轻化的问题上搞"一刀切",到了一定年龄的人员均被强制退休。

为基层法院招考录用工作人员设置的条件又十分苛刻,导致法院进人困难,法官队伍得不到及时补充。在调研中,无论是一般的助审员还是院长,无不表达了这种忧虑。比如,a2法院一领导坦言:

> 有的基层法院,组成一个合议庭都很困难,开庭时不得不去别处"借"法官;有的派出法庭可能里里外外就只有庭长一个人;上次还听说外省哪个地方已经出现了除了院长就只有书记员的情况。我们这里2000年以来退休了30多个人,但考过司法考试的只有两个人,现在只能算是人数基本够。①

2. 学历标准

作为提高法官素质的重要举措,2001年修订后的《法官法》,将助审员学历标准规定为"高等院校法律专业本科或高等院校非法律专业本科具有法律专业知识"。② 仅从数字上看,认为中国法官的学历太低似乎有失公允,2007年法官中具有大学本科以上学历的比例已达65.29%。如果深入探究这一数据背后的事实,似乎也不宜直接得出《法官法》对基层法院法官任职学历要求过高的结论,因为当前学历"繁荣"的背后隐藏着两个十分突出的问题:

第一,学历层次的两极分化。虽然现阶段中国法院助审员的学历层次有了很大的提高,但在上下级法院之间、东西部法院之间却表现出明显的两极分化局面,学历层次较高的助审员大多集中在中级法院和经济条件较好的城区法院,经济发展落后一些的郊县,具备本科学历的人数较少。图2-2的数据显示,A、B、C三地中院具有本科③以上

---

① 2004年11月15日a2法院访谈内容,见访谈笔录第2页。
② 对法官职业化而言,这一要求似乎并不高。事实上,已有论者批判,高等院校非法律专业本科毕业的可以任法官职务,不利于法官队伍精英化。因为法官作为经过专门训练的、职业化的专门人士,有其独特的语言、知识、思维、技能以及伦理,而这些素养的形成,都要求法官必须经过系统的法律学问的学习、专门的思维方式的训练和法律职业伦理的修炼,并不间断地培训、学习和进取。参见王琦:《我国法官遴选制度的检讨与创新》,载《当代法学》2011年第4期。
③ 在法院系统中"本科学历"并非指全日制本科的经历,全日制本科学历在法院系统中被称为"大学学历"。法院系统中"本科学历"的构成相当多元化,下文将作详细论述。

学历的助审员占到总数的 80.70%①,而在基层法院,具有本科以上学历的助审员仅占总数的 30%。

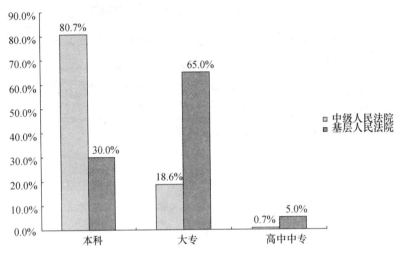

图 2-2 调研法院助审员学历构成

学历上的两极分化在访谈中也得到了验证。比如,A 市城区的基层法院面向社会招考人员(包括大学毕业生)都是法学研究生以上学历,S 省高院负责人也称其在 1995—1998 年间招收的 20 名书记员全都是研究生以上学历。我们注意到,A 市郊县 a2 基层法院近几年来招收的书记员多是来自 A 市市内大学的本科毕业生,对此,该院分管人事的负责人表示:"现在城区里的法院很难进了,都要研究生,因此本科生就只有向郊县转移。"随着就业压力的增大,此种趋势更加明显。不过,在经济不发达的地区则未必如此。因为受当地经济发展程度所限,这些法院给出的待遇对很多大学毕业生来说缺乏足够的吸引力,《法官法》修改后强制性规定的本科学历条件,反而使这些地方的法院

---

① B、C 两地中院助审员的本科学历的比例均为 100%,当然这绝非是因为 B、C 两地的经济较 A 地好,法院人才层次高的缘故。实际上 B、C 两地均出现了不同程度的法官断层的现象,原来的助审员都晋升为审判员,现有的书记员很大部分无法晋升为助审员,因此两地助审员人数较少(分别只有 3 人和 8 人),并且都是在 2001 年《法官法》修订之后加入法院的,因此其学历均为本科学历。

招人更困难了。比如,在 2005 年 B 市两级法院工作人员的统一招考中,总共 300 多人报名,虽然 B 中院本部的 6 个名额有 152 人前来竞争,但一些县区法院的报名人数却达不到计划招收人数(其编制是作为法官序列的人员),后经 B 中院特批可以放宽到大专学历后,报名人数才达到 5:1 的开考比例。

第二,本科学历的多样化。根据法院的统计方法,"本科学历"包含了多种渠道获得的学历,主要有全日制本科、党校、成教、自考、夜大等途径。在这些渠道中,全日制本科的学历在现有的学历层次中所占的比重并不大,因而助审员的本科学历"成色"其实比较有限。以经济状况较好的 A 中院为例,虽然 A 中院具有本科学历的助审员占总数的 63.15%,但其中仅有 36.9% 的比例是通过全日制大学的学习获取的,其余均是通过在职、党校、成教、自考和夜大等途径获得的(详见图 2-3)。

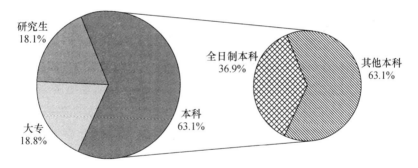

图 2-3　A 中院助审员学历构成①

这一问题在基层法院中表现得更为突出。比如,在课题组调研的 a2 基层人民法院,助审员中具备全日制大学学历的人屈指可数,大量的"本专科学历"均是通过其他途径获取的(详见表 2-1)。

---

① 根据 A 中院提供的法院人员信息表制作,信息更新至 2008 年,统计时并未区分法律专业与非法律专业。

表 2-1　a2 法院助审员学历构成

	大学		本科								大专										中专
	法	非	党校		成、自		研修		夜大		研修		党校		成、自		夜大		电大		非
			法	非	法	非	法	非	法	非	法	非	法	非	法	非	法	非	法	非	
a2 县	2		1						2						2						

备注：① 表中的"大学"指普通高等学校全日制本科学历，"本科"指通过其他途径获得的本科学历，包括"党校""成、自""研修""夜大"和"电大"。② "法"指法律专业，"非"指非法律专业。③ 数据截止至 2007 年 10 月 21 日。

　　近年来，随着法官队伍专业化、职业化建设的推进，已经有越来越多的科班生进入法院，但由于进入时间较晚，这些新进人员还不是当前法官队伍中占主角的群体。目前在法院尤其是广大基层法院里，一个可以被称得上具有一定经验的法官，其工作年限通常在 5 到 10 年左右。据此向前推算，其入职恰好在 1995 年《法官法》出台和 2001 年《法官法》修改这两个可以视为我国对法官专业素质要求开始加强的关键时刻之前。在《法官法》出台或修订（尤其是 1995 年）之前进入法院的人员，才是现在法官队伍的主体，这部分人的年龄多在 35 岁以上。因此，从学历的年龄分布来看，35 岁是个明显的分界线。现年 35 岁以下年轻法官中的大学生比例大大高于 35 岁以上的法官群体，年龄层次越低的群体中大学生比例越高，28 岁以下的书记员几乎是清一色的大学科班生；而在具有一定司法经验的法官主流群体中，正规的大学本科毕业生则较少，法科出身的更是凤毛麟角，其直接原因就是长期以来对法官学历（专业知识）的忽视，他们中大量的"本专科学历"都是就职后通过其他途径获取的。从 20 世纪 90 年代中期开始，各级法院办学的主要目的就是为了"帮助"在职者"提高"学历。有数据统计显示，2000 年，全国法院干部业余大学为法院培养的大专学历毕业生和审判专业证书生共 17 万余人，法律本科毕业生 5 万人。中国高级法官培训中心共培养高级法官及其后备人才近 7 000 人，并培养了硕士、博士研究生590人。① 在调查的统计数据中我们注意到,法官们获得本科学历主要集中在1995年到2002年这一时间段,各级法院学历层次在此期间有了一次巨大的跨越。不过,这并不一定代表法官专业素质有了质的飞跃。

3. 工作年限标准

中国的助审员长期以来,甚至直到现在,都"不直接"来源于那些年满23周岁的本科毕业生或其他具有司法经验的人员(如律师),而是"直接"从法院内部的书记员中任用,是一种"书记员—助审员"的晋升模式。在法官任用实践中,针对不同学历、不同级别法院的工作人员逐步形成了比较稳定的晋升年限要求。在实际中,工作年限标准存在以下特点:

首先,工作年限标准被固化地与从事书记员工作时间相关联。虽然《法官法》对初任法官的工作年限标准作出了规定——"从事法律工作",但并未明确何为"从事法律工作"。而在现实中,"从事法律工作"则被限定为从事书记员工作。比如,b法院有一书记员于2004年考入b法院并通过司法考试,进入法院前曾在某律师事务所工作1年。按照法律规定,他须"从事法律工作"满2年才能被任命为助审员。由于b法院急于用人,遂向S省高院请示,询问在律师事务所工作的经历算不算"从事法律工作",后被告知不行。该院政治处处长很无奈地向我们表示:"难道律师事务所的工作不是法律工作?"② 在中国特有的制度逻辑下,这一要求亦有其合理性,因为在对工作年限的要求表征的其实是对司法经验的追求。中国法官,尤其是基层法院的法官,所面对的是一系列特殊的问题,需要一套与之相适应的特殊知识和技能。这些知识和技能是法学院不教,也确实无法教的,即使从事律师行业、参与司法实践通常也无法获取。这些知识来源于对具

---

① 参见胡夏冰:《司法公正与我国法官制度的变革》,载张卫平主编《司法改革论评》(第3辑),中国法制出版社2002年版,第81页。

② 2005年8月4日b法院访谈内容,见访谈笔录第100页。

体案件的解决,具有很强的职业性,是法官在现有的政治体制下为了自己的有效生存而逐渐形成、累积起来,是一种具有"现代性"的知识,主要包括追求实体结果的公正,以解决纠纷为首要目标,依据直觉裁剪案件事实,防止矛盾激化(不出大事),等等。① 这些知识不仅不能通过法学院的学习获得,同样也无法在律师行业中获得,甚至在很大程度上是为律师行业所诟病的,因而只能通过进入法院系统内部,以内在视角进行发掘方能获取。因此,书记员的工作年限也变得更为重要。

其次,在课题组的访谈中,工作年限的标准常常被法官们有意无意地"遗忘"。法官在谈起晋升助审员必备的条件时,通常只会提及资格考试和学历,甚至是诸如政治方面的要求,鲜有人会想起司法经验。这种"虚化"似乎是现行制度运行的常态结果。实际上,工作年限的规定确实不太可能成为晋升助审员过程中的"绊脚石",因为书记员在进入法院后经过一段时间的适应,在具备了前述两个刚性标准之后,工作年限也就基本上达到了法定的最低限度。从表2-2中我们可以得知,除了后面4位助审员为通过选调方式进入法院,他们早在实行统一的司法考试之前就取得了法官资格,前面4位助审员进入法院的时间与通过司法考试时间之间的距离平均为3.7年,超过了法律中两年工作年限的要求。由此,工作年限这一刚性标准在现实中被人们有意无意地"遗忘",似乎是助审员晋升制度运行的常态结果。② 当然,在法院尝试直接从社会吸纳通过司法考试的法官助理的今天,"工作年限"要求的意义无疑会凸显出来。

---

① 参见苏力:《送法下乡:中国基层司法制度研究》,中国政法大学出版社2000年版,第274—277页。

② 几位受访者在被问及助审员的任用情况时均认为,只要司法考试通过就可以任命,在他们眼中,似乎学历和司法经验两个刚性标准并不具有实质作用。

表 2-2　C 中院助审员情况表①

法律职务	学历	进院时间	获得法律职务时间	进院途径	法官资格日期
助审员	大学本科	2001年7月1日	2006年11月16日	学生分配	2006年2月1日
助审员	大学本科	2002年7月24日	2006年11月16日	学生分配	2006年2月1日
助审员	双学士	2001年7月1日	2006年3月27日	学生分配	2005年2月28日
助审员	大学本科	2002年7月1日	2006年3月27日	学生分配	2005年2月28日
助审员	大学本科	2002年6月12日	2002年6月18日	选调	2000年4月30日
助审员	大学本科	2004年11月5日	2003年6月24日	选调	1998年6月30日
助审员	大学本科	2004年11月5日	2004年11月5日	本系统选调	
助审员	大学本科	2003年4月5日	2003年4月28日	本系统选调	

4. 身份标准

正如前文所述,中国的助审员"不直接"来源于高校法学本科毕业生和社会中的律师,而是"直接"来源于书记员或者法官助理。也就是说,一个人只有首先具备了某种身份标准,才有可能成为助审员。这种身份标准包括职务和职级两个方面。

(1) 职务标准

当前,助审员任用的职务标准主要有以下三个方面:第一,是本院书记员;第二,是下级法院审判员;第三,是本院法官助理或行政人员。2004年最高人民法院发布《关于在部分地方人民法院开展法官助理试点工作的意见》后,随着从下级法院遴选法官以及聘用制书记员两项制度的实施,对助审员任用前的职务构成造成了以下几个方面的影响:首先,中级以上人民法院的助审员更多地来源于基层人民法院,比如 C 中院 64 名审判人员中(不含法警、工人等)有 18.8% 的法官进入中院的渠道是"本系统选调",即从基层法院中遴选。其次,加剧了中西部基层法院人才的流失。一是部分基层法院对于执业律师和优秀大学本科生的吸引力相对有限;二是在广大基层法院普遍缺编的情况

---

① 图表说明:(1) 法院系统中将通过司法考试的时间视为取得法官资格的时间,在实行司法考试之前以通过初任法官考试时间作为取得法官资格的时间。(2) "进院途径"中,"学生分配"是指大学毕业生经过选拔后进入法院工作;"本系统选调"是指从法院系统内部选拔优秀的法官,通常是从下级法院抽调骨干进入上级法院任职;"选调"则是从政府或检察院挑选具备相应司法经验的人员进入法院工作。

下,中级法院通过法官遴选制度将基层法院业务骨干选拔进入中级法院,又进一步增加了基层法院开展工作的难度;三是实行聘用制书记员之后,基本上阻断了晋升助审员的传统路径。在新的晋升途径尚未建立的前提下,法院补充"新鲜血液"的难度加大。C 中院政治部主任的说法很有代表性:

> 聘用制的书记员,通过司法考试后,按照现行规定,无法将其任命为助审员。最高法院希望采取分类管理,书记员单独序列,这样导致招考进来的人可以直接当法官,而聘用制的书记员长期从事司法实务却不能被任命为法官。这种分类管理只有法院在搞,检察院没有单独序列的书记员。这实际上自己捆绑住了自己用人的手脚。检察院是录用,我们是聘用,高法的改革是自己整自己。我们大概连续两年招聘了聘用制的书记员,现在有 4 个人通过了司法考试,现在不知道如何解决这个问题。由于长期无法解决身份问题,这 4 个人中已经有人萌生了退意。现在招用的聘任制的书记员,中院最高才到正科,那书记员一直干下去,职级上不去,过了十来年,后遗症就出来了。我们现在公招书记员都没有给他们说这件事情,不然鬼才会来。①

书记员管理体制改革打破了长期以来一直沿用的由书记员到助审员的晋升模式,改革者希望解决以下四个方面的问题:第一,改变书记员向法官晋升制度造成的书记员岗位的临时性和过渡性,从而解决书记员队伍不稳、整体素质不高的问题;第二,解决书记员与法官录用标准混同、人才资源浪费的问题;第三,解决书记员为晋级而挤进"法官"队伍,导致法官队伍日益膨胀的问题;第四,解决书记员不断向法官晋升所造成的法官与书记员比例失调的问题。② 毫无疑问,改革初

---

① 2007 年 11 月 16 日 C 中院访谈笔录内容,见访谈笔录第 124—125 页。在访谈过程中我们见到了这位书记员,在与他的交谈中我们发现,他似乎并不知道自己的编制问题,并且同行的领导也暗示我们不要提及此事。

② 参见罗雪花:《浅谈法院书记员管理制度改革及完善》,载《学理论》2010 年第 35 期。

衷是好的,一方面从侧面巩固了法官逐级晋升的渠道,从而制度化地保障了中级以上法院法官从基层遴选的制度;另一方面也配合了法官助理制度的运行,将辅助性工作交由法官助理从事,而其他非法律的辅助性工作则由书记员从事,有利于进一步减轻法官工作压力,实现法官的精英化。① 同时,法官助理实际上缩短了助理审判员任用的年限标准,有助于解决中西部条件不太好的基层法院普遍的人员缺编问题。比如在C中院,按照以往的书记员—助审员晋升模式,书记员进入法院后通常要过3—4年才能通过司法考试,一般最快也要将近5年的时间才能补充至审判力量中来。而如果直接招聘通过司法考试的人员担任法官助理,在进入法院之后从事法律性辅助工作两年甚至1年之后就可以任命为助审员了(还要满足学历条件)。但是,由于配套制度建设的不足,这一制度未能充分考虑基层法院的一些特殊情况,给基层法院的工作带来了一定的困难。比如,对中西部经济条件不算好的基层法院而言,连没有通过司法考试的大学生都不愿前往,自然很难期望法院对通过国家司法考试的人员产生足够的吸引力。C中院一位审判员向我们介绍了这项改革在现实中的运作情况:

> 某郊县法院2005年招1个法官助理,条件是过了司法考试,结果是没有1个人报名,原因是该法院太偏远,待遇也不好。中院2007年才招到了1名法官助理。②

由于聘用制书记员不具有传统意义上的行政编制,导致法院传统书记员的转换机制被限制,法院尤其是基层法院补充审判人员出现了更大的困难。因此实践中就出现了从法院行政人员晋升为助审员的

---

① 部分法院在实行法官助理改革的时候,实际上是将部分助审员转为法官助理。而根据最高人民法院的相关精神,法官助理是不具备办案资格的,因此仅有部分优秀的审判员具备办案资格,这样就大大减少了现阶段"法官"的数量了。可以说法官助理制度本身就是法院人事体制改革和法院重组的一个工具,由于触及了许多人的利益,改革的难度可想而知。

② 2007年12月16日C中院访谈笔录,第118页。这名法官助理在实地体验法院的工作环境之后不久就"另谋高就"了。

方式,来规避相关规定:

> 由于招聘的书记员都是聘用制的,没有行政编制,为了规避这个问题,以后不愿意再招聘任制的书记员,改招行政人员进来做书记员的工作,一过司考就可以任命为助审。这样可以避免聘任制的书记员不能被任命为法官而带来问题。①

这些行政人员主要分布在法院内部的综合管理部门,比如办公室、政治部,主要从事的是行政方面的后勤保障工作,因而与业务人员在工作性质上存在着很大的不同。从行政人员中任用助审员,变相地侵蚀了法官专业化、职业化改革的成果。而其背后深层次的动因,则是共同的助理审判员任用的身份标准——行政编制。编制相当于一个单位每个工作人员的户口,非常重要。任何一个工作人员在其单位有编制,其身份正式、地位合法,并由国家财政拨付工资;没编制就相当于"黑户",属于临时人员,工资由单位自筹。法院中的法官都属于行政编制人员,一个人要被任命为法官就必须先具有行政编制身份,而这种行政编制身份的获得,一般只能通过专门录取此类人员的考试。在以往的"书记员—助审员"模式下,法院对外招录工作人员(书记员)使用的都是行政编制的指标,因此书记员转为助审员不存在任何身份上的障碍。但2004年后,虽然聘任制书记员也在"国家正式行政编制"内,但却不被作为法官的后备人选对待,因此招录他们所使用的"政法专项编制"实际上是一种"区别对待"。

(2) 职级标准

职级是与一定职务层次相对应的行政级别,是体现职务、能力、业绩、资历的综合标志,同时也是确定薪资及其他待遇的重要依据。在法院系统中,尤其在中级以上人民法院,行政职级是影响晋升助审员的一个重要身份标准。

以A中院为例,一个书记员能否升任助审员,除了取决于其综合素

---

① 2007年11月16日C中院访谈笔录内容,见访谈笔录第125页。

质外,还取决于其行政级别是否达至副科级。法院人事部门按照行政机关的方式管理,不同级别的法官具有不同的行政职级。在 A 中院,助审员职务对应副科级和正科级,即,要取得助审员职务至少必须具备副科级的行政职级。在以前,行政职级的评定只需按照相关人员满足工作年限要求即可自动晋升,比如任科员满 3 年即可升任副科,任副科满 3 年就可升任正科。但从 2002 年起,为了鼓励竞争,该院自行规定,行政职级的晋升必须通过考试,建立所谓"凡晋必考"制度,即使工作年限已满也必须通过考试来获取晋升机会。对此,A 中院政治部主任介绍说:

> 科员级别的书记员,你要当助审员,就要参加两个考试,一个是助审员考试(现在是国家统一司法考试),一个是科员升副科级的考试;如果你是副科级的书记员,则通过助审员考试就可以了。副科级助审员要升正科级助审员,就要参加副科升正科的考试。副处升正处也要考试。如果不考试,那么一旦只有一个晋升名额而有两个人都达到工龄了,你解决哪一个?总要有个让人信服的标准来说明为什么升他的职级而不升你的,那考试最公平,就看你自己有没有那个能力和水平去考上。①

几位在 A 中院工作的书记员也认为,自己在法院工作压力很大的一个重要因素,就是晋升行政级别也需要激烈的考试竞争,该市其他国家机关似乎就没有这样的考试要求。当然,该院多数受访者认为,由于国家规定的职数有限,竞争激烈,考试相对而言最为公平。职级晋升的压力在不同地区、不同层级的法院之间也可能存在差异。比如,在 B 中院,虽然审判职称的晋升也与行政级别挂钩,但晋升难度却没有那么大,因为 B 中院并不存在"僧多粥少"的问题。整个 B 中院先后通过司法考试的书记员只有 5 位,其中仅有 3 位现在达到了 2 年法律工作年限的要求,被任命为助审员——加上 2000 年和 2001 年的助审员考试也没有进行,这 3 位也是该院从 2000 年至今唯一一批任用的

---

① A 中院 2005 年 8 月 19 日访谈内容,见访谈笔录第 19 页。

3位助审员。换言之,B中院不仅在助审员职务上有空编,且在助审员对应的行政职级上也有空编,能够晋升的人又极少,因此只要通过司法考试,出任助审员就会非常顺利。而在a2和b县两个基层法院,书记员晋升助审员也基本谈不上什么竞争。除了"粥多僧少"外,基层法院晋升助审员所需达到的行政职级——科员级较容易获得,也是重要原因。一个大学毕业生进入法院工作满1年就能定为科员级,各法院对该行政职级也没有名额限制。

一般而言,身份标准是一种刚性标准,是晋升助审员必须具备的条件,但身份标准中的职级标准具有一定的特殊性。在基层法院,职级标准通常不会被认为是刚性标准,这主要是由于基层法院助审员对应的职级较中级法院低。当然,也并非所有中级以上的人民法院都会将职级作为刚性标准来对待,我们访谈的C中院就没有进行这样的必然对应。问题的关键在于法院自身的实际情况:如果法院本身人员充足,竞争激烈,那么将职级待遇作为刚性标准来看待似乎也有助于法院内部实现人员的筛选;而若法院人员缺乏,则将职级待遇作为刚性标准会使某些法院本来就十分窘迫的人员配备雪上加霜!

(二) 柔性标准

以上主要从资格考试、学历、工作年限、身份四个方面考察了成为助审员必须具备的刚性标准,它们共同构成了助审员选任的基础。下文将重点考察助审员任用的柔性标准,这些标准的客观性较差,主要以主观评价为依据,一位候选人尽可能多地具备柔性标准将更有可能在晋升助审员的竞争中脱颖而出。那么,哪些标准构成柔性标准,并起到何种作用呢?根据课题组的问卷调查[①],法院内部受访者认为晋

---

① 问卷调查时间为2007年,调查对象是两所中院审判业务庭的所有工作人员(包括法官、书记员和法官助理),其中在A市中院发放问卷206份,回收问卷164份,问卷回收率为79.6%;C市中院发放问卷38份,回收问卷36份,问卷回收率为94.8%。晋升助理审判员的重要因素和最关键因素一题包含两个小题,在选出"重要因素"(不定项选择)后,受访者被要求再从中选择一个其认为是最关键的因素。

升助审员的重要因素主要有业务能力(88.4%)、政治素质(63.1%)、沟通协调(45.5%)和领导评价(32.3%),参见图2-4;而有58.5%的受访者认为晋升助审员最关键的柔性因素则主要是业务能力,17.4%的认为是政治素质,15.9%的认为是领导评价,参见图2-5。① 总体上看,受访者初步达成了共识:"业务能力"是晋升助审员过程中最为重要的柔性标准。除此之外,对于其他的柔性标准的把握则呈现出一种多元化的局面,不同的经历、不同的性格甚至不同的"悟性"都会造成对制度把握的不同。一般说来,在"业务能力"之后,"政治素质"和"领导评价"也是能对晋升结果产生实质影响的柔性标准;对于"人缘""沟通协调"等柔性标准,系统内部基本将其定位成辅助标准,不会对晋升结果产生实质影响。由此可知,现有机制倾向于将选拔业务能力好、领导评价高的人员作为助审员。

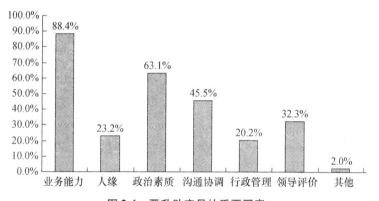

图2-4 晋升助审员的重要因素

1. 业务能力

业务能力是指熟练运用法院特有的司法知识处理案件的能力。作为一种难以客观化的标准,法院试图通过绩效考评对其进行评价。对法官而言,绩效考评主要从"能"和"绩"两个方面进行。"能"是指

---

① 在法院内部,不同行政职务或审判职务的受访者对晋升助审员的重要因素和最关键因素把握有一定不同。一般而言,在晋升助审员的重要因素和关键因素方面,具备行政职务或审判职务的人对于政治素质和领导评价更加重视。

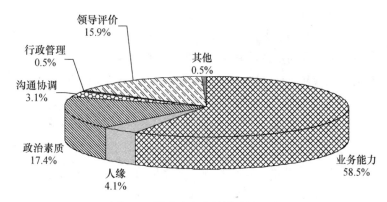

图 2-5　晋升助审员的最关键因素

业务知识和工作能力,侧重于从政策理论水平、法学理论水平、审判业务能力及诉讼文书写作水平四个方面考核;而"绩"是指工作量、工作质量、效益和贡献,侧重于从收结案情况、案件办理质量、案件的社会效果等三个方面考评。这是一个着眼于审判工作需要而制定的主客观相结合的体系,也是对即将担任助理审判员的书记员的要求。不过,对书记员而言,矛盾的地方可能在于,初任法官选拔的对象是没有从事过审判工作的人员,其在前一岗位所表现出的业务能力,往往和法官所要求的业务能力存在较大的差别。比如,A中院对书记员的专业素质考核主要围绕记录案件数、记录质量、协助办案、校对文书等方面。这意味着,一个考核为优秀的书记员很难说就一定是最胜任法官工作的候选人。所以有理由相信,初任法官选拔时对其业务能力的甄别,确实存在难以量化评价的困难,业务能力评价更多的是相关主体(庭室,院领导以及民主测评的同事)依据其对候选人过往工作勤勉的印象而作出。当然,一个工作勤勉、在前一岗位取得优秀成绩的人和一个表现平平的人若同时派往新的工作岗位,前者胜任新工作岗位的几率总体上应高于后者。即便如此,从择优选拔优秀的初任法官而言,我们确实应尽快完善我们的法官任前培训制度,以帮助候选人获得与审判业务相匹配的知识和技能。未来的任前培训应着重于审判实务,而不仅仅是提升候选人的理论水平;要创新方法,培养法官候选人的业务能力,记录他们在此间的表现,并将该表现作为日后评价其是否具备相应业务能力的依据。

表2-4 A市中级人民法院书记员专业素质考核表

项目	考评要素	参考分值	平时表现	应得分值	总得分
工作效率	记录案件数	20			
记录质量	记录案件质量	10			
	组织装订卷宗质量	10			
协助办案	协助法官办理案件情况	5			
校对文书	负责校对法律文书差错情况	5			
业务竞赛	参加院内的书记员业务竞赛成绩	5			
业务培训	参加业务技能培训情况	5			
卷宗归档	卷宗的归档情况	5			
电脑录入	使用电脑录入的情况	5			

2. 政治素质

新中国成立初期,司法机关的定位是无产阶级专政的工具,因而相对于专业素质,更加强调法官在政治上的可靠性。在此背景下,国民党政府留下来的一些旧司法人员被批评为"没有立场或者反动立场,不但不能很好地为人民服务,甚至包庇与帮助反革命分子残害人民",故"不宜让他们担任审判工作,而要找适当的人去顶替"。[①] 法官是重要的司法干部,要来自于人民,属于人民。"所谓来自人民就是指的法官的家庭出身以及个人经历、个人观点与革命事业的一致性;属于人民指的是人民司法绝不可掌握在不可信赖的人手里,必须保持司法队伍的纯洁。"[②] 其实后来的"复转军人进法院",一方面是国家对军人的安置性措施,另一方面也是基于政治上可靠的考虑。在很长一段

[①] 董必武:《关于改革司法机关及政法干部补充、训练诸问题》,载《董必武政治法律文集》,法律出版社1986年版,第235—236页。

[②] 陈端洪:《司法与民主:中国司法民主化及其批判》,载《中外法学》1998年第4期。

时间里,衡量这种政治素质的重要指标是候选人是否具备中国共产党党员的身份,直到20世纪80年代初期,任命助审员仍要求具备党员的身份。但是,在重视政治素质的同时,却有意无意地忽视了法官专业素质的养成。虽然自20世纪末21世纪初开始,在法院系统内部展开了一场声势浩大的法官职业化和精英化的改革,对于法官的业务能力、学历等方面的要求日渐提高,但对于法官政治素质的要求并没有降低,只是随着社会的发展,法官政治素质的内涵发生了很大的变化。对此,C中院政治处的一位副主任作了相关的阐述:

> 政治素质宏观说就是忠于法律、人民、祖国,当然这样一种标准很难把握。具体而言还是要落实到办案中来,办案的时候法官要有大局思想,不能太激进,要看办案的政治效果,要服务于党政的大局。①

3. 领导评价

领导评价是指领导对工作人员工作价值的评定,这是一个主观色彩很强的指标,受领导人个人偏好的影响。由于中国法院仍然带有很强的行政化的色彩,在晋升过程中领导意志所占的比重通常很大,有时候甚至起到实质性的作用,因此领导评价高的人通常比其他人更能获得晋升的机会。领导评价中存在着很显著的"共振现象"——领导对学历、经历、性格、行事风格与自己相近的人员总会更加青睐。类似的人对事物的看法会有"共振",在日后工作的开展中更易达成共识、贯彻思路和推进工作。在法院这样一个特定的体系中,适当地处理好和领导的关系,积极、主动、优质地完成领导的工作任务的人领导评价通常会很高,因此,一个人的业务能力如果较强,通常较易受到领导的青睐。当然,光有业务能力也不行,关键还在于会不会"做人"。在访谈中A中院一位庭长就给我们讲述了一位业务能力优秀但却不受领导喜欢的人的实例。②

---

① 2007年11月16日C中级法院访谈内容,见访谈笔录第118页。
② 2005年8月19日A中院访谈内容,见访谈笔录第48页。

4. 沟通协调能力

沟通协调能力是一个内涵很广的概念,法院中的沟通协调能力一般包括对内沟通能力和对外沟通能力。对内沟通是指和同事、庭室领导等之间的沟通,而对外沟通则是指同行政机关、人大、新闻媒体①、当事人等的沟通。助理审判员主要在审理案件、汇报工作时需要与当事人、同事及庭室领导沟通。这在一定程度上弱化了对助理审判员沟通协调能力的要求。调研也表明,沟通协调能力并没有成为助理审判员任用时决定性的因素。A 中院受访者中仅有 3.08% 将"沟通协调能力"视为关键因素,而 C 中院则无一人将其视为关键因素。这充分反映了在法院系统内部,对于"沟通协调能力"的地位已经达成了一种共识:一种辅助性的因素。

5. 人缘

人缘主要是指同一般同事之间的关系。② 在法院这样的环境下,人缘指的就是同各庭室一般法官的关系。法院相对于外界而言是一个封闭的场域,是一个"熟人社会",用法官的话来说就是,"大家谁好谁坏心里基本有数,即使不是一个庭室的,也可以通过吃饭、聚会等多种渠道了解到"。A 中院一位科班出身的庭长作出了如下总结:

> 脾气比较怪、不合群的,大家还是不太喜欢的。一般来说综合能力比较强、业务比较好,再加上为人也比较好,比较成熟或说比较灵活,各方面心态也比较好的,群众就比较喜欢。群众就不喜欢那种很媚上的,喜欢讨好领导的就不受欢迎……总的来说,不同的人群还是有不同的喜好,有不同的评价标准。比如同样条件差不多的两个候选人,一个是学校出来的,一个是军转的,起码我就倾向于选择这个学校出来的,可能军转干部出身的会选择军转的,这可能是一种趋同心理吧,大家是同类型的,"同性相吸"啊。③

---

① 同新闻媒体的沟通始终是法院政治部门工作的重要环节。课题组成员在 C 中院调研期间就亲历了 C 中院同各大新闻媒体的聚餐。
② 本处论及的"人缘"不包含同领导的关系,该部分已在"领导评价"中作过相应论述。
③ 2005 年 8 月 19 日访谈内容,见访谈笔录第 37 页。

尽管有些法院在晋升助审员的操作中有民主测评的环节,但"人缘"标准对于晋升助审员的重要性仍然相对较低,是一种辅助性的因素。比如 A 中院《2006 年度选拔初任法官实施办法》对初任法官的选拔包含该项目的考核,并且占总分的 60%。"考核以民主测评的方式进行。但是,由于民主测评包括院长测评(15 分)、分管院长测评(15 分)、所在部门领导测评(20 分)和所在部门一般干部测评(10 分)",在考核中领导评价的比重占了 5/6,而人际关系仅占 1/6,因此对于整体结果的影响很小。并且,由于现实考评中存在的种种问题,一般干部对于民主测评的操作常常流于形式。课题组在访谈 A 中院立案庭的一位资深审判员时,他说出了一般法官对待民主测评的态度。

问:民主测评打分的依据是什么?

答:这个人的人缘,但只要这个人人品不是太坏,通常都会给予很高的分数。

问:很高的分数,不是失去测评的意义吗?

答:这个不存在。首先民主测评的比重很低,本来就对结果不会产生实质的影响,而且这种事情和自己又没有太大的关系,没有必要为这样一个事情去得罪别人。

问:那在民主测评的时候会不会给自己庭室的分高些,给别人庭室的分低些?

答:别人我不知道,我自己打分都是差不多的。因为同庭室的大家相互熟悉,因此给的分会较高。但其他庭室的同志你对他不了解,凭什么说别人差?因此分数也不低。

问:那民主测评真的不会对结果产生影响?

答:这个也不一定,如果一个人民主测评太低,领导可能会觉得他的群众基础这么差,选上了大家会有意见,可能会对决策产生一定的影响。①

---

① 2007 年 11 月 13 日 A 中院访谈内容,见访谈笔录第 111 页。

6. 行政管理

行政管理是组织为履行其行政职能,依法在组织系统内部所进行的一切管理活动。在法院系统内部,这种行政管理工作主要体现在审判管理权方面,即对案件审判的管理。助审员作为业务型普通法官,其工作的核心是处理法律方面的事务,平时很少也不太需要从事行政管理的工作,因此在晋升助审员的因素中,行政管理能力就是所占比重最小的一个因素。在接受访谈的从事业务的法官中几乎没有人认为行政管理能力是晋升助审员最关键的因素(参见图2-5)。

四、任用程序

(一)任用阶段与决策主体

由于法律对于助审员的选任程序没有明确规定,实践中不同法院的任用程序各不相同,这些程序或简单,或复杂。从A、B、C三地中院助审员的任用程序看,晋升助审员的程序主要包括候选人的遴选、综合考核、党组研究、上报审核和任命等几个阶段(参见图2-6)。

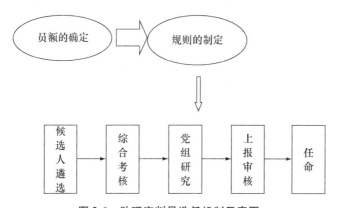

图2-6 助理审判员选任机制示意图

1. 候选人遴选

法院政治部根据当年晋升助审员的规定所要求的基本条件在全

院范围内进行遴选,对符合基本条件的人员登记备案,并向全院干警公布。基本条件是对助审员选任规定的最低条件,在不同的年份,法院就初任法官选任机制所规定的基本条件不尽相同。比如在 A 中院,2001 年的晋升办法中规定书记员晋升助审员的职级标准只需要满足"任科员满两年以上",而 2006 年的职级标准则已经调整为"现任副主任科员以上职级或任主任科员职级满三年"。A 中院立案庭的一位资深审判长作了如下的解释:

> 实际上基本条件是起到划框作用的,就是根据当年的空缺确定候选人的人数,因此这样一种基本条件的设置实际上是很有"艺术"的,多一年或者少一年都会使得许多人被划出或者划入候选人的范围。基本条件的真正作用是控制适当的候选人,使得竞争在一定范围内被可控地运行。①

2. 综合考核

综合考核是对符合基本条件的人员进行进一步的考核,初步形成晋升人员名单。综合考核的对象是第一阶段符合基本条件的候选人。综合考核的内容主要为:(1)专业知识考试。笔试内容包括政治理论及审判实务,其中政治理论占 20%,以选择题方式闭卷测试;审判实务占 80%,以案例分析和撰写判决书方式开卷测试,案例分析和撰写判决书各占审判实务的 50%。(2)民主测评。专业知识考试之后,政治部将会牵头对候选人员进行民主测评,民主测评的主体有院长、分管副院长、所在部门领导、所在部门一般干部,各自占有不同的比重。测评的主要内容包括工作态度、工作作风、平时表现、组织纪律性、廉洁自律性。(3)立功受奖加分。对于一定年限内绩效考核被评定为优秀等次或单项荣立三等功的,在考试考核总分以外计算加分。值得注意的是,综合考评在助理审判员的任用中并不是一个必经的阶段。在那些职级晋升压力不大的中基层法院,综合考核可能只是一种形式,

---

① 2007 年 11 月 13 日 A 中院访谈内容,见访谈笔录第 111 页。

有的法院甚至不设综合考核这一环节,由政治部(处)将符合刚性标准的人员名单及相关材料整理后直接上报院党组讨论决定。

3. 党组研究

政治部在综合考核之后会根据候选人的成绩进行排序,并根据当年晋升人员的数量,形成晋升人员的初步方案,这个方案的人数会略多于当年的晋升人数。在形成初步方案后,政治部首先会将人员名单提请院纪检监察部门进行审查,审查之后,政治部则会将初步方案提请院党组会议讨论研究。院党组对政治部提交的名单进行民主审议,讨论决定人选。据介绍,政治部会准备一份候选人的介绍材料,分管该书记员庭室的分管副院长一般先发言,院长最后发言,按多数原则表决通过。在实践中,由于政治部拟定的初步人选通常会比该年度法院的员额"多出那么两三个人",因此院党组讨论通过实际上是一种差额淘汰的制度。由于党组成员基本上是法院的主要领导,因此在这个阶段中,"领导评价"这个柔性标准将会起到更为核心的作用。

4. 上报审核

经党组会议研究确定的初任法官人选,由政治部按照《S省高级人民法院初任法官审核工作暂行办法》的规定,报S省高级人民法院审核。这一制度在2002年最高人民法院《关于加强任命法官管理工作的通知》中正式确立,基层人民法院和中级人民法院任命和提请任命法官时,应当在履行干部管理手续和法律手续之前,报请上一级人民法院审核:基层人民法院的拟任法官由中级法院审核,中级人民法院的拟任法官由省级法院审核。此后,最高人民法院政治部将审核权限进一步上收,规定基层法院和中级法院的拟任法官都统一报请高级法院审核。审核的重点包括:被审核对象是否具有政法行政编制;是否符合《法官法》规定的任职条件和任职程序;是否具有《法官法》规定的不得担任法官的情形;是否符合《法官法》关于法官不得兼任有关职务及有关任职回避的规定;是否符合人民法院任命和提请任命法官的其他规定。按照规定,高级法院在收到审核请示后,应当在1个月内提出审核意见,并以书面形式答复下级法院。①

5. 任命

经省高院审核,对符合任职条件并同意任命的人员,由本院院长任命其为助审员。

在上述助审员晋升的流程中,发挥重要作用的机构或个人包括政治部(处)、法院党组、纪检监察部门、省高院、本院院长等。

(1)政治部(处)。政治部(处)从性质上讲是"法院党组的助手",协助院党组落实工作,其主要负责法院工作人员的招录、晋升与考核。在晋升助审员的过程中,政治部(处)主要负责拟任人员的初步考察。除了考察基本的任职条件之外,还要考察拟任人员的思想政治素质、平时工作表现、有无违法乱纪的行为等。政治部(处)在助审员的任用过程中,承担了大量事务性的工作,是选拔任用助审员的主要实施机构。

(2)法院党组。法院党组的成员一般包括院长、所有的副院长、政治部主任、纪检组长和机关党委书记等,他们实际上形成了以院长为首的领导核心层,法院内部重大事项都由其决定,决策中实行少数服从多数的原则。法院党组在晋升助审员的过程中,拥有任命与否的实质性权力,因为拟任助审员的人选必须在院党组会议上讨论通过。

(3)纪检监察部门。该部门主要承担受理群众和社会各界对法院人员利用职权进行违法办案、越权办案、吃请受贿等违法违纪行为的举报和控告,并进行查处等工作。在助审员的任用中纪检监察部门所起作用主要是对政治部拟的初任法官人选的职业道德、违法违纪情况进行监督,并以此对初任法官的选任产生影响。

(4)省高院。高级人民法院对全省各级人民法院在工作业务上有指导义务,但以往并不参与下级法院助审员的任用过程。随着法官专业化、职业化建设的深入,下级法院助审员人选在被正式任命之前,须将相关的考核材料报送省高院审核。省高院审核通过后下发书面

---

① 参见2002年最高人民法院《关于加强任命法官管理工作的通知》和2004年最高人民法院政治部《关于进一步加强初任法官审核工作的通知》。

同意意见后,各法院才能履行任命手续。这使得省高院的审核对于初任助理审判员的任命也有一票否决的作用。

(5) 本院院长。在法律程序上,法院院长享有任命助审员的权力,而且他在实质上也享有助审员的提名否决权。因为政治部拟定的适格人选通常是经由院长提交到党组会议上讨论,且党组会议也是由院长主持,如果院长对某人选持否定态度,则其提名就很难拿到党组会议上讨论且通过。

在这些主体中,政治部(处)虽然要做一些提名建议与审查的工作,但属于在形式上为院领导作决定提供材料,不起决定作用。当然,政治部主任若作为党组成员,在党组会议上也有一定的话语权。纪检监察部门虽然也在一定程度上起到了监督作用,但由于在初任法官任用时,被选拔出来的人员基本上不会具备特别明显的违法违纪的情况,即使有,也通常在政治部的第一轮筛选中就已甄别完毕,因此纪检监察部门监督的作用形式大于实质。省高院虽然享有一票否决权,但只要地方法院确定人选的过程在形式上符合法定要求,如已通过司法考试、工作年限符合要求,省高院也就找不到否定的理由。因此,法院院长及党组才是掌握本院助审员任用实权的主体。

(二) 程序分类与效果评估

现阶段各法院的具体情况虽然千差万别,但助审员的任用机制概括起来主要有两种类型——竞争选拔型和分配确认型。竞争选拔型是通过公开的选拔考核或考试来择优确定候选人;分配确认型则是由法院党组在符合条件的人员中,衡量工作资历、表现等多方面的因素后,确认最终的晋升人选。① A 中院由于经济条件好、编制紧缺,人员竞争激烈,其助审员的任用属于竞争选拔型,即通过大量客观化的标准对候选人进行排位,并最终选拔出晋升的人员。而 B、C 两地的法院

---

① 这两种选任机制的分类也见诸法院审判员的任用过程。关于两种任用机制类型的特点、形成历史、演变原因可详见第三章的相关论述。

都出现了助审员断层问题,并且就总体而言,法院编制也存在一定空缺,因此基本上是只要符合了晋升助审员的刚性标准,尤其是通过司法考试,肯定很快就会得到任命,并且在程序上也会相对简单许多,仅仅是一些例行公事般的申报程序。同样,a2法院、b法院、c2县法院和c1区法院,由于实行统一司法考试后每年通过者寥寥,导致这几个法院里的助审员数量较少,有大量的空编,基本不存在名额紧缺的问题,这些法院中助审员的任用机制都是典型的分配确认型。

助审员选任机制的作用在于选拔出适合工作岗位的人员,两种机制的差异既表现在对助理审判员任用标准掌握尺度的不同上,同时也表现在候选人的参与程度、任用机制的规范化程度等方面。在A、C两地中院助理审判员的任用过程中,两种任用机制造成了在实际操作中对于晋升助审员候选人满足柔性标准的要求存在很大的不同,并对最终决定主体的决策产生了实质影响。

从图2-7可知,两地中院受访者对于本院现有机制中晋升助审员的重要因素和关键因素的把握也会有所不同。A中院现有制度中更加强调"政治素质",有21.5%的受访者认为"政治素质"是最关键的因素,而C中院则无一人选择其作为关键因素。而在C中院现有制度中"领导评价"对于晋升助审员有着更加直接的影响,在晋升助审员的重要因素中,有51.5%的受访者选择了"领导评价",而A市受访者中比例仅有27.2%。在关键因素中C市受访者有30.3%的人选择了"领导评价",而A市受访者中比例仅有12.7%。可见,虽然竞争选拔型和分配确认型两种任用机制都强调业务能力和领导评价,但是和竞争选拔型机制相比,分配确认型的选拔机制更少强调业务能力而更多强调领导评价。

助审员作为业务型普通法官的典型代表,对于其业务能力的强调是无可厚非的,但是在竞争选拔型的任用机制之下,候选人的业务能力通过详细、客观、公开的评价机制得以展现,并会对党组最终的决定产生实际的影响。作为法院领导要考虑到群众基础,用排名靠后的候选人挤占排名靠前候选人的位置,总得有充足理由。而在分配确认型

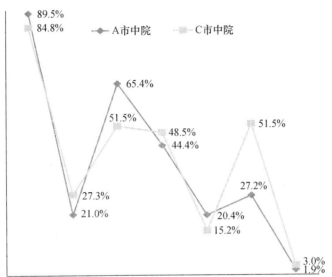

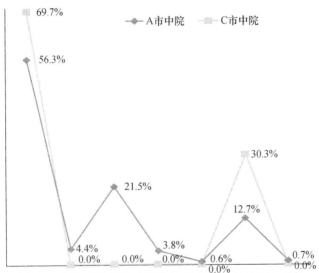

图 2-7 制度差异的影响

的机制下，虽然对业务能力也十分重视，但由于制度本身缺乏详尽、客观的标准对候选人的业务能力进行评价，因此对其业务能力的评价更多是依靠法院系统内部潜移默化的方式（长期考察），在最终决定时，党组操作的自由度就高于竞争选拔型的机制。

在程序方面，两种选任机制对候选人参与的保障程度也是存在差异的。一般说来，竞争选拔型机制中法官候选人可以通过参与选任程序（综合考试、庭审测评等），以自己的表现来对最终结果产生实质影响，具有"赛马"的特征。而分配确认型的机制采取的是一种半封闭的考察方式，被考察人对程序参与度很有限，最终结果来源于长期的综合考察，因此具有"相马"的特征。相应的，两种选任机制在任用过程的程序方面也存在显著差异。总的来说，助审员的竞争选拔型机制具有法定化、标准化与规范化的特征。比如在 A 中院，首先通过制定规范化的初任法官任用机制，并在该机制中通过"基本条件"的合理设置实现了选任过程的标准化。其次，通过标准化的考试遴选符合相应标准的人才。这样一种客观、标准的考试程序的设立，使得选任结构具有客观性，也能够在一定程度上抵制法外因素的影响（主要指领导评价）。① 因为在一个结构化的选任机制中，领导行为很大程度上受制于程序的设置，他不可能总是公然选择那种在考试中成绩较差的人，或者总是不选择群众基础较好的人。同时，初任法官的选任机制中实际上还包含了内部监督和外部监督两个方面的内容。内部监督是指本院纪检监察部门对初步名单的监察，而外部监察则是指高院对于初任

---

① 需要指出的是，A 中院的初任法官选任机制并非完全不受法外因素的影响。一方面在综合考核中民主测评占了总分的 60%，专业知识的考试仅占 40%，而在民主测评中领导测评的比重占到综合考核的 5/6。考虑到进入综合考核的人选全是满足了基本条件预设的人员，其在考试环节的比分并不会差距悬殊，因此"领导评价"往往有可能在综合考核中起到关键作用。另一方面，在综合考核确认初步人选之后，仍需要经由院党组进行差额淘汰式的讨论通过，这时候"领导评价"的作用就更加明显了。当然，领导对于特定人的较好或者较坏的评价并不是没有来由的。法院实际上是一个小圈子，在这个圈子中彼此之间都会有一些了解，这种评价实际上是对特定人员长时间表现的一种综合评定，通常能够有效避免偶然因素造成的影响，如某人专业能力很强，但在考试中因为紧张而没有取得好成绩等。

法官资格的审查,虽然这两种审查具有一定的形式化意味,但也并非全然没有发挥作用。而分配确认型选任机制在标准化和规范化方面则有显著的不足。以B、C两地中院的初任法官选任机制为例,它们没有建立规范化的文件管理初任法官的选任,由于缺乏标准化、客观化的基础,相对于A市中院规范化的"赛马"机制而言,B、C两地的"相马"机制在选任程序中随意性较大,受法外因素的影响也较大。

虽然从表面上看,竞争分派型选任机制较分配确认型选任机制更为规范,但却不宜就此推论,后者就一定比前者落后,因为从权变的组织理论看,并不存在放之四海而皆准的普适模式。作为现今组织设计的主要方法,权变理论强调,任何组织形式都不具有等效性,也不存在最佳的组织形式,最好的只是那些与环境特质相适应的组织形式。①因此,比较不同的选任机制,不能仅就程序看程序,还必须同时关注与之配套的经济、社会及诸项制度配套条件,比如地方政府的重视程度、编制的解决问题等。事实上,A中院相对完善的选任机制并非必然源于该院领导干部水平高的缘故(一定程度上可能受其影响),而是该院结合自身的特点——"僧多粥少"的一种理性选择。同样,B、C两地中院任用机制缺乏标准化、规范化,更多的是由于自身客观情况的限制,没有条件也没有必要采用与A市相同的机制。从制度运行的实际效果看,B、C两地中院选拔出来的初任审判员也是能够适应当地法院工作的,即使它们在法律知识的掌握上可能不如A中院初任法官。若B、C两地采用和A市相类似的晋升机制,则其结果可能形成既无法保证晋升人数也无法保证晋升标准的一种"双输"局面。首先,B、C两地中院每年通过司法考试的比率相当有限,用访谈中一位领导的话来说就是"靠天吃饭",因此"因地制宜"地采用灵活的方式进行选任成为常态——有人通过就选任,没人通过就不举行。其次,由于晋升助审

---

① 参见〔美〕理查德·W. 斯科特:《组织理论:理性、自然与开放系统》,黄洋等译,华夏出版社2002年版,第89—90页。

员基本上只是对刚性标准进行要求,而刚性标准本身就具有易于识别性,B、C两地中院也就不需要采用复杂的程序进行甄别,因此采用简单的程序成为它们必然的选择,并且能够更加高效地完成助审员的选任。每个法院都有自己的客观情况,因而必须根据这些客观情况,量身定做相应的任用机制,而这可能是一种需要理性平衡的艺术。

第三章　业务型普通法官任用机制（Ⅱ）

一、作为业务骨干的审判员

审判员既是一个和院长、审判委员会委员、庭长等并列的法官职务，又是法院内部最高一级审判职称。晋升审判员主要有两种途径：一是从助理审判员晋升为审判员；二是符合条件的中层以上干部被当然地授予审判员职称。① 因此，法院内部享有审判员职称者不仅包括普通法官，也包括正副庭长、审判委员会委员和正副院长等。本章所讲的审判员乃是从法官职务上而言，不包括享有审判员职称的中层以上领导干部。② 在逐级晋升的传统下，法院的审判员主要从助理审判员中选任。因此，我们关注的主要是如何从助理审判员职务晋升为审

---

① 法院中层以上领导干部一般当然地具有审判员职称，在法院内部存在助理审判员直接晋升为中层干部而享有审判员职称的情形。需要注意的是办公室、政治部、司法行政处等综合部门的中层领导干部要想具有审判员职称，还必须符合法官任职条件。我们调研的 C 中院政治部主任由市委组织部调入，因不符合法官任职条件就没有审判员职称。类似此种情况在其他法院也存在。对院领导尤其是院长在此方面的要求并没有如此严格，司法实践中仍能见到没有法官任职经历但直接担任院长而享有审判员职称的情形。总体上而言，通过担任中层干部而获得审判员职称的情形不多，常规的职称晋升是由助理审判员晋升为审判员。

② 以下若未作特别说明，审判员均指普通法官审判员。

判员职务。

在正式的法律文本中,助理审判员只是临时代行审判员职责,只有审判员才是常规的正式审判者。我们在前章对助理审判员的分析中指出,司法实践中的助理审判员和审判员所承担的工作实际上大同小异。不过,工作区分不大,但审判员作为业务骨干的定位仍较为明显。首先,审判员从助理审判员中选任,只有那些担任助理审判员满一定年限且工作合格的人才能晋升审判员。这意味着,从总体上讲,审判员群体较之助理审判员拥有更多的司法经验。其次,在实际的审判工作中,疑难复杂案件仍会更多地分配给经验丰富的审判员审理,而助理审判员承办的案件若有审判员参与合议庭,后者仍要承担必要的指导职责,这种指导职责在有些法院甚至通过一种责任机制加以强化。最后,审判员的业务骨干地位在最高法院推行的审判长选任改革中也可见端倪,一部分经验丰富的审判员通过选拔成为审判长①,获取了以往只有院庭长才有的文书签发权,自主决定所审理的绝大部分案件。下文我们将通过数据分析审判员在法院部门(综合部门和业务部门)的分布情况。

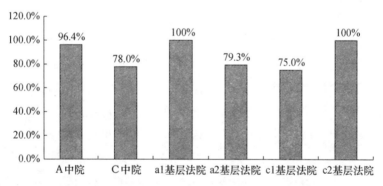

图 3-1 调研法院审判员从事一线审判工作的比例图②

---

① 个别优秀的助理审判员也可以选拔为审判长,但在其成为审判长后应将其任命为审判员。
② 因没有掌握 B 中院和 b 基层法院的准确数据,未将之纳入统计。

从图3-1来看,绝大部分审判员处于一线审判岗位。通过访谈得知,在综合部门(办公室、政治部等)工作的审判员几乎都曾在业务庭工作过,其中绝大多数是在担任审判员后由于各种原因调任到现在的部门。① 以往对法官任职条件把握不严时,一个在综合部门工作的人即使没有审判经历也可以晋升审判员,《法官法》提高初任法官任职条件后,在综合部门任职者绝大多数为不具备法官任职条件者。审判员的业务骨干地位得到进一步的凸显。

接下来,我们将分析审判员职务的稀缺性。审判员一般从助理审判员中选任,因此,审判员占普通法官比例的高低,一定程度上能反映出该法官职务的稀缺程度。审判员在普通法官中的比例越高,则表明从助理审判员晋升至审判员越容易,审判员职务的稀缺性就越不明显。

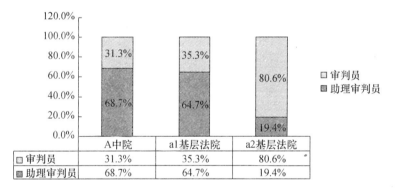

图3-2 A中院、a1、a2基层法院普通法官中审判员和助理审判员比例图

由于种种原因,我们并没有了解到B市中院审判员和助理审判员的准确数据,但参照B市两级法院审判员占普通法官93.7%的高比例

---

① 各法院的审判员在非业务庭工作的原因主要包括快到退休年龄,调任清闲一点的综合部门等待退休;业务能力欠缺或因其他原因不适合担任审判工作或担任部分领导职务等。一位法院主管人事的干部告诉我们,在综合部门由助理审判员晋升为审判员的情况极少,在报人大常委会批准任命审判员时会审查其任职经历,非业务部门报批为审判员多少显得"名不正言不顺",即使遇到特殊情况确实要报批时,法院也会把该人放在名单的最后面,以求不引起太大的注意。

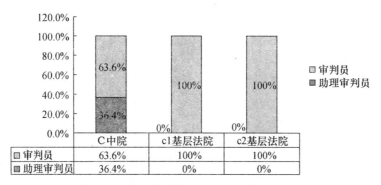

图 3-3　C 中院、c1、c2 基层法院普通法官中审判员和助理审判员比例图

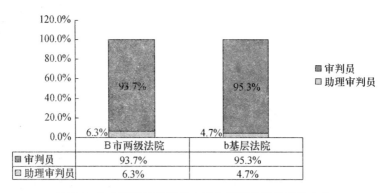

图 3-4　B 市两级法院及其中的 b 基层法院普通法官中
　　　　审判员和助理审判员比例图

(参见图3-4)以及访谈中了解到 B 中院只有 3 名助理审判员的情况来看,该院审判员占普通法官的比例保守估计都应在 90% 以上。故在我们所调研的 8 个法院中,有 5 个法院普通法官中的审判员比例超过了 80%,远远超过了助理审判员,1 个法院超过 60%,审判员也多于助理审判员。稍显不同的是,A 中院及其下面的基层法院 a1 普通法官中的审判员比例不足 40%,少于助理审判员。

从调研数据看,除两个法院外,审判员在普通法官中属于多数者地位,特别是有 5 个法院的审判员比例超过 80%,其中 3 个基层法院普通审判员法官达到或接近 100% 的比例令人印象深刻。我们的一个初步结论是,从总体上看,审判员在法院中并不是属于稀缺性的职务。

不过,仍需排除这样一种情形,即法院的审判员职数其实是有限的,只是法官人数太少,从而大家都获得了这一职称。事实证明这种审慎的考虑并不多余,在我们所调研的法院中,有3个法院由于各种原因存在不同程度的缺编。故要得到圆满的推断,单纯的数据统计恐怕还不够。针对此问题我们在调研法院进行了访谈。

由于法院法官的编制在一定时期都是固定的,所以从这个角度上来看,任何一个法院的审判员职数都是有限的,都不可能超过本身的法官编制。我们需要了解的是,在法院的编制范围内,是否存在出于某种考虑而限制审判员数量的情况。这样,纵使所有的法官都符合晋升条件,也只有一部分人能获得该职位。据了解,审判员职位在A中院、a1基层法院有数量限制,助理审判员晋升为审判员需要等待职位空缺;在B中院、C中院、a2、b、c1、c2基层法院,审判员职位的数量没有限制,只要符合条件,或早或晚都能升为审判员。因此,调研法院审判员比例的差异能够得到初步的解释:A中院、a1基层法院审判员比例较其他法院低,很可能是审判员职位数量受限造成的。一位主管法院人事的干部告诉我们:"在法院,我们不会对审判员和助理审判员的比例作一个规定,只要符合条件都能晋升为审判员。不过,你们较难看到法院法官都是审判员的情况,这是因为一些在法院工作多年的老同志可能因为学历没达到而暂时不能晋升,另一方面一些年轻的助理审判员资历尚浅而不能晋升。"①在我们调研的法院中,c2基层法院审判员比例高达100%的原因在于2002年以后该法院没有再进人,因而没有任命新的助理审判员;而c1基层法院所有法官都是审判员也和其缺编有很大关系。

让人稍感疑惑的是,A中院、a1基层法院为什么要限制审判员数量。这是否意味着全国不同的法院在审判员晋升的数量上有着各自不同的把握?通过调研我们发现,真正的问题出在法官的行政职级上。和其他的公务员一样,每一个法官都有对应的行政职级,不同行

---

① 2008年1月10日a2法院访谈内容,见访谈笔录第146页。

政职级的法官享受不同的待遇。中共中央办公厅曾在1985年就审判职称和行政职级对应的问题专门发文。① 该文件规定,基层人民法院的审判员一般配备科一级干部和股一级干部;中级人民法院的审判员一般配备副处一级干部;省、自治区、直辖市高级人民法院审判员一般配备处一级干部;地方各级人民法院要按照上述要求配备干部,配备哪一级干部,即应给予哪一级干部的政治、生活待遇。不过,我们调研了解到的法官职级对应和该文件相比,似乎都降了一级②:省高院和副省级城市中院的审判员对应的是副处;一般城市中院的审判员对应的是正科;基层法院的审判员对应的是科员。需要注意的是,"对应"一词意指至少是这一职级,如审判员对应副处应理解为审判员至少是副处级。这样,A中院由于地处副省级城市,审判员对应副处级,a1基层法院在最初成立时是作为A中院的派出机构,其审判员的任用必须由中院报市人大常委会批准,这和其他基层法院存在明显的不同,也正因为如此,该法院的审判员对应的行政职级也是副处级。

  在我国的干部管理中,副处级以上干部在一个部门中的数量是固定的,不单法院如此,在其他机关也一样。以A中院为例,按照现在的庭室配备和人员规模,其处级(包括正处和副处)干部数被定在130人左右,除去后勤、综合部门外,大约有90多个处级名额可以在法官中进行分配。218名法官分享90多个处级名额,僧多粥少的局面可见一斑,限制审判员数量就成为必然。a1基层法院的一位负责人事管理的

---

  ① 参见中办发〔1985〕47号文《中共中央办公厅关于加强地方各级法院检察院干部配备的通知》,最高人民法院专门向地方各级人民法院进行了转发,参见最高人民法院《关于转发中办发〈1985〉47号文的通知》。

  ② 从我们调研的法院来看,中央所规定的法官职级待遇并没有得到完全落实。无独有偶,重庆法院网一篇名为《法官职级待遇亟待提高》的文章也特别提到:"同为人大任命的干部,法院审判员以上职务的职级明显低于行政机关。乡镇和局级部门凡经人大常委会任命的均为正科级以上的领导职务,而法院从审判员至庭长大多经人大任命3次,有的庭长任中层干部多年,工作20多年,年龄40多岁仍是副主任科员(非领导职务),相形之下,明显失衡。行政职级与工资等待遇是对应的,职级待遇偏低不同程度地影响了审判工作,而组织、人事部门套用政府行政科室行政职数、职级限制审判机关的职数、职级,很大程度上限制了审判职能的发挥。"邓昭国:《法官职级待遇亟待提高?》,载重庆法院网,http://www.cqcourt.gov.cn/Information/InformationDisplay.asp? newsid=33282。

法官也说,该法院好几年没有人晋升审判员,不是不向人大常委会报批,而是报上去后因为没有相应的职级名额未被批准。在基层法院晋升科员,一般中院晋升副主任科员没有名额限制,这也使得从助理审判员晋升审判员也相对而言容易得多。①

至此,我们发现,一般而言,法院内部并不会有意识地控制审判员数量而让其成为稀缺的职位,只要勤勉工作,几乎所有的法官或早或晚都能分享这一职位,调研中的大部分法院审判员的高比例应是一个很好的注解。A 中院和 a1 基层法院限制审判员数量也只是囿于相应的行政职级名额不够,换言之,只要有足够多的职级名额或者名额有空缺,那些符合条件的助理审判员就能得到晋升。这样一种判断十分重要,因为在我们看来,职位的稀缺程度影响到任用机制的选择。

二、任用机制的变迁

由于初任审判员法定标准的历史沿革和助理审判员大致相同,本部分重点考察审判员任用程序的变迁。A 法院院志关于新中国成立初期的审判员任用机制的描述较为简单:"法院的审判员都由法院的党组审查推荐,报同级人大常委会任命。"这种任用机制没有太多程式化的东西,晋升标准为领导掌握,主要的程序是审查推荐,并且受革命战争时期干部制度的影响,该工作是以一种不公开、较为秘密的方式进行的。② 从院志看,对候选人的审查主要包括:政治立场、作风和文

---

① 一位本科毕业的大学生在基层法院只需工作 1 年,职级就能定为科员;在一般的中院,任科员满 3 年就晋升为副主任科员,一位本科毕业的大学生从科员算起前后只需 4 年就能达到副主任科员。按照一般的书记员到助理审判员再到审判员的晋升顺序,在基层法院或一般中院工作的法官,其担任助理审判员时通常已有 4 年以上的工作时间,此时晋升审判员行政职级已经不是障碍。

② 新中国成立时,其干部制度深受新民主主义革命时期干部工作的传统和经验影响。新民主主义革命时期由于战争环境的限制,不可能制定出比较系统的法规,也难以按照常规办事。干部人事工作及其制度必然带有军事化的色彩:选拔干部注重"战绩",任用干部全部采用任命方式。相关论述可参见李烈满:《健全干部选拔任用机制问题研究》,中国社会科学出版社 2004 年版,第 88 页。

化水平。党组审查后推荐的人选在报人大常委会前,还先要接受同级组织部门的考察和批准,获得组织部门下发的《同意任命通知书》①,这时最终的人选名单才会对外公开。在这种任用机制下,看不到激烈的公开竞争,对晋升起决定作用的是党组的审查推荐,个人的政治表现、工作能力与实绩等诸多方面是审查的对象。审判员职位,由党组考察后从符合晋升条件的法官中予以选拔。

这是一种"分配确认型"任用机制,其主要特征包括:(1)晋升标准多在任用惯例中形成,一般不正式公布但以"默会"的方式为大家知晓,资历事实上是最重要的晋升标准,其他可量化的晋升标准不多;(2)个人在认为自己具备条件时可以提出晋升申请,但更多的时候由法院人事部门主动筛选候选人;(3)确定晋升人员的程序较为简单;(4)不需经过公开的选拔,法院党组在符合条件的人员中,衡量工作资历、表现等多方面的因素后,确认最终的晋升人选,向人大常委会提名。

从20世纪50年代到90年代初期,这种任用机制为法院所广泛采用。在我们所调研的法院中,所有法院任用审判员,历史上都采用过分配确认型机制。这样一种任用方式的延续,一方面可能受布迪厄所说的"惯习"的影响。②另一方面在我们看来更为重要,那就是审判员职务在大多数法院内部不构成稀缺性资源。一个人只要通过选拔进入法院并被确定日后可以承担审判工作,那么沿着书记员—助理审判员—审判员逐级晋升就是事先预设好的轨迹。审判员是一个可以预期获得的职位,只是或早或晚。在大家工作都差不多的情况下(工作

---

① 在我们调研的几个地方,2001年前后,党委放权,法院审判员的任命不需再经组织部门审批,也就是说在干部任命的组织审批程序上,各法院党组自己就可以拍板,组织部门仅仅作一备案,核实人选是否属行政编制即可。

② 惯习(habitus)是法国社会学家皮埃尔·布迪厄社会学理论中的核心概念之一。布迪厄认为,惯习是一种性情倾向系统,它既是个人的又是集体的。惯习是历史的产物,它来源于社会结构,并在人类经验的影响下不断强化。参见〔法〕皮埃尔·布迪厄、〔美〕华康德:《实践与反思——反思社会学导论》,李猛、李康译,中央编译出版社2002年版,第178—184页。

上没有差池),这样一种职称分配方式不知不觉中遵循着"资历优先"的实践原则,"先来后到"逐渐被认为是晋升的常规。当然,这种常规偶有被工作特别优秀者①、军转干部或从外单位调入的职级较高者②所打破,和领导关系好者据说也能受到照顾,但这种为数不多的例外并没有使这种"默会"的规则受到太大的冲击。不过,有一个疑问,就算审判员没有数量限制,正常状况下人人都能分享这一职位,但若早晋升和晚晋升差别很大的话,这样一种任用机制要想在现实中稳定的运行也会遭遇到麻烦。③ 一个也许并不是巧合的发现在于,在我们所调研的法院中,现在继续实行这种选任机制的法院人数规模都不大(多的为80余人,少的只有30余人),而历史上曾经实行此种审判员选任机制的法院当时人数规模也不大。因此,我们的一个推论是,在人员规模不大的法院,即使主要按资历排队等待晋升,因为人员有限,每一个等待晋升的人耗费的时间成本差不多,晚升所带来的损失也就有限。

相较于其他任用机制,分配确认型在某种程度上给等待晋升的法官的预期反而是最高的。"一般大家心头都有数,到年限了一般差不多就可以任命了""轮也该轮到我了",调研法院访谈对象不经意间流露的话语给了我们印证。从法院管理的角度看,这种任用机制对法院内部创造一个较为和谐的工作氛围有帮助。按照科层组织的理论,根据职员资历、年龄等,通过有计划的提拔措施,能够鼓励遵守纪律的行为,从而使得职员在思想、感情和行为方面符合事业的要求。"特别是晋升主要靠资历,因而相对来说几乎不需要竞争,大家的利益是一致的,于是群体内部相互侵犯的行为被减少到最小限度,这种安排也认

---

① 如C中院曾规定个人荣立三等功以上者或被授予省级以上劳动模范称号者优先解决审判员职称。
② 如有法院规定,在部队里是正营职以上干部和党政机关选调过来的主任科员以上的干部,原则上可不受工作年限的限制而晋升审判员。
③ 在法院,从助理审判员晋升为审判员一般能够获得如下货币和非货币性收益:第一,晋升为审判员被看做是个人进步的标志,是对其工作能力的一种认可;第二,法院内部层级递升的传统意味着审判员在日后拥有更多的机会成为副庭长以上的中层管理干部;第三,晋升为审判员能为行政职级的提高创造条件(如有些法院将审判员直接对应为副处级),而行政职级又与经济待遇直接挂钩。

为对科层机构具有积极作用。"①

大约从20世纪80年代后期起,有些法院开始尝试采用竞争选拔型机制任用审判员,这一机制的主要特征包括:(1)晋升提名的标准具体并公开,工作资历重要但并不能决定最终的晋升;(2)符合晋升条件者不需经过组织推荐,自愿报名竞争该职位;(3)晋升程序相对复杂,有公开的选拔考核或考试;(4)候选人在考核或考试中被量化评分,该成绩是其进入领导考察圈的前提条件,在实际操作中也往往成为整个选拔任用过程中的关键因素。

在审判员任用机制由分配确认型转为竞争选拔型方面,A中院是一个典型代表。该院在1989年率先开始试行《A市区县人民法院干部晋升审判职务资格考试暂行办法》,此事在该院的院志中被专门记载:"实行法律专业知识考试和平时政绩相结合的审判干部职级晋升办法,使干警能公开、平等竞争,择优提职升级。"按前文所述,副处级的名额限制直接导致审判员职位的相对稀缺,在法院人数规模小时,这一问题不见得突出。机构编制部门按照庭室配备来确定法院的副处和正处名额,在庭室多而庭室人数少的情况下,个人的副处级待遇更容易解决。在法院庭室数量保持大体稳定而人数又增多的情况下,副处职级就变得相对稀缺。A市中级法院从建院到1978年间,全院干警人数大体稳定在60人左右。但在1978年之后,该法院人数不断增加,以下为该法院人数变化的一个简表:

表3-1　A中院1978年至1989年人员数目简表②

年份	1978	1979	1981	1982	1983	1985	1986	1988	1989
人数	68	92	118	141	193	213	232	283	292

① 〔美〕罗伯特·K.默顿:《社会理论和社会结构》,唐少杰、齐心等译,译林出版社2006年版,第353页。
② 统计的人员包括法官,也包括书记员、综合部门工作的人员和法警,习惯上将这些人称之为干警。中间略去了人员变化不大的几个年份。由于历史上法院人员的统计的都是"干警",我们无法得到法官的具体人数统计。不过,法院内部的职级名额是在所有具有行政编制的工作人员中分配的,这样的人数统计更能说明问题。

表3-1显示,短短11年间,该法院人员一路飙升,从68人扩充到了292人,增加了3倍多。1990年代后,该法院人数仍稳步增长,到2005年时已达到381人。随着法院人数的增加,副处级职位将有更多的人竞争,这直接导致了与该行政职级对应的审判员职称竞争的加剧。

A中院开始尝试竞争的方式任用审判员是在1989年,这一年该法院的人数已经扩充到近300人。很多人在做了多年的助理审判员之后等待晋升为审判员,审判员职位开始紧张——不知道什么时候职位有空缺,不知道在有空缺职位时自己是否会被"差额"掉,以往的分配确认型机制对等待晋升的人而言不再提供稳定的预期。从法院管理的角度看,在"僧多粥少"的情况下,以往的任用机制显得不合时宜:若再以资历为主要晋升标准,将不利于法院工作的开展。与此同时,经济变革的20世纪80年代也在开始推进政治体制改革,反映在干部任用机制中就是干部选任中的神秘面纱被逐步揭开,民主程度和公开程度大大提高①,很多部门和单位开始尝试公开选拔的方式来任用干部。以此理解,A中院在审判员任用机制中引进竞争选拔也就不是一个偶然性事件。下面是A中院院志对1989年那次公开竞争选拔助理审判员、审判员过程的记载:

> (1989年)市中院制定了《关于干部晋升审判业务职称的办法(试行)》,规定了晋升审判业务职称,坚持以"公开、平等、竞争、择优"原则;考核的方法是业务考试和政绩考核相结合的方法。同时还规定,凡具有某一审判业务职称资格的人都可以参加竞争。当年,经考试考核后,书记员晋升为助理审判员职称的有23人,助理审判员晋升为审判员职称的有4人。法院职称晋升改革的初试,在全市法院与法官中引起了强烈震动。法官学习钻研业务和工作热情明显高涨。从此,改变了法院过去审判业务人员

---

① 参见李烈满:《健全干部选拔任用机制问题研究》,中国社会科学出版社2004年版,第21页。

职称晋升随意性较大的问题。①

以此，A 中院为我们勾勒了这样一个审判员任用机制演变路径：法院人员规模的扩大导致审判员职位相对稀缺，竞争加剧暴露出传统分配确认型机制的缺陷，客观上促使法院去探求新的任用机制；竞争选拔型任用机制符合当时干部任用制度改革所推行的"公开、平等、竞争、择优"的理念，能克服传统的分配确认型机制中所存在的固有缺陷，A 中院逐渐尝试适用这一机制，并最终取代了原来的审判员任用机制。

与此同时，B、C 中院在"文革"结束后也经历了人员扩充，但和 A 中院相比，其人员规模并不大。B 中院 1988 年实有干警 125 人，比同期的 A 中院少了 160 余人。即使是在 17 年后的 2005 年，B 中院也仅有 166 人，这和 A 中院在 1983 年时的人员数目相差不大。而 C 中院由于地处经济较为落后的城市，人员总规模在历史上从未超过 100 人。两个中院的人员规模尚且如此，其下辖基层法院的人员规模就可以想见。这种稳定的、有限的人员规模避免了在助理审判员晋升审判员时出现过分拥挤的情形。以 C 中院为例，它现有助理审判员 8 位，其中 2002 年担任助理审判员的 1 位，2003 年担任助理审判员的 2 位，2004 年担任助理审判员的 1 位，2006 年担任助理审判员的 4 位。按照该法院晋升审判员需要担任助理审判员 3 年的基本条件，2008 年符合条件晋升审判员的也就 4 位。再加上和 A 中院不同，这些法院对审判员总数并没有限制，这更使得由助理审判员晋升为审判员的潜在竞争减少了。在这种情况下，当 A 中院的审判员任用机制由于人员规模的扩大而向竞争选拔型转变时，B、C 中院及其基层法院传统的审判员任

---

① 我们对 A 中院一位老法官的访谈大体印证了审判员选任机制变化的这一过程，据他回忆说："80 年代 90 年代初，评职称是看工作年限，一般由领导根据工作需要来任命助理审判员、审判员，程序不公开。后来法官任职的条件高了，程序严格了，我印象中审判员选任程序公开常规化是在 1993 年。"如果排除记忆的不准确性，我们推测，院志记载的 1989 年首开先河以考试考核来晋升审判员的做法在之后可能经历了反复，旧的任用机制退出，新的任用机制建立和完善应该是一个比较复杂的过程，竞争选拔成为常规性的选任机制很可能是经历了若干年反复之后。

用机制直到今天仍能保持相对稳定的运行。

当然,指出上面这一点与其说人员规模是决定任用机制模式的唯一考量,而毋宁说分配确认型机制稳定运行的基本条件是人员规模不大;而那些人员规模大,审判职称相对稀缺的法院更倾向于使用竞争选拔型机制。除此之外,当某种价值被认知乃至推崇(比如竞争择优),从上至下推行一种新的任用机制是可能的。以 a2 法院为例,作为 A 中院下面的基层法院,其人事制度深受 A 中院的影响。根据 A 市中院的院志记载,20 世纪 90 年代后,一方面,A 中院进一步完善了干部审判职称晋升考试制度,并制定了全市区(市)、县法院晋升职称考试的试行规定。很显然,A 中院审判员任用机制通过这种方式也在基层法院得到推广。另一方面,基层法院克隆中院的制度也有可能是主动的,比如 A 中院下派庭长到 a1、a2 基层法院任院长,他们在任期间,就把 A 中院人事管理制度带到了当地的法院。这一点通过调研得到了充分的印证,现在的 a1、a2 基层法院的审判员任用机制和 A 中院大同小异。另外一个例证则是审判长选任制度,这是一个典型的竞争选拔型任用机制,在最高人民法院的大力推广下,我们所调研的法院都进行了审判长选任。①

由于助理审判员通过选为审判长可以被任命为审判员,这使得审判长竞选成为晋升审判员的新途径。审判长选任实践似乎表明,各法院的审判员任用至少部分采用了竞争选拔型机制。但是,从调研情况看,如是结论还要划上问号,因为最高法院推进的这项改革在有些法院遭遇到了瓶颈。基层法院 a1、b、c1、c2 都只在 2001 年至 2002 年间进行了一次审判长选任。具体原因大致有三:一是人员规模小的法院,无法进行竞争。以 c2 法院为例,目前总共才有 18 位法官,除掉 5 位院领导,只有 13 位真正办案,这 13 位要分到法院的 8 个庭室去,每

---

① 审判长选任改革的初衷在于消除以往"审者不判,判者不审"的弊端,取消案件的层层审批制度,"还权"于合议庭。具体做法是通过考试等竞争方式在具有法官职称的人中间选出业务能力强的人担任审判长,该审判长在一定范围内拥有判决文书的签发权。

个庭室不到2位。① 目前,这13位中有8位具有庭长头衔,1位上挂中院锻炼,只有4位法官没有行政职务。据介绍,2001年该院进行的审判长选任,是所有13位法官都参与了竞争,选任上审判长的就任命为庭长。之后,审判长选任再没进行过。② 与此相似的还有基层法院a1。在这些法院,不是不想进行审判长选任,而是人员实在太少难以为继。二是审判长缺乏组织法上的依据,其某些权限和庭长、副庭长发生重叠和冲突,这在法院内部造成一些矛盾。B市中院一位政治部主任说:"放权给合议庭,实际上把院、庭长原有的案件审批权削弱了,搞得有的审判长的办案权力甚至比庭长还大,这就造成一些内在矛盾。毕竟这个缺乏组织法上的依据,和法院现有体制存在矛盾,你说审判长算个什么级别?因此,审判长独立办案的做法后来就不再怎么强调,选任的审判长虽然都还在任,但对案件的处理方式实际上恢复到以前的(审批)做法。"③三是审判长待遇保障不够,在责、权、利不对等的情况下,职位本身的吸引力有限。调研时一位审判长就直言不讳,他当审判长除了增加自己的责任外(工作多、考核严),并没有得到什么实惠。在审判长津贴取消后,只要行政级别一样,他和那些没当审判长,甚至是搞综合后勤工作的人拿的钱都一样。④ 与此印证,一位政治部主任也不无担心,若再进行审判长选任,很可能出现没人报名竞选的情形。

审判长选任是典型的竞争选拔型任用机制,但在我们调研的大多数法院处于一种休眠状态。以此,若以分配确认型和竞争选拔型来界分我们调研法院目前的审判员任用机制,A中院和a2基层法院是典型

---

① 为了集中力量办案,有些庭的设置是虚的,如行政庭只设一个庭长,办案时借用刑庭的合议庭。
② 2007年12月18日c2法院访谈内容,见访谈笔录第140页。
③ 2005年8月2日B中院访谈内容,见访谈笔录第76页。审判长职权和院、庭长职权的冲突也可见聂洪勇:《对审判长选任制度的反思》,载《中国司法》2008年第11期。
④ 审判长责、权、利不对等情况带有一定程度的普遍性。相关论述也可见重庆市第一中级人民法院课题组:《议庭职责和院庭长裁判文书签发权限制度的完善》,载《西南政法大学学报》2008年第3期。

的竞争选拔型,B、C 中院及其下面的基层法院 b、c1、c2 则主要是分配确认型。① a1 基层法院则比较特殊,由于行政级别数额的限制,从建院到现在还没有新任命的审判员,不过,从该院只将中层和审判长报批晋升审判员来看(因行政职数限制未获批准),审判员的任用机制似乎可以理解为竞争选拔型的。采用不同任用机制的法院,在审判员任用标准和任用程序的把握上呈现出了不同的样貌。

三、任 用 标 准

2001 年修订的《法官法》规定了初任法官的任用标准。从逻辑上讲,初任法官当然包括首次担任审判员,故法律规定的任用标准当然地适用于审判员。但从法官任用的实践来看,审判员基本上是从助理审判员中选任,这相当于法官的一种再选任,《法官法》的规定对审判员而言就变得不再是标准,因为绝大部分晋升审判员者在担任助理审判员时就已达到法律所规定的条件。调研发现,虽然法律文本并没有列出助理审判员晋升审判员的标准,但各地法院在任用审判员的实践中毫无例外地都有自己设定的其他标准。下文将遵循上章对刚性和柔性的界分框架对此标准进行分析。

(一) 刚性标准

1. 工作年限标准

虽然在法律文本上找不到依据,但各法院在审判员晋升的工作年限上有着近乎一致的要求。A 中院、a1 和 a2 基层法院审判员的任用属于典型的竞争选拔型。竞争选拔型机制下对晋升审判员的工作年限明文进行了规定。A 中院要求担任助理审判员 4 年以上,a1 和 a2 基层法院要求担任助理审判员 3 年以上。而在审判员任用属于分配

---

① c2 法院的审判员都是在 2000 年前任命的,当时采用的仍是党组审查推荐的模式,2000 年后,该法院未任命过审判员。

确认型的 B、C 中院及其下面的基层法院 b、c1、c2，我们虽没有找到成文的任职年限要求，但通过访谈和查阅其他相关资料，这些法院内部掌握的晋升最低工作年限一般也为 3 年。

A 中院由于副处级名额有限，普通法官审判员职位竞争激烈，一般只有先选任为审判长才能晋升为审判员。我们对 A 中院 2007 年 11 月在任的 25 位审判长从事审判工作的年份以及累计审判工作的时间进行了统计，结果发现他们担任审判长时实际平均从事审判工作年限超过 8 年。即使考虑到这 25 位审判长有个别在任前已获得审判员职称①，但仍有理由相信，最终选任上审判长并晋升为审判员者，其任职助审员的时间大大超过了内部规定的 4 年的最低年限。

C 中院共有审判员 38 位，其中，普通法官审判员和中层以上领导法官审判员各占 19 位。我们统计发现，17 位一直在 C 中院工作的中层领导法官从助理审判员晋升至审判员所花费的平均时间约为 5 年。② 一般认为，能够走上中层领导岗位的人应在各方面表现突出，按照择优晋升的逻辑，因此他们完成审判员晋升所花时间可能还要略短于普通法官。以此，有理由相信，在 C 中院，从助理审判员晋升至审判员实际所花的时间也肯定高于一般要求的 3 年。

审判工作年限表征的是司法经验。司法经验需要时间的累积，从调研情况看，大部分法院对工作年限要求的把握较严。一个总体结论是：(1) 人员规模大的法院由于竞争相对激烈，从助理审判员晋升至审判员所花的时间要长于规模小的法院。在我们所调研的法院中，A 中院人员规模最大，其助理审判员晋升至审判员所花时间更长。(2) 人员规模相当的法院，受制于行政职级，审判员职位有限的法院

---

① 一位主管人事的干部告诉我们，2001 年选任上审判长的绝大部分为助理审判员，个别为审判员。2004 年选任上审判长的全部是助理审判员。

② 另有两名中层领导法官是在基层法院升至副院长后调至中院的，他们在调任 1 年后被任命为审判员。这两人的经历具有特殊性，实质上，他们早在基层法院任职时就获得了审判员职称，但调至中院后需重新报当地人大常委会任命为审判员。这样，其任助理审判员 1 年即被任命为审判员并不是一种常规的晋升。我们统计的 17 名中层领导法官晋升审判员前都一直在 C 中院工作，担任中层领导一职也是在晋升审判员之后。

较其他法院晋升审判员所花的时间要更长。a1 法院和 c1 法院人员规模相当,但 a1 法院由于职位有限,近年已没有人晋升审判员,而 c1 法院法官全部拥有审判员职称。

一般情况下,法院人员规模和所在城市经济发达程度呈正相关。所在城市经济越发达,潜在纠纷就越多,法院人员规模也越大。[①] 所以,经济条件越好的法院,其助理审判员晋升审判员所花的时间越长,一般要长于经济条件较差的法院。根据我们的调研,所在地方经济条件不好的法院,助理审判员晋升到审判员所花时间呈现出进一步缩短的端倪。位于经济较不发达城市的 c1 基层法院在此方面是明显的例子。

c1 法院共有法官 34 位,其中普通法官 19 位,全部为审判员。我们统计了这 19 位普通法官从进入法院到获得审判员职称的时间,平均为 8 年,按照 3—4 年书记员经历,从助理审判员到审判员的时间亦为 4 年左右,这是一个正常的、和其他法院晋升审判员较为相似的时间。但 c1 法院最近一次(2007 年)任命的两位审判员,其任职助理审判员的期间极短,其中一位不到两年,另一位则是干脆跳过了助理审判员阶段,直接由书记员晋升为审判员。由于初任法官要报省法院备案,那位直接被任命审判员者在第一次报批时没有获得通过,c1 法院紧急为他补充任命助理审判员的手续再报批,最终获准。一位法院的工作人员给我们解释了事情的缘由:直接被任命审判员者其实是 1995 年就进入法院了,因为没有通过司法考试,就一直只能承担书记员工作。另外一个与此事相关的背景是,该法院最近几年进来的人少,出去的人多,在通过司法考试的人中,有两个去了深圳法院,有两个到了上海当律师,还有多人上调中级法院。该法院目前真正从事一线审判的法官只有 14 位,总共缺编 15 位。"在我们法院,审判员比助理审判员每个月多三十几块钱,直接报审判员一定程度上能够提高法官的经

---

① 极个别情况下存在例外。如 a1 法院位于高新区,经济很发达,但高新区的公务人员的编制较为特殊,法院的人员数量受限。

济待遇。"①这件事情多少折射出法院的心酸与无奈,在短时期内无法提高干警的职级以提高其待遇时,那么法院唯一可以运用和调动的资源就是审判职称了。无独有偶,位于同一城市的 C 中院一位政治部工作人员也流露出了类似的想法:法官任职条件提高后,法院待遇偏低使得近年进人越来越不容易②;晋升审判员是一个人进步的标志,让那些符合条件的人及时晋升审判员可以一定程度上安抚人心,增加法院对人才的吸引力。在没有更多证据支持的情况下,c1 法院的个案很难说一定会演变成普遍的做法,但这种新动向颇值得关注,因为审判员晋升时间的缩短意味着司法经验累积在无形中受到了消解,审判员作为更高一级审判职务,对提高业务技能的激励功能将会受到影响。

2. 行政职级标准

在现行的法院管理体制下,审判职务捆绑着行政职级,助理审判员晋升审判员,其行政职级也要完成相应的晋升。正因为存在这样的关联关系,各法院晋升审判员时都要求候选人符合职级晋升的条件。A 中院位于副省级城市,其审判员的行政职级对应副处,晋升审判员需要任正科满 4 年;B、C 中院位于一般的地级市,其审判员的行政职级对应正科,晋升审判员需要任副科满 3 年;a1 虽是基层法院,但因为其位于副省级城市的高新区,其公务员的行政职级比照市级单位,审判员晋升需要任正科满 4 年;其他的基层法院 a2、b、c1 和 c2 审判员的行政职级对应科员级,这是一个较容易达到的职级,一个本科毕业进法院的大学生只需 1 年就能晋升至此职级。

由于行政职级和法官职务存在对应关系,满足了职务晋升的任职年限要求一般也能满足职级晋升的条件,所以,大多数情况下,行政职级的任职年限条件并不构成对法官职务晋升的限制。以 B、C 中院为

---

① 2008 年 3 月 14 日 c1 基层法院电话访谈内容,见访谈笔录第 137 页。
② 经济相对落后地区的法院,尤其是农村基层法院,由于法官待遇不高,法官职位越来越失去吸引力。近几年,招不到人,招到后留不住人,成为这些法院的老大难问题。媒体对此也有诸多报道。参见《法官流失的近忧远虑》,载中国法院网,http://www.chinacourt.org/public/detail.php?id=154511;《中西部法官流失严重》,载 2007 年 3 月 18 日《法制日报》。

例,两院的助理审判员对应副科级,审判员对应科级,无论是职务还是职级晋升都一般要求在任下一级职务/职级满 3 年,这样,审判员晋升者满足任职助理审判员满 3 年的条件时,其任职副科也刚好满 3 年。在绝大多数基层法院,晋升审判员的职级条件较容易实现,职级晋升的条件对晋升审判员也无太大影响。不过,例外的情形存在于 A 中院和 a1 基层法院。

A 中院拟晋升为审判员者,要求达到晋升副处的条件,即任正科 4 年以上。2003 年前,该院审判员晋升和副处晋升合而为一,凡晋升为审判员者,其行政职级当然也晋升为副处。

以 2001 年为例,该院将助理审判员晋升审判员和正科晋升副处的条件合在一起规定,两者晋升适用同样的条件。① 可在此之后,由于副处级的名额接近编制数,该院审判员职称名额在较长时间内显得十分紧张。2004 年补充选任的审判长即使审判职称还是助理审判员,暂时也不能报任为审判员。由于这样累积的人越来越多,为了体现公平,该院单独进行了职级晋升选拔。从主任科员晋升副处一般要求为现任审判长并任主任科员满 4 年以上。凡晋升副处成功的审判长(助理审判员),"优秀的助理审判员被选为审判长应任命为审判员的",这一"职称支票"就能兑现。所以,从这以后,审判员职称晋升又演化为了两个阶段:一是审判长选任阶段;二是在审判长里进行晋升副处级的选拔阶段。审判长选任在前,职级选拔在后,竞争审判长职位成功,并不意味着当然就是审判员,要想成为审判员,还要在后面职级选拔中晋升为副处。因为是两个分离的阶段,审判长选任中不再列明职级条件。但是从审判员晋升来看,职级条件(在 A 中院是任主任科员级满 4 年以上)仍是一个必备的隐藏性条件。据介绍,晋升副处只是一个民主推荐程序,大多数审判长都能如愿以偿晋升职级成功。不过,

---

① 2001 年《A 市中级人民法院干部晋升职级、职称实施办法》规定:正科(助理审判员)晋升副处(审判员、执行员):(1)任正科员级满 4 年以上;(2)本科以上学历;(3)现任助理审判员职称,已通过本院组织的助理审判员晋升审判员职称资格考试(现任法警不受此条规定的职称限制);(4)近 4 年年度考核称职。

2007年8月份在任的审判长里,仍有两位还是助理审判员,而2007年底最新选任的7名审判长,现在还因为职级名额限制全部7名都没有晋升审判员。由于职级的限制,a1法院也有部分审判长未能晋升为审判员。

调研表明,审判员对应的行政职级越高,其晋升就越容易受到行政职级的影响。实践中这种职级和职务对应的关系偶有打破,即已是审判员,但相应的行政职级却没有提升。打破这种对应关系的好处在于,审判员晋升不再受制于行政职级,其晋升不会因为职级条件不具备而被延迟。但矛盾的地方在于,真正对待遇产生实质影响的是行政职级,而不是审判职务,即使审判职务晋升了但其行政职级保持不变,其享受的待遇不会有根本性的变化。因此,审判职务的晋升在某种程度上意味着待遇的下降,"责、权、利"的不对等会加剧法官的不平衡感,并最终影响审判职务晋升对个人的吸引力。

最高人民法院在1987年作出过《关于审判员任职和确定职级的年龄问题的批复》,该批复强调:"人民法院是国家审判机关,审判员是人民法院的主要组成部分,是审判专业人员。审判工作性质决定审判员需要由政治条件好、有法律专业知识和审判实践经验、有相当的政策水平和工作能力的干部担任。因此,审判员不同于党政机关的领导干部,各级法院审判员任职和确定职级的年龄,不能和党政机关的领导干部同等对待,凡审判工作需要,符合《中华人民共和国人民法院组织法》和中办发〔1985〕47号文件的规定,在离退休之前均可任命为审判员,并确定相应的职级。"①

在统一的干部管理体制下,法官行政职级的确定和一般的行政机关干部没有任何差别。但最高法院的这个批复梳理了这样的逻辑:审判工作的性质使得审判员不同于党政机关的领导干部,各级法院审判员任职和确定职级的年龄,不能和党政机关的领导干部同等对待。作

---

① 参见1987年6月30日最高人民法院《关于审判员任职和确定职级的年龄问题的批复》。

为一个正式的官方文本,有理由认为司法者的独特性已经开始得到认识,至少在法院内部已经寻求在统一的干部管理体制下做出某些调整,以适应法官职位的特殊性。不过在现行体制下,法官行政职级晋升并不由法院自己掌握,要彻底地消除行政职级对法官职务的影响,有赖于法院与人事等其他部门的有效沟通。至少,在 A 中院和 a1 基层法院,我们看到行政职级标准对法官审判员的选任仍构成实质的影响。

3. 学历标准

作为一种再任命,审判员晋升的学历标准逻辑上适用《法官法》对助理审判员的要求,即本科学历。不过,例外的情形在于,2001 年《法官法》修订前任命的助理审判员有可能在学历上没有达到本科。按照法律不溯及既往的一般原则,实践中采用"老人老办法,新人新办法",这批 2001 年前任命的助理审判员纵使没有达到现行法律所规定的要求,但是其法官资格仍被认可。可问题是法官身份具有延续性,这些助理审判员若要在 2001 年后才晋升审判员,《法官法》所设定的任职学历标准是否适用于这批人呢?调研发现,各法院在此问题上比较一致的做法是,2001 年之前任命的助理审判员若不具备本科文凭,在此之后自己也没有通过其他方式获得该文凭,则要参加最高法院组织的法官专项培训,凡参加过此专项培训并获得合格证的助理审判员,在法院系统内部视为满足学历条件,其晋升审判员不受影响。

在绝大多数情况下,已经拥有法官身份的助理审判员在获取更高的审判员职称时,学历标准很难成为其晋升的障碍。不过,在调研的 8 个法院中,A 中院是唯一的例外。A 中院晋升审判员的前提条件是取得审判长资格,在进行审判长选拔时,A 中院要求具有高等院校法律本科以上学历,这就意味着审判员晋升的学历条件也随之水涨船高,需达到大学法律本科,这高于《法官法》所规定的大学本科要求。我们对该法院进行调研的时候,该院的助理审判员中仍有 25 名只有大专学历,其中年龄最大的 52 岁,年龄最小的 39 岁,45 岁以上的有 16 人。

这 25 名助理审判员若不刷新自己的学历以达到审判长选任的学历要求,就意味着有可能只能在助理审判员职务上退休。

从图 3-5 中,我们可知只有大专文凭的助理审判员在年龄上都偏大,属于高龄助理审判员。我们了解的另一个情况是,A 中院从 1999 年起到 2005 年 7 年间,共招录全日制法律本科毕业生 29 人,法律研究生 16 人。如图 3-6 所示,在 A 中院现有的 123 位助理审判员中,拥有本科及其以上文凭的人占到了 80%,拥有大专学历的人仅为 20%。这样,即使审判长要求法律本科学历,仍有足够多的人员可供挑选。可以想见,那些仍为大专文凭的助理审判员即使参加了最高人民法院的专项培训,由于无法成为审判长,其也很难晋升为审判员。当然,在现在拥有许多途径刷新学历的情况下,这些助理审判员获得本科文凭并非难事,但要在竞争激烈的审判长选任中胜出,年龄以及知识结构上的劣势使这一几率较小。有理由相信,在晋升审判员无望的情况下,刷新学历的动力就会明显减弱。一个对比性的数据是,所处城市经济并不发达的 C 中院的助理审判员全部达到了本科文凭,19 位普通法官审判员中也仅有 3 位为大专学历。在同样从审判长中选任审判员的 a1 法院,学历被分成不同等级予以记分,其中"本科毕业得 10 分,取得学士学位得 12 分;研究生毕业得 13 分;取得硕士学位得 14 分"。① 高学历在审判员晋升中能获得某种程度的优势。

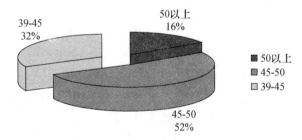

图 3-5　A 中院大专文凭助理审判员的年龄构成图

---

① 参见 a1 法院审判长选任考核情况一览表。

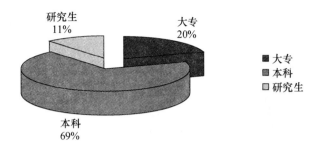

图 3-6　A 中院助理审判员文凭构成比例图

(二) 柔性标准

诸如工作年限、行政职级、学历这样的刚性标准构成一道门槛,不符合晋升条件者被挡在外面,但跨过这道门槛后能否真正晋升,取决于候选人在多大程度上符合柔性标准。

我们在 A 中院和 C 中院就晋升审判员所需要的重要因素和最关键因素做了问卷调查。① 下面是关于这两个问题的问卷统计。

图 3-7 所示的晋升审判员重要因素中,按照入选率从高到低依次为业务能力、沟通协调能力、政治素质、行政管理能力、领导评价、人缘和其他;而图 3-8 所示的晋升审判员最关键因素中排序则有了变化,业务能力仍居榜首,以下则为政治素质、领导评价、沟通协调能力、人缘和行政管理能力。

1. 业务能力

业务能力毫无疑问是最重要的柔性标准。审判员晋升时对业务能力的看重和其作为业务型普通法官的定位相吻合。在法院内部,专司审判工作的普通法官的业务能力主要表现在庭审主持、文书制作、案

---

① 问卷调查时间为 2007 年,调查对象是两所中院审判业务庭的所有工作人员(包括法官、书记员和法官助理),其中在 A 市中院发放问卷 206 份,回收问卷 164 份,问卷回收率为 79.6%;C 市中院发放问卷 38 份,回收问卷 36 份,问卷回收率为 94.8%。晋升审判员的重要因素和最关键因素一题包含两个小题,在选出"重要因素"不定项选择后,受访者被要求再从中选择一个其认为最关键的因素。

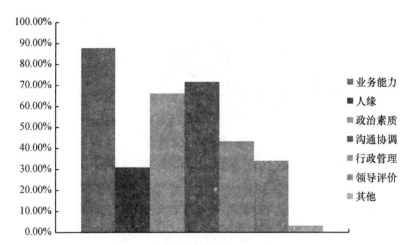

图 3-7　晋升审判员重要因素问卷统计

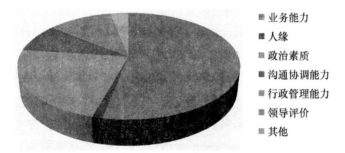

图 3-8　晋升审判员最关键因素问卷统计

最关键因素

		Frequency	Percent	Valid Percent	Cumulative Percent
Valid	业务能力	86	53.1	54.8	54.8
	人缘	2	1.2	1.3	56.1
	政治素质	37	22.8	23.6	79.6
	沟通协调能力	14	8.6	8.9	88.5
	行政管理能力	1	0.6	0.6	89.2
	领导评价	17	10.5	10.8	100.0
	Total	157	96.9	100.0	
Missing	999	5	3.1		
Total		162	100.0		

件裁决等方面,晋升时对这种能力的检测与衡量,在不同选任机制下呈现出了不同的特质。

在实行分配确认型机制的法院里,业务能力更多地体现为法院党组领导基于以往的工作表现给予拟晋升人员的总体评价。在实行竞争选拔型机制的法院里,业务能力虽仍是一种主观性的评价,但这种评价立基于评分排序,显现出更为客观、精细化衡量的特征。如 A 中院比较候选人业务能力的方法是"通过书面考试,检验参考人员的法律知识面和基本法律理论水平,以及运用法律专业知识分析案件、处理案件、制作裁判文书的能力;通过庭审水平考核,检验参考审判长人员适应新的庭审方式,驾驭庭审的水平和能力"。① 在这样一种考核机制下,那些得分越高,排序越靠前者被认为业务能力越强,在晋升的竞争中处于更为有利的位置。与此同时,过往的工作业绩也被精细量化,成为衡量业务能力的重要指标。如 A 中院制作的对以往业绩考核的计分标准为,近两年年结案数和结案率完成情况基本分 3 分,加分幅度 6 分,共 9 分;近 3 年无违法审判、超审限案件和超时移送上诉卷现象加 1 分,等等。②

在实行分配确认型机制的 B、C 中院及一些基层法院,作为晋升重要考虑因素的工作表现依赖领导自己的观察、印象以及从他人或其他渠道反馈回来的信息等作出评价,显现出非制度化特征。或许正因为对业务能力缺乏细致考量的措施和方法,在大家工作都合格的情况下,分配确认型机制下的审判员任用"择优"因素就表现得不甚明显,并很容易给人以"资历"晋升的印象。因此,有理由认为,两种任用机制在审判员晋升时都强调业务能力,但在竞争选拔型机制下,那些资历不占优但业务技能突出者,比在分配确认型机制下拥有更多的晋升机会。

2. 政治素质

政治素质也是晋升审判员的重要考量因素,在晋升审判员最关键因素中,它的认同率仅次于业务能力。历史上,党员身份被看做是晋

---

① 《A 中院审判长选任办法》。
② 同上。

升审判员政治素质合格的识别标准。"不是中共党员,即使有法律专业知识,亦不能被任命为审判员。"① 但是,20 世纪 80 年代后,随着经济、政治体制的改革和对法官司法专业性的认识,审判员必须是党员这个不成文规定慢慢出现松动。以 b 县法院为例,该院现任的 81 位审判员中有 16 位是非党员,非党员审判员占到了 18.5%。

表 3-2　b 法院非党员审判员任命情况统计

年份	1988	1994	1996	2001	2003	年份不详
人数(位)	1	2	1	4	6	2

我们调研中的访谈表明,法官对政治标准内容的理解呈现出多元化的趋势,而不再仅仅以具备党员身份作为判断标准。② 现在,晋升审判员不再要求必须是党员。为了更好地履行审判职责,政治素质好仍是晋升审判员的必备标准,但是在缺乏党员身份这样的硬性评价指标后,其实际发挥的遴选功能有限。这在问卷统计中表现为,两个法院只有 20.1% 的人认为它是晋升审判员的最关键因素,远远落后于排名第一的业务能力 56.1% 的认同率。

3. 领导评价

A、C 中院共有 37.1% 的调查对象认为领导评价是晋升审判员的重要因素,这一数据排在了业务能力、沟通协调能力、政治素质、行政管理能力之后,但 13.2% 的调查对象认为其是晋升审判员的最关键因素,在所有的柔性标准中仅落后于业务能力和政治素质而排名第三。可见,领导评价显然对审判员晋升有影响,只是影响不如我们想象中的大。③ 我们将 A、C 中院的问卷分开进行统计,结果发现 C 中院的调

---

① 《a2 法院院志》第二编"法官",第 4 页。
② 大部分受访法官认为是"拥护党的领导,能够贯彻执行党的路线、方针、政策和国家的法律法规",另有人认为是"应该有大局观,懂政治,判决注重社会效果",还有人认为是"为人正直、清廉,职业道德好"。也可参见上一章"助理审判员任用"中对此问题的相关论述。
③ 后文在对晋升审判员程序的讨论中,会详细探究其表现,分析其原因,在此不再赘述。

查对象无论在重要因素还是最关键因素中选择领导评价的都要比A中院多出许多。有理由相信,领导评价对C中院的审判员晋升的影响更大。进一步的调研发现,这种差异与审判员任用机制运作本身有关。① 在分配确认型机制下,业务能力等晋升标准不依赖于一种量化的指标,而是基于对候选人以往表现的评价,其最终转化为晋升的关键因素要依赖于领导的认可。

4. 沟通协调

沟通协调能力对作为业务型普通法官的审判员而言仍是一种重要的能力储备,虽然作为最关键因素来考察时,其入选率只有7.9%,但两个法院共有69.1%的调查对象将其列为晋升审判员的重要因素,在所有的柔性标准中仅次于业务能力,排名第二。我们访谈的一位院领导这样说:"你自己办几年案子也有些经验了,应该知道当一个法官不能只懂法律,还应当善于综合衡量和全盘考虑案件里涉及的各种因素,妥善处理很多非法律的问题,很多案子里面需要尽可能把各方利益都摆平,就需要你有沟通协调能力,尤其是民商事审判。"②调研中发现,农村基层法院对审判员的沟通协调能力更为强调。c2基层法院的一位副院长介绍说,农村的基层法院法官很难做,当事人懂法的很少,你向当事人解释法律的规定没有用,你的判决必须照顾到情理,否则就会引起当事人不满而引发上访。此种情况下要做到案结事了,就需要法官有良好的沟通协调能力,做好当事人的思想工作,尽量争取调解结案。③

5. 其他柔性标准

A、C中院共有32.5%的调查对象将人缘列为晋升审判员的重要因素,不过,只有1.6%的人将其列为最关键因素。一般而言,法院规模越小,人与人相互了解的程度就越高,其公共评价系统就越发达。一个

---

① 在讨论分配确认型机制下审判员的任用程序时我们会评述此问题,此处不再赘述。
② 2005年8月1日B中级法院访谈内容,见访谈笔录第62页。
③ 2007年12月18日c2法院访谈内容,见访谈笔录第138页。

人缘好的人往往在为人处事各个方面更成熟,在民主测评阶段就会占有一定的优势。但它对晋升的影响有限,不构成决定晋升的主要因素。

与此类似的还有行政管理能力,两中院共有38.7%的调查对象将其列为晋升审判员的重要因素,但将其作为最关键因素的调查对象只有1.1%。对A、C中院的问卷分开进行的统计表明,A中院有43.5%的调查对象将行政管理能力列为晋升审判员的重要因素,而C中院选中这一项的只有15.2%。A中院高出C中院近30个百分点的比例很可能是因为A中院现阶段只有审判长才能晋升为审判员,审判长要承担管理一个合议庭的职责。不过相同的是,两个法院极少有人将其列为最关键因素。究其原因,审判员和中层干部不一样,其主要从事审判工作,行政管理能力对其而言不是必需的。现在来看,法院对审判员审判工作承担者的定位已经十分明晰,在20世纪90年代以前,审判员作为"干部"的身份感要浓一些。据一位法官回忆,有一段时间,一个人被提拔为审判员,基本上可以看做他日后担任中层管理干部的风向标。这个时候任用审判员,会注意到他以后能否被委以重任的一些其他素质,比如行政管理能力。但从现在来看,这种情况不复存在。

人品是晋升审判员的另一个重要因素,这在我们的选项中并没有列出,但我们实际访谈所了解。一位接受我们访谈的法官认为在某种意义上,人品比能力更重要。"为啥子呢?当官他再有能力,他人品不行就有可能办歪案,是不是?他的公平意识差,他再有能力这都是不可能的。"①人品在审判员晋升中实际指的是职业道德,政治部在准备晋升候选人材料时,会特别注意该人有无违法乱纪遭处分的情况。在我们所调研的法院中,确有因为职业道德瑕疵而被"雪藏"、没有晋升的助理审判员。法官的职业道德对保障司法公正具有根本性的意义,只有在信守清廉、正直、公正的职业道德前提下,法官的专业素质和审判技巧才能在保障司法公正方面起到实际作用。

---

① 2005年8月1日B中级法院访谈内容,见访谈笔录第65页。

四、任 用 程 序

(一) 分配确认型

我们在 C 中院就审判员任用程序进行了访谈,结果绝大部分人对审判员的任用程序的描述相当简单。

审判员甲 1994 年进入法院,2005 年被任命为审判员。他说:"现在的任命条件不明确,名单是由党组统一研究决定的,院长向人大常委会报批时,我们到常委会和委员们见了个面。"①

审判员乙 1996 年到中院,2005 年被任命为审判员。"审判员由党组统一研究决定,报人大常委会任命时,院长叫我们去和委员们见面,他向委员们简单介绍了一下我们,我们鞠了个躬就出来了。"②

副庭长丙 1996 年进法院,他描述的审判员任用程序则是这样:"助理审判员符合条件,经院党组研究,然后民主测评,任命审判员。"③

在我们访问的 10 余人中,上面列出的 3 位审判员的回答具有代表性,其他人与之相差不多。这 3 个人都是 20 世纪 90 年代中期进入法院。资料显示,从 2000 年末到 2007 年,该院进行了不下 5 次审判员选任,其中更有 2 位是在 2005 年被晋升为审判员,应该说对审判员的任用程序有切身体会,但他们的描述看起来有点过分简单。访谈中对任用程序的描述相对详细的是一位政治部干部。

> 问:助理审判员晋升审判员时需要向政治部打报告申请吗?
> 答:不是,首先向所在庭室申请。庭室审查后,庭室领导就向我们政治部打报告。我们有专人负责接收材料。接收材料的承办人审查后认为申请人具备基本的晋升条件——任助理审判员

---

① 2007 年 12 月 15 日 C 中级法院访谈内容,见访谈笔录第 131 页。
② 2007 年 12 月 15 日 C 中级法院访谈内容,见访谈笔录第 130 页。
③ 2007 年 12 月 16 日 C 中级法院访谈内容,见访谈笔录第 133 页。

和副主任科员3年以上,我们政治部就举行部委会进行讨论。

问:哪些人参加部委会呢?

答:我们政治部人少,所有的人都参加。(据了解,该院政治部共5个人,包括1位主任、1位副主任、3位工作人员)。

问:怎么讨论呢?

答:因为接收材料的只是我们其中的一个同事,其他人对申请人的情况不了解,所以我们主要讨论的是申请人是否符合基本的晋升条件。部委会讨论通过后,我们就向党组报告,党组审查同意的,就在一定范围内对申请人进行民主测评。

问:测评是在全院进行还是只是在所在庭室进行?

答:测评在其工作庭室和法院中层、副庭长以上干部里进行。

问:对测评要求多少的通过率?

答:超过50%就行。通过民主测评后,我们还要对申请人进行考核考察,一般是到其工作部门找人谈话,了解其工作表现等情况。通过考核考察的由院长报人大常委会任命。

问:审判员晋升有指标吗?会不会分到各个庭室去?

答:不会以指标的形式分到庭室去,特别是近几年法院法官出现断层现象,再不给他们(指符合晋升条件的人)加点任务,鼓励其提高,落实好待遇,法院工作就不好开展了。一般符合条件的人都能得到晋升。①

根据C中院政治部干部的描述,可整理制作如下的审判员任用流程图(图3-9)。从整个流程图来看,我们发现,申请人只在第一步和最后一步时出现,而在其他步骤里都是缺席的。这是分配确认型审判员任用机制的一个典型特征。审判员甲和审判员乙虽亲身经历过审判员任用程序,但其描述起来仍只是"党组研究决定和与委员会见面",很可能就是因为他们亲身参与的程序有限。如果不是专门从事

---

① 2007年12月16日C中级法院访谈内容,见访谈笔录第130页。

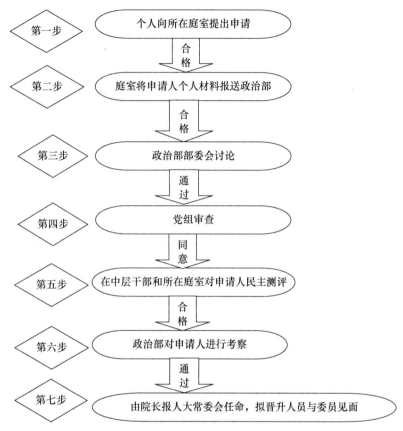

图 3-9　C 中院审判员任用流程图

人事工作的,一般而言,法官都只对自己亲身参与的任用程序有记忆。在我们所访谈的法官中,绝大部分人对任用程序的描述是片段式的,原因可能也就在于此。审判员甲和审判员乙都提到了到人大常委会和委员们见面,因为这是他们在整个程序中的正式公开露面。另外,党组决定晋升人选是法院人事工作的传统,不用亲身参与,在法院工作过一段时间就自然知晓。副庭长丙对审判员任用程序的描述多了一个民主测评,这可能也是因为他属于中层干部,参加过民主测评的缘故。不过稍稍令人意外的是,两人都没有提自己申请的事情。无独有偶,B 中院的审判员晋升据说也不用申请,而是由政治部主动筛选,拟出名单。我们分析,"申请"在分配确认型的机制下很大程度上是不甚重要的阶段,这是因为候选人是通过类似"相马"的程序筛选出来的,"相马"的依据是以往的表现,而不是临时的现场竞争,通过某种信息传递,抑或基于自身各种情况的综合判断,申请人和最后晋升人的范围总是高度重合的。当然,也有可能是记忆的错误或遗漏,但这也正好说明"申请"的无足轻重,重要的程序总是让人记忆深刻,比如几乎所有接受访谈的人都谈到了党组研究决定。在整个完整的审判员任用流程中,真正起作用的是党组的审查,这一工作既是对前面政治部所开展工作的确认,也是后面民主测评等工作所开展的起点。从该政治部干部的介绍可以得知,政治部所做的初选只是就任职基本的年限、职级条件进行审查,对个别具备此条件但其他方面认为有问题的人,他们并不能直接将其筛选掉而是要向党组汇报,并最终由党组定夺。C法院审判员任用流程在采用分配确认型机制的法院里具有典型性,其他法院与之相似;B中院和C中院略有不同的是最后被选定的人不是去和人大常委会委员们见面,而是去参加人大组织的考试,考试通过后由人大常委会任命。这种程序上的差异,其实是不同地方人大工作方式上的差异造成的。

  总之,分配确认型机制的运作核心是法院党组,法院党组是当地党委在人民法院的派出机构,是人民法院中党的最高权力机构,党组成员一般包括院长、副院长等。法院党组通过综合衡量,确认最终的晋升人选。法院政治部是分配确认型机制运作的组织者,作为党组下面主管干部人事工作的部门,在审判员晋升中承担着"承上"与"启下"的作用。

  审判员晋升并不是每年都进行,这个由党组视当年情况而定。如C中院,2003年和2004年都没有晋升审判员。当年是否晋升审判员,一看是否有符合条件的晋升人员;二看符合条件的人员有多少——从往年晋升的情况来看,C中院除了单独晋升过从下级法院选调的法官外,一般情况下都是4—5人成批次晋升。所以在以前,至少在C中院,并不是助理审判员任职年限到了就当然会晋升,符合条件者有可能被推迟1—2年和"大部队"一起晋升。

在分配确认型机制下,党组如何确定最终的晋升人选是个值得关注的问题。从现在的情况来看,名单酝酿过程比较简单,政治部将符合基本晋升条件的人呈交党组,除非有特殊情况,党组成员极少会对名单产生分歧。审判员在法院内部只是一个较高一级的审判职称,助理审判员和审判员的工作内容并没有本质的区别。调研发现,现在提拔某人为审判员,越来越像给予名分和落实待遇。除非是工作不合格,否则不会刻意地"卡"人。由于没有公开的选拔过程,分配确认型机制难以摆脱有可能"任人唯亲"的质疑,但是从实际情况来看,和领导个人关系的亲疏对审判员任用的影响不如想象中大。正如访谈中一位庭长所讲:

> 如果院领导任命的人让院里的整个工作受到不利影响,你作为院长的压力就大了,因此用一个人还是很谨慎的,会留意群众舆论。业务能力强的人,领导肯定会积极提拔,但若你留给领导的印象不好,那肯定还是要有点影响;但影响也不会很大,毕竟你只是个办事的,只要工作能做好,领导从大局考虑也未必会和你计较那么多。①

分配确认型机制并不通过公开的竞争选拔衡量一个人的业务能力,那么党组通过什么样的方式"相"出所需的"千里马"呢?

(1) 基于党组成员自己对法官的了解和印象。党组成员一般包括院长、副院长、政治部主任。政治部主任主管人事工作,他对法官的了解来自于每年对法官的工作考核、先进总结等工作;副院长要分管业务庭,一般来讲,由于工作的关系,他对自己分管业务庭下的法官都较为熟悉;院长的主要工作其实是对外,所以他跟法官的接触与政治部主任和副院长相比则较为有限,承办法官向审判委员会汇报案件时的表现是他直接了解法官的主要途径。不过,在人员规模小的法院,由于长期共同工作,构成"熟人社会",院领导对普通法官个人品行、能力、性格甚至家庭状况都知根知底。我们在 c2 法院调研时,该院政治

---

① 2005 年 8 月 2 日 b 法院访谈内容,见访谈笔录第 56 页。

部主任不用看资料就可以给我们道出所有法官的年龄以及任职状况，这给我们留下了极深的印象。

（2）由庭长推荐和介绍。在中国法院，法官都划分在不同的业务庭内工作，庭室在某种意义上就是一个小单位。作为小单位的领导，庭长对自己庭里的法官最为了解。由于庭长大多数时候并不审理案件①，法院对庭长的考核转化为对其所在业务庭全年审判任务完成情况的考核。庭长完成法院对业务庭案件审结率、改判率、发回重审率等诸项指标的考核，要依赖手下的法官。因此，解决好庭里法官的职称待遇被认为是凝聚人心的重要措施，每年审判员晋升的时候，不乏庭长亲自出面为法官张罗。b 法院的一位老资格的庭长就坦承：

> 我如果认为我庭上某个助审员的能力不错，工作得力，我肯定就愿意向领导推荐他，以便能继续重用他。可能在平时我们大家的摆谈中，甚至在一起吃饭摆龙门阵的时候，就会讲到哪个人的案子审得很不错，哪个人处事很得力，等等，无形中对院领导就产生影响了，院领导对某个人的平时印象可能就是来自和各个庭长的平常交流之中。当然，我也可以就这个事情专门找领导反映一下。但最后的决定权在领导那里，我们也还是只有服从。②

（3）参考法院内部一般法官的评价。法院内部一般法官的评价也会在事实上对院党组的选任构成制约。法院这个圈子说小也不小，说大也不大，上海一位基层法院的法官就把他搜集的法院里的人和事连缀成文，在一人气颇旺的论坛上发表，取名为"法院故事"。③ 事实上，我们每到一个法院调研，都能或多或少听到类似的"法院故事"。我们认为，法院内部事实上存在一个公共评价体系，党组在任用审判员的时候或多或少要受一般舆论的制约。一个公认为能力不行、工作不合

---

① 中级法院的庭长一般不需审理案件，基层法院的庭长仍需承担一定的审判任务，不过任务量比一般法官要少。
② 2005 年 8 月 2 日 b 法院访谈内容，见访谈笔录第 88 页。
③ 参见胡勇敏（网名东方绿舟）：《法院故事》，载天涯社区，http://blog.tianya.cn/blogger/view_blog.asp？BlogID＝2004 31＆CategoryID＝245709＆idWriter＝0＆Key＝0。

格的人不大可能被晋升,而要将一个公认为能力强的人刷下也要有说得过去的理由。

以上基本勾勒了党组审查和决定晋升人员的方式和过程。从某个角度上看,这种描述或许过于复杂化。在调研法院的实践中,党组成员研究决定任用审判员时一般不会有分歧,符合基本工作年限且工作合格的都能得到任用,选任只是走一个过场。从另一个角度上看,这种描述或许过于简单化,历史上审判员的任用过程中,党组衡量的因素可能还包括年龄(由于某种原因晋升晚的老同志受到优先照顾)、庭室平衡等诸多因素。

从整个任用流程来看,党组初步的审查决定最为重要,后面的民主测评、考察等环节在更多时候只是印证党组的决定,影响不大。如在C中院,到目前为止还没有谁民主测评得票不过50%。组织考察现在是由法院的政治部牵头进行,在20世纪,地方组织部门也会介入到这一工作之中。由于之前有过初步的筛选,目前还没有听说有候选人在组织考察阶段落马的。

审判员任用的整个流程,绝大部分是在法院系统内部完成,外部力量目前只有人大介入到批准任用环节中。审判员属于非领导职务的审判业务干部,我们所调研地方的组织部在2001年左右对审判员任用进行了放权,不再对党组审判推荐的人员进行考察,法院也无须在报批人大前征求其意见、等待其批准。

人大以前批准任用审判员只是审阅报批材料,现在工作方式则更为多样,但鲜有不合格被淘汰者。

(二)竞争选拔型

竞争选拔型的审判员任用程序具有非常强的程式化特点。下面首先结合A中院的审判长选拔来进行描述。

(1)公布选任名额和条件。A中院的审判长实行动态管理,现任审判长每两年要接受一次考核,考核排在后几位的审判长会被取消资格,加之中间某些年份要进行中层竞争上岗,部分审判长走上副庭长

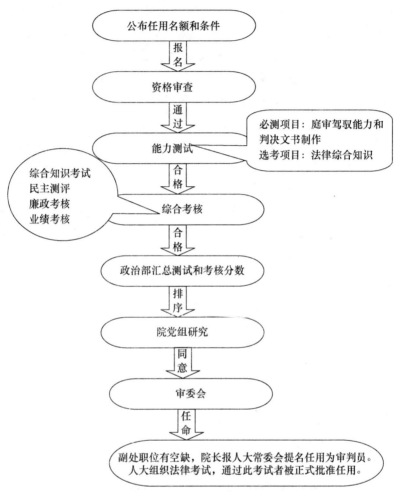

图 3-10　A 中院审判员任用流程图

岗位,由此留下的空缺就进行补充选任。每次补充选任前,政治部会事先在法院的局域网公布选任审判长的名额和条件,并以庭室为单位进行动员宣传。据说每一次选任都是当年的"大事",都是一时间众人皆议的中心话题。

(2)报名。审判长选任信息发布后,凡符合报考条件者都可直接向政治部报名,也可以由所在部门推荐。两种报名方式没有优劣之别,自己申请报名的要填写申请表格,部门推荐的则递交固定格式的推荐表格。政治部有专门的工作人员接收报名材料。

(3)资格审查。政治部工作人员对递交的材料进行审查。初步审查后,政治部确定参与考试考核的名单,报院党组同意后在法院局域网上公示。任何人对名单有异议都可向政治部提出。2007年A中院公布只选任7位审判长,但最后通过资格审查者达近30位,竞争不可谓不激烈。

(4)考试考核。这是审判长选任的重头戏。A中院的考试考核分为能力测试和综合考核。能力测试一般包括书面考试和能力水平考核。A中院2007年审判长选任的能力测试仅仅进行了庭审水平的考核,而摒弃了法律综合知识的笔试。庭审测试的候选案件由参加能力测试之人自行选定报给政治部。据说案件的选择很费思量,既不能过于简单,因为这不容易出彩;又不能过于复杂,否则容易失误。政治部安排开庭时间和录音录像事宜。审委会委员①通过集中观看录像,就庭审水平打分。庭审评分采取百分制,业务庭庭长和院领导的分数在计算时没有差别,最后的庭审能力测试得分是所有审委会委员的平均分。

参加测试之人在庭审考核结束后,必须在规定的时间内就该案递交自己制作的判决书。审委会委员负责对所有判决文书打分,评分的要点在于看判决文书的说理是否充分,证据认证是否规范。据一位参与评分的人员说,一般来讲,那些庭审时表现好的,制作出来的判决书质量也相对较高,不过,也有个别参加测试者庭审表现突出但判决书制作差强人意。不过,这种文书考核似乎存在技术上的小漏洞。因为拿来进行庭审考核的是真实案件,所以无法要求参加测试之人事后在一个封闭的空间独立作出判决文书,据说一些人为了在判决书制作一项"出彩",专门请"高人"进行润色与修改。从业务能力考核的角度来说,判决文书制作能力和庭审水平同等重要。在此之前的选任中,参加测试之人要在规定的时间和地点就一个规定案例做出判决文书,

---

① A院的审判委员会委员由院长、副院长和业务庭庭长组成。

这在很大程度能够避免可能借助他人之力完成判决书制作的问题。

综合考核比能力测试的内容更多。第1项是综合知识考试,主要测试参试人员掌握时事政策的能力和职业道德水平。第2项是民主测评。测评由政治部组织参试人员所在部门的工作人员通过不记名投票方式进行,主要测评内容是参试人员的工作态度、工作作风、平时表现、廉洁自律等诸多方面。由于在同一个部门工作,彼此之间比较熟悉、了解,打出来的分数理应比较客观。不过,根据亲疏关系打分总是无法避免,人际关系在此时显现出了重要性,特别是同一个部门有两名以上参试人员之时,打分就变得比较微妙了。2007年审判长选任增加了审委会委员对被测试之人的民主测评,在总共20分的民主测评中,审委会委员对参试人员的测评占15分,参试人员所在部门人员对参试人员测评只占5分。这一改革的动向一方面似乎说明,该院意在最大程度上减少关系亲疏对测评客观性带来的影响;另一方面也在客观上加大了领导对最终晋升人选确定的影响。第3项是廉政考核。廉政考核一般由法院监察室进行,采取廉政档案和廉政测评相结合的方式,主要考核参试人员遵守廉政规章制度、有无被投诉以及受查处等方面的情况。廉政档案有污迹的人不但在单独考核中会失分,据说在党组领导综合衡量定夺人选时也会被予以重点"关照"。第4项是业绩考核。业绩考核在综合考核中的分值最重,A中院在历次的法官选任和晋升中,总结出了一套将以往工作业绩予以量化评分的技术性手段。对于审判业务庭成员,业绩考核的要点包括审判效率、审判质量、裁判文书质量、办理疑难案件能力、调研能力、受奖励情况6个方面;对综合部门工作的人员考核的要点则包括工作效率、工作质量、工作能力、调研能力、受奖励情况、裁判文书质量(仅限于参加本次选任开庭所采用的案件)等方面。

(5)政治部汇总分数。在上面所有的能力测试和各项考核结束后,政治部工作人员就进行分数汇总。分数汇总完了以后,按照分数从高到低进行初步的排序,并报送法院党组。

(6)党组决定。审判长的最终人选由法院党组成员在考试与考核分数的基础上研究决定。据 A 中院一位院领导介绍,实行竞争性选拔考试以后,党组的决定不如以往那么大的施展空间,因为"要根据考试分值来,考上了你不可能把他弄下来,没考上你也不可能把他弄上去。现在党组决定的权力体现在考试划线这个地方,比如我们有 12 位审判长的名额,划线可以划到 15 位,也可以划到 16 位。多划出的这几个人可以供我们进行差额性的挑选"。①

（7）任命。党组研究决定后,拟任审判长的名单在法院的局域网上进行公示,公示期间任何人都可以提出异议。公示期满,经审委会任命,新任的审判长就正式走马上任。② 2007 年,A 中院最终选定了 7 位审判长,不过公布的却是前 14 名的名单。在这次没当选审判长的另外 7 位,日后可以依照顺序在审判长位置空缺时进行递补。

（8）院长将审判长报批任用为审判员。现任审判长符合条件的,只要院里处级职位名额还有剩余,院党组研究决定后,就向同级人大常委会将其报批任用为审判员。

（9）同级人大常委会组织法律考试,被报批任用为审判员者通过此考试即可被批准任命。到目前为止,A 中院尚无人在人大常委会批准任命阶段落马。

a1 法院和 a2 法院的审判长任用程序与 A 中院大同小异。在 a2 法院,除了经由审判长晋升审判员外,还有专门的审判员晋升选拔程序。如同审判长选任,专门的审判员晋升选拔程序同样表现出相当高的程式化特点。一般包括公布晋升名额、资格审查、笔试、民主测评、实绩考核、确定人员、公示等阶段。在 a2 法院 2005 年的审判员晋升选拔中,共有 8 位通过了资格审查,经过笔试、民主测评等一系列程序后,淘汰了 3 位,最终有 5 位获得晋升。因为该院同时也有审判长选任,一位主管人事工作的法官告诉我们,审判员单独晋升相比较于审

---

① 2005 年 8 月 19 日 A 中级法院访谈内容,见访谈笔录第 8 页。
② 根据《人民法院审判长选任办法》的规定,审判长由法院审判委员会任命。在调研法院来看,审委会的任命只是形式性的,它不会对党组决定且公示无异议的名单进行变动。

判长选拔而言要容易一些,这表现在法律专业知识考试题目的难度有意识降低了一些,并且取消了庭审水平考核。这样的审判员晋升选拔程序有三点令人印象深刻:一是上级法院以出题、改卷的方式介入审判员晋升中,而在以往,晋升审判员被认为是本法院内部的固有权力,上级法院并不干涉;二是同级人大改变了以往只是事后审查的做法,受法院的邀请派人对法院组织的考试进行了监考;三是法院党组的研究决定空间进一步被压缩,晋升人员是按照笔试、民主测评、实绩考核的分数从高到低依次确定,党组甚至没有像 A 中院那样保留划线的权限。在 a2 法院,审判员并没有受职级数目的影响,审判员职称并不构成稀缺资源,故只要各方面的条件符合,就能获得晋升。也许正是因为这个原因,院党组在审判员晋升方面显现出明显的放权倾向,比如在民主测评的时候没有加重院党组的打分权限,网上公示拟晋升人员名单是在综合评定之前,等等。

(三)程序的效应

审判员任用从整体上分为任用提名和审查批准两个阶段,但调研表明,前者对任用结果的影响更大,人大常委会对审判员任用虽构成一种实质性的制约,但其实际发挥的遴选功能有限。这并非是中国特色,世界上实行法官任命制的国家,其负责法官人选提名的机构或个人在决定法官最终人选上享有极为重要的控制权。在法律上,法院并不拥有任用审判员的最终权限,其对审判员的提名需要获得同级人大常委会的批准。但以往审判员任用提名产生后要接受党委组织部门的审查,人大常委会的工作很大程度上只是在履行一个确认手续。21世纪初以来,党委组织部门对干部任用的权限逐步下放,法院审判员的任命不再需要组织部门的审查批准。这样,一旦法院党组讨论通过了拟提名人选,人大常委会就成为唯一的外部审查机构。一位法院的庭长这样介绍人大审查工作:

人大对任命的审查主要是看看我们报上去的材料。事实上,除了我们介绍的履历情况,候选人的其他情况他们也搞不清楚,主要就是看学历是否是本科,有没有初任法官的任命书,当然现在还要看司法考试资格证书。因此除非人选有重大问题,人大一般不会刁难这些人的任命,况且如果人选真的有什么问题,我们也不会轻易就报给人大。当然,如果人大还想进一步深入了解人选的情况,有时候也会下来实地调查一下,开开座谈会之类,但这个要视当时人大的工作作风和工作习惯而定。①

这几年,各地人大纷纷创新审查工作方式,以加强对干部任用的监督。从2004年开始,A市人大对A中院提名任命的审判员组织考试。据了解,行政机关工作人员若要由人大常委会任命也需经过其组织的考试,但和针对法检机关的考试相比,这样的考试就显得容易得多。法院曾向人大反映考试的内容过宽,题量过大等问题,据说A中院具有硕士学位的法官去考也得不到很高的分数。但到目前为止,人大组织的考试在内容和题量上都一如既往。据A中院政治部主任介绍,参加考试的人若不及格还有机会补考,补考通过了都算及格。到目前为止,A中院所有报任审判员都顺利通过了考试。无独有偶,B中院的审判员在报人大常委会批准时也要参加其组织的法律考试。C中院及下面的基层法院报任的审判员不需要参加考试,但需由院长带到常委会与委员见面。

从调研了解的情况看,各地人大确实加强了对法院提名的审判员审查批准工作,不过真正否决提名的情况仍极少发生。从审判员任用机制上看,人大并不享有提出晋升名单的权力,其享有的只是否决权,这种制度性的安排注定了其介入并影响审判员任用的广度和深度有限。从世界范围来看,提名主体权力的实质化和任用主体权力的形式化似乎是一个共同的特征。德国联邦法院法官的初次提名和最终提名都由法官选拔委员会负责,只要司法部长不否决(而司法部长还从未否决过提名),人选一般都为总统任命;日本最高法院提名下级法院

---

① 2004年11月 a2 法院访谈内容,见访谈笔录第2页。

法官的人选从来没有被内阁否决过,因而下级法院法官的任命实际上掌握在负责提名的最高法院手中。即便如此,我们仍认为人大在审判员任用时的审查批准是重要的,这一方面是因为法律对法官任职条件作了明确规定,人大的严格把关能够让法律的规定得到落实;另一方面,有一个外部制约机制的存在,法院在提名晋升人选时把握其人品、职业道德将更为谨慎,这一点对于当下中国树立司法官员形象从而塑造司法权威而言,极为重要。而在审判员任用中最具影响力的任用提名阶段,因有着不同的程序构造,法院对任用标准的解释、党组作用的发挥和任用过程的总体样态等又有所不同。

(1) 工作年限虽是各法院晋升审判员共同的要求,但不同的选任机制对此标准的把握显现出了不同的特点。分配确认型机制下,由于缺乏更多客观量化的标准,工作年限逐渐成为最重要的晋升标准;而在竞争选拔型机制下,一定的工作资历是必要的条件,但择优选拔得到了更彻底的贯彻,仅凭资历并不一定能得到晋升。我们对 A、C 中院审判员晋升者的背景分析能在很大程度上印证此一结论。C 中院自 2000 年以来,共在 2001 年、2002 年、2005 年晋升了 3 批审判员。下面是有关晋升人员基本背景的统计。

表3-3　C 中院最近 3 次晋升审判员者背景统计

人员编号	出生年份	职级	进院时间	晋升审判员年份	学历	进院途径
男1	1956	正科	1985 年 12 月	2001	大学本科	转业
男2	1967	正科	1985 年 12 月	2001	党校大学本科	招干
男3	1967	正科	1994 年 12 月	2001	党校大学本科	招干
男4	1968	正科	1985 年 12 月	2002	大学本科	招干
女5	1960	正科	1979 年 3 月	2002	党校大学本科	招工
女6	1967	正科	1985 年 12 月	2002	大学本科	考试
男7	1966	正科	1985 年 12 月	2002	大学本科	招干
男8	1967	正科	1994 年 7 月	2005	大学本科	招干
男9	1969	正科	1996 年 12 月	2005	专科毕业	招干
女10	1967	正科	1995 年 1 月	2005	党校大学本科	招干

上表各年晋升审判员者进入法院的途径并不完全相同,有招工、招干、考试、转业4种。但是,这些人的相同点在于C中院是他们唯一工作过的法院。表3-3的统计未包括从基层法院和检察院调动过来而晋升审判员的。① 我们发现,在表3-3中除了编号为3的法官是1994年进法院外,2001年和2002年晋升的都是20世纪90年代前进法院工作的,2005年晋升的人则全部是90年后进法院的。据了解,经过此3次晋升后,C中院现在的助理审判员还有8人,全部是2001年后进入法院,担任助理审判员时间尚短。以此,C中院的审判员晋升初步呈现按工作资历分批进行的规律性。通过随后的访谈,表格中所反映的规律性基本能够得到印证。编号为3的法官之所以能在2001年晋升为审判员,是因为他在当年审判长的公开选拔中胜出,是该院最早也是唯一一批选任的审判长。② 按照政策,助理审判员选任上审判长的,可以直接被任命为审判员。以此,我们就能较为合理的解释编号为3的法官为什么和与他差不多时间进法院的人相比,能够提前4年晋升为审判员。审判长选任是典型的竞争选拔型程序,资历并不是其选人的主要标准,所以,编号为3的法官的提前晋升反而一定程度上印证了分配确认型机制下审判员晋升的基本规律。除此之外,法官5的任职经历似乎也值得注意,在所有2001和2002年的晋升人中,唯有她早在1979年就进入法院。从进院途径上我们可以看到,法官5是1979年"招工"进法院的,而1985年进院的那批则全部是"招干"进来的。据了解,该法官1979年至1985年只是该法院的打字员,正式担任

---

① 之所以这样做,一方面是因为我们只知道这些人何时调到中院,对他/她在基层法院具体工作时间不了解,当然可以从年龄上大致推测其工作时间,但是未必十分准确;另一方面将考察限定在自始至终在同一法院工作的人,可比性更强,更能衡量与把握法院晋升审判员时所设定的以资历为代表的司法经验标准。因此,从基层法院调到中院的审判员晋升者在表格中被隐去了。这样的人在2001年有2位,在2002年有2位,在2003年有5位。所以,若加上隐去的人员,2001年该院实际晋升审判员5位;2002年实际晋升审判员6位;2005年实际晋升审判员8位。

② 该院2001年之后未进行过审判长选任,所以说是唯一一批选任的审判长。法官3的晋升不是常规,而是例外,不实行审判长选任后,法官3的晋升经历别人已无法复制。

书记员的工作是在1987年,所以其正式从事审判工作的资历和后面1985年进法院的一批差不多。

在分配确认型机制下,因为没有同场比试从而区分业务技能高下,仅凭业务技能打动任用者从而获得非常规晋升相对而言比较困难,只能是特例而不可能是常例。虽然资历相同的法官在业务技能上仍有高低之别,但分配确认型机制下往往不会对晋升人的业务技能作细微的甄别,一是没必要(审判员不是常规意义上重要且竞争激烈的职位),二是缺乏区分的手段(无法对业务技能作一个精确的排序),所以在大多数情况下,工作合格同等资历的人在晋升的时间上差不多。

与此不同,在实行竞争选拔型的A中院不存在这种依据工作资历整齐晋升审判员的现象。A中院在我们调研时共有助理审判员123位,普通法官审判员56位。助理审判员和审判员的年龄分布如下表所示:

表3-4　A中院助理审判员和审判员年龄分布统计

	50岁以上	45—50岁	40—45岁	35—40岁	35岁以下
审判员(位)	15	11	16	14	0
助理审判员(位)	10	18	29	42	24

从上表统计来看,A中院的审判员和助理审判员交叉分布于各个年龄阶段。在绝大多数情况下,年龄和工作资历正相关,年龄越长,一般相应的工作资历也越老。① 军转法官和来自其他法院的调入法官,由于之前有较长的工作时间,其进入A中院担任助理审判员时有可能

---

① 以毕业分配进入法院为例,硕士研究生一般比本科毕业生年长3岁,两者若同时进入法院,硕士研究生进入A中院1年后就可定为副主任科员,有机会晋升为助理审判员;而本科毕业生工作1年后只能定为科员,工作满3年才能达到晋升助理审判员的行政职级——副主任科员。这样,本科毕业生晋升助理审判员时的年龄一般和一个研究生晋升助理审判员时的年龄差不多。可能需考虑的情况是,一个人若进入法院后一直通不过司法考试,则无法晋升为助理审判员。这样虽然其年龄大,其审判工作资历有可能反而浅。不过,司法考试2001年才实施,40周岁以上年龄阶段的人绝大部分应在此前就获得法官职称,当时晋职并不需要司法考试。40周岁以下的人需要跨过司法考试的门槛,但一是同一个年龄群体的人在智力上总体上应是相当的,通过司法考试所花费的时间总体上也相当;二是花费极长时间仍通不过司法考试的,一般会选择转而做行政工作,而我们统计的是法官群体的年龄分布,这不会影响到我们的分析结论。

年龄较大。不过在 A 中院此种情况并不多,1998 年以来军转干部目前为助理审判员的只有 1 人,且年龄不到 40 岁;调入到 A 中院担任助理审判员的有 6 人,其中 5 人为 40 岁以下。若依资历晋升,只有前一个年龄阶段的人晋升完了或者绝大部分晋升完了,后一阶段的人才有晋升机会,则我们将会很难看到好几个年龄阶段里既有助理审判员又有审判员。可由上表看到,A 中院 50 岁以上的法官还有 10 人没晋升审判员时,已经有 41 名 50 周岁以下者晋升了审判员,其中 40 岁以下的人占到了 14 人。A 中院进行的是打破资历的不规则晋升,在我们划分的同一个年龄阶段里,除了 35 岁以下的年龄段,既有助理审判员也有审判员。我们统计的 A 中院同一个年龄阶段普通法官的审判职称比例如图 3-11 所示:

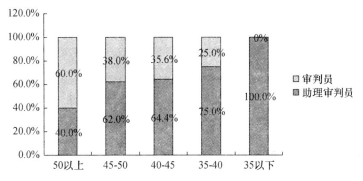

图 3-11 A 中院普通法官各年龄阶段审判职称对比图

35 岁以下在 A 中院属于年轻群体,我们调研时尚无人获得审判员职称。不过,在我们调研结束后他们新补充选任的 7 名审判长中,据了解有 3 名在 35 岁以下,一旦副处级名额有空缺,他们就能晋升审判员。在 35—40 岁的普通法官中,助理审判员和审判员之比为 3∶1,若就单个群体来看,由于正处于晋升年龄期,一部分人晋升为了审判员,一部分人正等待晋升,这并没有什么特别的地方。不过,40—45 岁和 45—50 岁的普通法官中,助理审判员还多于审判员就比较特别了。在 C 中院,情况与此截然不同。

表3-5　C中院助理审判员和审判员年龄分布统计

	50岁以上	45—50岁	40—45岁	35—40岁	35岁以下
审判员（位）	3	2	8	1	0
助理审判员（位）	0	0	1	3	4

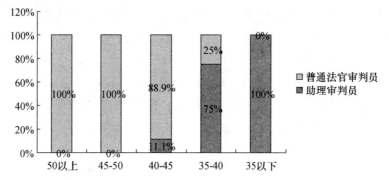

图3-12　C中院普通法官各年龄阶段审判职称对比图

如图3-12所示,C中院50岁以上和45—50以上的普通法官全部为审判员,40—45岁的普通法官中绝大部分为审判员,审判员和助理审判员之比达到了8:1,以上和A中院的情况形成了鲜明的反差。

我们在访谈中了解到,40—45岁年龄阶段唯一的一位助理审判员2004年才到C中院,因为任职的时间不够,未赶上2005年那次晋升。35—40岁的3位助理审判员任职都在4年左右,2007年本可以晋升,但因为新院长未确定,当年并没有选任审判员。助理审判员中剩下的4名其实都在30岁以下,资历尚浅。

A、C中院之所以会有这样的反差,很可能缘于其不同的审判员任用机制。在采用竞争选拔审判员的A中院,工作年限——"资历"也会受到特别的对待,在以分数量化的综合考核中,"资历"老的会享受到适当加分①,不过,这种加分并不足以保证他在最后的晋升竞争中胜

---

① 比如,A中院曾规定:"具有助审员以上职称满6年不满10年的加0.5分,满10年不满15年的加1分,15年以上的加1.5分。以上两项可以交叉记分,但得分最多不超过1.5分。"

出。A 中院审判员要经由审判长来晋升,而成为审判长需要"过五关、斩六将",经历种种能力测试与考核。这批现在 40 多岁的助理审判员除了工作资历之外,在竞争选拔考试中不占任何优势,甚至还处于劣势。① 2007 年底补充选任的 7 位审判长,年龄在 40—45 岁的只有 2 位,35 岁以下占到了 4 位,另一位为 38 岁。事实上,A 中院自 2001 年起开始在拥有法官职称的人中间实行"程序法官—合议庭成员—审判长"分流改革,很多年纪稍大的助理审判员在能力测试与考核中落败而只能做程序法官,从而只能在庭审前承担相关的程序性工作。② 无独有偶,在以竞争选拔型机制任用审判员的 a2 法院,我们同样可以看到"资历"很老的助理审判员。在 a2 法院,总共 7 位助理审判员中,50 岁以上的有两位,40 岁到 45 岁的助理审判员有 3 位。而在审判员任用主要采用分配确认型的法院,由于缺乏更多客观量化的标准,以工作年限表征的司法经验就成为最为重要的晋升标准,在工作过得去的情况下,审判员晋升不知不觉遵循着"先来后到",因此我们极少见到 40 岁以上的助理审判员。

(2) 法院党组是审判员任用提名中最终的决策主体,但在两种任用机制中发挥作用的方式与施加影响的程度不一。在分配确认型机制下,院党组研究决定是整个提名程序中最重要的一环,在综合考虑各方面的情况后由院党组领导确定最终的晋升提名人;而在竞争选拔型机制下,院党组研究决定的空间受到压缩,只能以一种更为策略化、技术化的方式对最终晋升提名人的确定施加影响。我们对 A 中院和 C 中院进行了问卷调查,在按照现在的程序,下列哪些因素是晋升审

---

① 论审判经验,按照法院法官一般的成长规律,从事审判工作 5—8 年就能进入一个成熟期;而在业务知识笔试的时候,这批 40 周岁以上的助理审判员在记忆能力以及学识方面,和 30 多岁且经过全日制本科学习的人比起来,显然处于下风。

② 该院一资深人士解释了如此改革的缘由:《法官法》颁布以前,由于法院的进人标准不严,存在不少能力、业务都比较差的人员,这些人虽然已经当上法官,实际上从他个人的素质和水平讲,并不胜任这个工作,需要优胜劣汰,但人家都有审判职称,你又不能罢免人家的职务。为了克服这个障碍,该院就自己搞了一套程序法官、合议庭成员和审判长逐级升任的制度。在该制度下,只有担任审判长和合议庭成员的法官才有办案权,程序法官只能做一些庭前辅助性工作,不能参与办案。

判员的重要因素一题中(可多选),A 中院34%的调查对象选择了领导评价,C 中院选择领导评价的人则高达51.5%;在晋升审判员最关键因素一题中(单选),A 中院有10.8%的人选择了领导评价,C 中院则有25%的人选择了领导评价,高出 A 中院近15 个百分点。

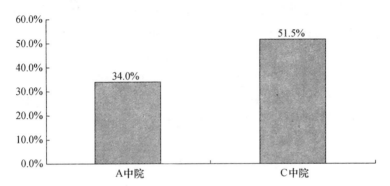

图 3-13　A、C 中院选择"领导评价"为晋升审判员重要因素的百分比对比图

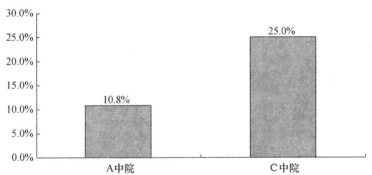

图 3-14　A、C 中院选择"领导评价"为晋升审判员
最关键因素的百分比对比图

从上图中可以看出,无论是重要因素还是最关键因素,C 中院选择领导评价的都高于 A 中院十几个百分点。可见,C 中院的调查对象比 A 中院的调查对象更多地看重领导评价在审判员任用中所起的作用。结合我们调研的情况来看,出现这种情况应属预料之中。在审判员任用中,法院党组是最终的决策主体,领导评价的重要性不言而喻。C 中院的审判员是由院党组研究决定的,虽然在研究决定中要受"搞

好法院工作""服众""法院内部舆论评价"等因素的制约,但真正外在的程序化制约因素并不存在,换言之,法院党组尤其是作为法院党组书记的院长只要愿意,就能对最终的提名晋升人产生决定性影响,因为这种任用机制给他们预留了足够大的决定空间。而 A 中院的审判员从审判长中产生,实行的是竞争选拔型任用机制,领导的主观性评价受选拔时客观量化分数的制约,"分数高的不能选下去,分数低的不能提上来"。但是这并不意味着,在此机制下,领导对晋升人选的确定不能施加影响。竞争选拔型机制相比较于分配确认型机制,领导所施加的影响不是"赤裸裸的",而是"隐藏的"和"技术性的"。第一,院领导对晋升人员竞争选拔时的得分施加影响,比如,在民主测评中,加大领导测评分数的比重,庭审能力由审委会委员(院领导都是审判委员会委员)打分;第二,院领导可以通过划定分数线圈定晋升的考察人选,在所有进入分数线的人中进行差额性的选择。但是,从总体上来讲,由于受到外在程序性因素的制约,竞争选拔型机制下的院领导对审判员晋升所施加的影响是打了折扣的,其影响的广度和深度均不如分配确认型机制。

从图 3-14 中我们亦可以看到,领导评价对一个人晋升审判员的影响似乎并没有想象中大,即使在实行分配确认型任用机制的 C 法院,调查对象将领导评价列为晋升审判员最关键因素的也不到 30%。结合调研的情况,这并不是因为院领导不能施加影响,而是因为审判员职务的特殊性使得院领导有意识地收敛"个人化"的影响。审判员职务的特殊性表现在它虽是高一级的审判职称,但它不属于中层管理干部,日后并不承担业务庭的管理职责,其工作内容和助理审判员并没有本质的不同,从助理审判员到审判员并不意味着在法院内部的"司法等级序列"中位置有太大的变化。在没有其他外在条件制约的情况下(比如审判员职务数量受限),从助理审判员到审判员就如同终究有一天"媳妇"会变成"婆婆",只要不是十分糟糕,所需要的只是任职时间的累积。审判员职务的特殊性也影响到法院党组决策的方式。对于这样一个在某种程度上"不甚重要"的职位,决策变得简单,符合基本条件一般就能得到预期的任用,特意"卡"一个人或特意"照顾"某一个人可能存在,但一定不是常例。所以,即使在法院党组有很大决定空间的分配确认型机制下,领导评价对一个人晋升审判员的影响也并不如想象中那么大,所引发的问题也并不十分突出。同样,在适用竞争选拔型任用机制的法院中,院领导对竞争选拔结果所施加的影响也表现得有限而节制。A中院审判员职数有限,审判员从审判长里面产生,这使得在任用审判员时更强调"择优",院领导一般尊重竞争选拔的结果,而a2法院由于审判员职数并不受限,在单独审判员竞争选拔程序中,院领导甚至连划定分数线的权力都没有保留,完全按照分数排序确定晋升人选。

(3)竞争选拔型的审判员任用机制较之分配确认型的审判员任用机制,前者呈现出更多的程式化特征,后者的任用程序则呈现出某种灵活性。在竞争选拔型的任用机制下,每一次要公布明确的选任名额及选任条件,然后按照申请、审查、考试与考核、党组研究决定的顺序按部就班地进行;在分配确认型机制下,大多数时候并不事先公布详细的任用名额和条件,但参照以往的任用惯例,内部的人能以一种默会的方式对此予以把握,晋升程序凸显党组研究决定的中心地位,之前的申请与审查可以大致看做是为党组研究决定搜集信息,而之后的考察更多的是在验证党组决定的结果正确与否。从调研的情况来看,单从择优的角度,竞争选拔型较之分配确认型的确具有某种优越性。在分配确认型下,即使司法经验受到重视,但由于没有对业务技能进行精细化的考核与排名,资历成为表征司法经验的重要指标,那些资历不高但审判业务技能优秀者虽仍有可能被"相中"从而获得"破格"晋升,但和竞争选拔型机制相比,其脱颖而出要更为困难。不过,竞争选拔型机制高度的程式化使得审判员任用带有强烈的刚性特征,分配确认型机制在某种时候呈现出更为灵活的特质。以从下级法院遴选优秀的法官进入中院为例,由于审判员要由同级人大常委会任用,即使该法官审判经验相当丰富并已在基层法院获得审判员职称,但进入中院后仍要重新报批任用为审判员。在实行分配确认型机制的法院,这一特殊情况会被充分考虑,并在最短的时间内由院党组研究决定向同级人大常委会提名任用其为审判员;而在竞争选拔型机制的法院则需等待下一次的公开选拔,若不具备公开选拔的条件,则还要在法院继续工作一段时间以获得该条件。①

在前文的分析中,一个初步的结论是竞争选拔型的审判员任用机制的兴起与法院人员规模扩大而审判员数量又受限有关系。根据我们的调研,竞争选拔型机制的运行需要以人员规模条件做支撑。A 中院目前有 123 名助理审判员,这为审判员竞争选拔提供了足够多的遴选对象;而 B 中院目前只有 3 名助理审判员,C 中院也只有 8 名助理审判员,强行推行竞争选拔型任用机制难免会陷入类似"无米之炊"的尴尬境地。最高人民法院推行的审判长选任就因为人员规模的影响在一些法院遭受冷遇。以 c2 法院为例,该院除去院领导,总共只有 13 名法官,2001 年该院进行了审判长选任,当时是所有的中层都被免职,来参加审判长竞选,选上审判长的就被任命为庭长,选上独任审判员就被任命为副庭长。这样一种操作方式是无奈之举,显而易见,最高法院推行审判长选任还权于合议庭的初衷并没有实现。另一方面,审判员职称并不受限的法院如果没有外力的推动,自身并没有足够的动力通过竞争来选任审判员。根据调研来看,审判员职称受限根源于单位里行政职级职位的有限,这是将法官作为干部来管理的遗迹。但从目前的情况来看,只有省高院和副省级城市中级法院会受到影响,在一般城市的中级法院及基层法院,审判员职务数目前并没有受到行政职级数量的影响。所以,大部分法院审判员职称并不稀缺,所有的助理审判员都有机会晋升到这一职称。而正像前文所指出的那样,审判员职称具有某种特殊性,它不属于中层管理干部,承担的工作和助理审判员并没有本质的区别,以此,大部分法院在任用审判员的时候,在工

---

① 如在 A 中院,审判员需要任主任科员 4 年,而从下级法院选任上来的优秀法官其行政职级往往达不到,即使审判员公开选拔,这些人也只有在其行政职级符合条件时才能参加。

作合格的情况下并不进行细致的择优筛选,似乎就可以理解了。

  我国正处于法制建设时期,制度化或程式化占据着主流话语,并具有某种不证自明的价值正当性。在此种逻辑下,竞争选拔型的任用机制较之分配确认型的任用机制似乎更应受到推崇。一方面,审判员的择优选拔确能使该职务具有潜在的激励功能,但即使这样,不顾法院自身情况而推行竞争选拔型机制并不见得会取得预设的效果。另一方面,如果按照法律制度设计,审判员才是常规的正式审判者,那么其和助理审判员在工作内容和职责方面应予明确区分。如鉴于助理审判员处于审判业务技能学习阶段,其只能负责简单案件的审理。按照一般法官胜任审判工作达到成熟期所需的时间,法律可以考虑规定晋升审判员者须任助理审判员 4—5 年。除此以外,审判员晋升仍应考虑法官任职以来的工作业绩,竞争选拔型任用机制下客观量化打分的方式值得借鉴,可以考虑设置一个基本分,达到就可以晋升为审判员,不一定需要进行差额性的淘汰。

第四章 业务型领导法官任用机制（Ⅰ）

一、作为部门领导的正副庭长

我国法院内部实行分庭管理，根据法律专业、管辖区域、司法习惯或者具体需要等特定的标准分别设置和组成若干审判庭，法官被划分到特定的审判庭行使审判职权。[①] 分庭管理模式下的庭室构成某种意义上完整的小单位，其正副庭长的角色至关重要。正式的法律文本对正副庭长职责的规定粗略而简单。首次确立庭室制度的1954年《人民法院暂行组织条例》仅规定庭长领导和监督庭内工作；1995年的《法官法》则规定，庭长除应履行审判职责外，还应当履行与其职务相适应的职责，但具体的职责内容仍不甚明确。不过，从调研的情况看，根据内部的成文规定或不成文习惯，（副）庭长所履行的职责很明确。调研中某法院将庭长的职责明文界定如下：

1. 组织和领导全庭工作。
2. 检查本院各项制度和决议在本庭的执行情况，做好本庭的思想政治工作，抓好政治、业务学习。

[①] 参见左卫民等：《最高法院研究》，法律出版社2004年版，第9页。

3. 掌握全庭的案件处理进度，了解全庭人员执行政策和法律的情况，严格依法办事，抓好案件质量关。

4. 审核本庭形成的法律文书，签发本庭的公文案件。

5. 以身作则，亲自审理重大、疑难案件，具体进行业务指导。

6. 定期总结审判工作经验，抓好典型，以点带面。

7. 副庭长协助庭长工作。①

上述内容可概括为"一岗双责"："第一责是司法审判，庭长要对全庭的案件质量把关，要主持讨论重大疑难复杂案件，负责文书签发；第二责是以人员管理为主的行政管理，庭长要了解法官的工作情况，做好他们的思想政治工作，督促完成本部门定下的目标任务。"②

中级法院的庭长一般没有硬性的案件审理任务，所以庭长很少真正"坐堂问案"，其履行司法审判职责主要表现为主持疑难案件讨论、签发审判文书等。不过，基层法院的庭长每年仍需要完成一定的办案任务，这在各个法院略有差异，一般为普通法官每年办案数的50%—60%。审判长制度实行前，庭长的大部分精力用在文书签发上；该制度实行后，庭长的文书签发权部分下放给了审判长。不过，调研发现，这一制度在部分法院坚持得好，另一些法院则由于各种原因在制度实行若干年后又改回庭长集中签发文书的模式。③ 实践中，行政管理要牵扯庭长很多精力。一位庭长告诉我们："院里组织的活动与安排的任务都要我亲自落实，比如思想政治学习，落实某个专项任务等。案件处理过程中还需要与外单位协调与沟通，这些都是庭长必须亲历亲为的事情。我们庭每年有2 000多个案件，现在想对每个案件的文书质量进行把关也是不可能的。"④副庭长是庭长的助手，要协助庭长完

---

① a2法院院志第二编法官，第8页。
② 2007年11月10日A中级法院访谈内容，见访谈笔录第108页。
③ 部分调研法院只进行了一次审判长选任，随着这些审判长纷纷走上中层岗位，又没有补充新人员，文书签发权事实上又回到了庭长手中；而在部分规模小的法院，审判长选任和庭长竞选结合在了一起，凡是竞选为审判长的就被任命为庭长，这使得仍只有庭长掌握文书签发权。
④ 2007年11月12日A中级法院访谈内容，见访谈笔录第118页。

成本部门的审判和管理工作。和庭长相比,副庭长的工作重心在于履行审判职责。A中院的副庭长除了自己带一个合议庭办案外,还要各分管2—3个合议庭,要求其每年完成的办案数多于庭长,一般为普通法官办案数的80%。而所调研的基层法院对副庭长办案数的要求和普通法官相同。

在法院内部的科层式管理链条中,正副庭长被定位为"中层管理干部"。在庭室内部,正副庭长是领导人和负责人,要对法官承办的案件把关并承担庭室管理职责;在整个法院系统,庭长最终向院领导负责,其在院领导眼中构成广义上的"案件承办人"并受其直接管理。调研表明,院领导对法院的组织和领导主要是通过对中层干部的管理来完成的。以下是a1法院建院纪实中记录的一段材料:①

> 在全院干警大会上,6名中层领导干部分别与院长签订了任期目标责任书,并向全院干警汇报自己当年的工作思路和创意性举措……这是××庭的目标责任书:一、全面完成本部门目标任务,年结案率跻入全市各区(县)法院同类审判庭前五名,上诉案件被改判或发回重审率低于全市法院同类审判庭平均改判或发回重审五个百分点……五、认真履行"一岗两责",加强思想政治工作和行政管理,表率作用好,年终测评本部门干警满意率不低于60%,并且在任期内本人及本部门干警不发生一起违法违纪事件。六、责任期限为二年,任期内,当年考核评定五项任期目标中,其中有三项未完成的,中止任期,调整岗位;有两项任期目标未完成的,取消任期待遇,连续两年有两项任期目标未完成的,不再续任,调整岗位。

中层领导干部和院长签任期目标责任书,被认为是"实现动一子而活全盘棋的治院方略"②,就调研来看,这样一种治院方略是广为分享的经验。另一法院就规定,凡是庭长所负责的工作在本市基层法院

---

① 参见a1法院建院两周年纪实。
② a1法院建院两周年纪实。

排在后 5 名,庭长就要主动辞职。据说有两个庭的庭长就因为考核未过关而主动辞职。几乎每个法院在年终时都会对中层干部的绩效进行考核,考核一般分为德、能、勤、绩、廉五个方面,但在内容上与针对一般法官的考核存在区别。下表归纳了法院对中层干部"绩"的考核要点:

表 4-1　中层干部业绩考核项目

绩	工作数量	1. 完成本职工作任务和领导交办工作的数量; 2. 是否能带领本部门完成目标任务。
	工作质量	本人和部门完成工作任务的质量是否符合要求。
	工作效率及效益	1. 是否工作效率高; 2. 是否能按时完成各项任务,质量符合标准。

　　从表上看,中层干部的"绩"主要体现能否带领本部门出色地完成目标任务(质、量、效率)。根据组织社会学的理论,法院对中层干部实行的乃是一种典型意义上的目标管理,这是一种有效的管理技巧,指组织上下级管理人员一起制定组织的共同目标,根据预期的愿望严格规定个人的职责范围,并用这个尺度作为组织经营的指导方针和评定个人所做贡献的标准。① 透过这种目标管理,能清晰地展现中层干部在法院权力网络中的位置。正副庭长首要"承上":庭室所承担的工作是法院整体性工作的一环,正副庭长要贯彻院领导对法院总体工作安排的意图,对正副庭长"绩"的评价不是个人化的,而是部门化的;正副庭长还要"启下":在一般法官眼中,正副庭长代表着院领导的意志,他要通过日常的审判管理与行政管理将院领导的权威向下扩展,凝聚个体法官,带领全庭完成目标任务,实现法院的整体职能。

　　正副庭长在法院权力网络中的位置决定了对其任用较之一般审判员要更为慎重。在院领导的眼中,选任合适的人担任正副庭长,牵涉到法院的整体职能的顺利实现。在一般法官眼中,只有到了正副庭

---

① 参见于显洋:《组织社会学》,中国人民大学出版社 2001 年版,第 107 页。

长这一级,才真正具有干部身份和管理职责,一旦获得晋升,不仅意味着职务的提升,且随之而来的还有各种有形的和无形的利益。这表现在工资、津贴、福利较之一般法官会有很大的提高,而身份和地位的提高还意味着其能力和价值得到认可。访谈中一位普通法官就毫不讳言,希望通过自己的努力能走上中层领导岗位。根据我们的观察,作为中层干部的正副庭长,是一个院领导十分重视且竞争激烈的职位。

二、任用机制的变迁

新中国成立之初先后颁布的《人民法院暂行组织条例》(1951年)和《法院组织法》(1954年)对正副庭长的设立、任用标准、程序进行了初步的规范。在任用的法定标准上,正副庭长和普通法官无甚区别。在任用的法定程序上,地方各级人民法院的正副庭长由地方各级人民委员会任免;在省内按地区设立的和在直辖市内设立的中级人民法院的正副庭长由省、直辖市人民委员会任免;最高人民法院的正副庭长由全国人民代表大会常务委员会任免。

作为一级重要的法院干部,正副庭长在新中国成立初期的任用实践中特别强调政治素质。A中院院志记载,1950年至1954年间,法院的正副庭长只能在行政公署和后来成立的省人民政府的党政机关干部中任免。① 程序上,当时正副庭长在接受人民政府的任命前,需接受组织部门的审查并经相应党委的批准。作为法定程序之外的必经程序,组织部门的审批在我们所调研的几个地方一直保留到了2001年左右。

1957年国内开始"反右",其间法院内部为加强党的领导,案件审

---

① 该省人民政府的前身是几个行政公署,1952年合并成立省人民政府,参见A中院院志第91页。

判开始实行院长、庭长审批制度,庭长对审判的"把关"作用由此凸显。① 正副庭长选拔的标准变为"作风正派,有一定的文化科学和社会知识"。20世纪80年代之前正副庭长有相当部分从法院外直接调任,人员主要包括党政机关干部骨干、军队转业营职以上干部和本院审判人员。此期间政法委制度处于变化期,对正副庭长选任的影响较为有限。1949年至1956年间,政法委是政府下面的一个部门,在性质上属于政务院专管政法部门的组织,由政务院决定的事情,要先由政法委审查。② 此一时期,各级党委也对司法工作进行领导,但并未建立专门的职能部门。1956年7月至1980年1月,党中央先开始设立中共中央法律委员会,后改为中央政法小组,但此时的政法小组的领导职能职权未明确,还称不上是党委的一个职能部门。③

1979年重新颁布了《法院组织法》,地方各级人民法院的正副庭长由人民委员会任用改为由人大常委会任用。作为业务型领导法官,正副庭长的司法经验自20世纪80年代以后日益得到强调,从法院系统外选拔庭级干部的现象逐渐减少,正副庭长越来越多地从法院系统中产生。院志材料记载的人员背景显示,A中院1989年在任的庭长全部在法院系统内选拔;a2法院在80年代只有1981年至1984年间任命的两位副庭长由外单位调入,90年代则只有1990—1993年间有一位庭长从外单位调入。④

正副庭长任职的组织程序在20世纪80年代后没有太大的变化,仍由组织部考察,同级党委批准。不过,通过访谈,我们发现此时法院党组在正副庭长人选的确定上已经有相当大的影响力。好几个在80

---

① 参见张培田:《法与司法的演进与改革考论》,中国政法大学出版社2002年版,第107页。
② 此一时期,中央到地区行政公署(市)三级政府设立政治法律委员会(简称政法委),主要负责指导和联系内务部门、公安部门、司法部门、人民法院、人民检察院、法制委员会、政法干校等政法部门的工作。
③ 参见张凤坽:《党委政法委员会制度研究》,中国政法大学2007年硕士学位论文,第13页。
④ 根据A中院和a2法院院志记载的材料统计得出。

年代被任命为庭级干部的法官回忆,当时正副庭长实际是由法院党组提出初步的人选,在征求群众意见后,最终由党组决定报组织部门审批,之后组织部门派人对法院党组确定的人选进行考察。有论者在对我国干部任用制度的历史考察后认为:"传统干部人事制度的弊端之一是干部管理权限过分集中在党委组织部手中,造成管人与管事脱节,表现为熟悉干部和使用干部的部门,没有调动、任免干部的权力;而有权任免干部、调动干部的部门,对干部又不十分了解,只好是单纯地管干部人头、办公文、批文件、卡条件。"① 根据我们的观察,考虑到中层干部需熟悉业务,其人选大都在用人单位内部产生,这导致组织部门在开展工作的时候的确面临不熟悉情况的问题。缘此,对于法院中层干部的选任,组织部门很大程度上放权给了法院党组,其开展工作方式变为由法院党组拟定人选后再来进行考察。当然,审批权仍然掌握在组织部门手中,其认为有合适的人选也可以直接向法院输送。只是自 80 年代后,组织部门直接向法院"空降"中层干部的情况逐渐减少。不过,在组织程序中,政法委在正副庭长任用中的作用加强了。②

为加强法院队伍建设,政法委对法院正副庭长任用逐渐发挥实质的影响力。作为党委对口管理政法工作的职能部门,政法委较之组织部门有更多途径了解法院内部人员,故组织部一般会主动征求其对法院正副庭长人选的意见。在有些地方,政法委甚至会在事实上主导组织程序,表现为正副庭长任用人选的初步提名权由政法委掌握,组织部门

---

① 李烈满:《健全干部任用机制问题研究》,中国社会科学出版社 2004 年版,第 105 页。

② 1980 年,党中央决定在各级党委设立政法委,政法委作为党委主管政法工作的职能部门的地位正式得到确立。在当时界定的政法委所有职能中,有一项是"调查研究政法队伍的组织情况和思想情况",参见 1980 年 1 月 24 日中共中央《关于成立中央政法委员会的通知》。1982 年,中共中央在《关于加强政法工作的指示》中明确提出,各级党委的政法委员会要负责"协助党委和组织部门考察、管理干部"。不过,整个 80 年代还只是政法委的探索发展时期,1988 年到 1990 年间,政法委还曾被短暂地撤销。故 80 年代政法委对法院干部选任的管理处于尝试期,90 年代政法委重新恢复设置后,其各项工作和职能才得到了全面强化。1999 年,中共中央下发了《关于进一步加强政法干部队伍建设的决定》,再次重申政法委要协助组织部门管理好政法部门的领导班子和干部队伍。

只是对其提名人选进行审批。① 在实践中,组织部和政法委经常联合对法院初步提出的人选进行考察。尽管如此,正副庭长作为法院内部的中层干部,法院对其任用的自主权在很大程度上受到组织部和政法委的尊重。21世纪以来,党委组织部门对法院正副庭长任用的审批权逐步下放,目前,在我们所调研的几所法院,组织部门和政法委不再直接参与正副庭长任用的具体性事务。

进入20世纪90年代后,正副庭长任用机制的最大改变乃是以"竞争上岗"为代表的公开性选拔方式的引入。我国传统的干部人事任免制度主要通过组织部门以"背靠背"的方式推选、考察和确定任用人选。这种任用机制适应高度集权的计划经济体制所强调的对干部统一管理的要求,但在实行以自由、民主为导向的经济体制和政治体制改革后开始暴露出一些缺陷。② 党和国家开始尝试并推崇公开、平等、竞争、择优的选拔任用机制。③ 据不完全统计,从1995年到2000年,全国31个省(区、市)都开展了公开选拔领导干部工作,选拔地厅

---

① 政法委对法院人事任用的影响力在各地并不一样。在我们调研的法院中,有些地方的政法委管得多,有些管得相对较少,一位访谈对象认为这取决于政法委书记在当地党委中的影响力。比如在A市,政法委书记是公安局的负责人,同时也是市党委常委,法院干部的提名必须先经过其同意才能由组织部审批。不过,有论者在对某基层政法委进行实证考察后认为:干部任免这一权力主要掌握在组织部门手中,组织部门不愿将这一权力与政法委分享;因而政法委对于管理政法队伍这一职能的发挥多限于政治口号上,其实际作用并不是很大,干部的任免权力主要掌握在组织部门,以及政法各部门自身。参见侯猛:《司法改革背景下的政法治理方式——基层政法委员会制度个案研究》,载《华东政法学院学报》2003年第5期。

② 民间流传的一些顺口溜反映出这种任用机制,特别是在领导干部一级的任用上的确存在着弊端。"说你行你就行,不行也行;说你不行就不行,行也不行;不服不行"影射的就是这种任用机制下领导权力过大并较难受到制约的弊端。而"不跑不送,原地不动;只跑不送,平级调动;又跑又送,上级重用"反映的则是领导权力过大出现的"买官卖官"现象。有学者对这些顺口溜反映的情况进行了问卷调查,见李烈满:《健全干部任用机制问题研究》,中国社会科学出版社2004年版,第62—68页。

③ 1994年,党的十四届四中全会提出要对公开选拔领导干部进行认真研究和总结,使其不断完善;1996年,中共中央组织部转发了《吉林省公开推荐与考试考核相结合选拔领导干部的暂行办法》,推进公开选拔领导干部工作在全国进一步开展;1998年中组部和国家人事部发布了《关于党政机关推行竞争上岗的意见》。自此,竞争上岗这一场人事任用改革的熊熊大火烧遍了全国上下各个机关和部门。

级领导干部700多人,县处级领导干部7 000多人,科级干部数万人。①在这样一个大背景下,全国各地的法院亦纷纷将竞争上岗引入到中层干部的选拔任用上。下面是我们调研的法院进行第一次中层干部竞争上岗的年份列表:

表4-2 调研法院第一次竞争上岗的年份

法院	A中院	B中院	C中院	a1基院	a2基院	b基院	c1基院	c2基院
年份	1999	2001	1999	2002	2001	2002	2000	2001

绝大多数法院目前在庭级领导干部的任用上采用竞争上岗方式。这种任用方式备受推崇的背后是党和国家的大力推动。2002年重新修正颁布的《党政领导干部选拔任用工作条例》确认公开选拔、竞争上岗是党政领导干部选拔任用的方式之一,并就其运作程序进行了规范。2005年颁布的《中华人民共和国公务员法》(以下简称《公务员法》)也将竞争上岗吸收为任用公务员的方式之一,该法规定机关内设机构厅局级正职以下领导职务出现空缺时,可以在本机关或者本系统内通过竞争上岗的方式,产生任职人选。

考察正副庭长任用机制的历史变迁,我们发现它与其他机关干部任用方式的变化保持着一致。在其他国家机关干部通过竞争上岗等方式落实"公平、平等、竞争、择优"的干部任用理念之时,法院正副庭长的任用机制也实现了较大的转型。

三、任 用 标 准

法律内部的角色分化并没有太多地体现在文本中,虽然它通过对院长、副院长、庭长、副庭长、审判员等职位的区分为其预留了足够的空间,但从总体上看,法院内部的角色分隔还是更多体现在具体的司

---

① 参见张严:《全国公开选拔领导干部工作步入正轨:五年来公开选拔县处级以上干部七千七百余人》,载2000年7月10日《人民日报》。

法实践中。因此，虽然在法律规范层面，正副庭长并没有高于普通法官的任职标准，但我们调研的8个法院在法定文本标准缺乏的情况下，却另有着大同小异的实践标准。下文将遵循第二章对刚性和柔性的界分框架，对此实践标准进行分析。

（一）刚性标准

1. 任职经历标准

调研发现，所有法院的庭长都来自中层副职，副庭长任前绝大部分则为资深审判人员。2001年以来，各法院竞争上岗毫无例外地要求竞选中层正职者须有两年以上副职任职经历。以C中院为例，该院庭长任职前担任副职最长的有12年，最短的为2年，平均时间约为5年；任正职前从事审判工作最长的为17年，最短的为7年，平均时间约为12年。几乎所有的法院都遵循从副职中选正职的做法，这种逐级晋升在很大程度上保证了庭长能够具备丰富的司法经验和管理能力。与之相似，各法院竞争上岗时亦要求副庭长具备多年的审判工作经历。在C中院，现任副庭长任职前从事审判工作最长的有17年，最短的为6年，平均时间约为12年。

副庭长的主要职责是协助庭长领导和管理本庭各项事务，但和庭长相比，其分管的主要是审判业务工作，包括自己带合议庭审理案件和对其他合议庭审理的案件进行把关。从资深的审判人员中晋升副庭长能够保证晋升人员拥有日后履行职责所必需的各项技能。比如大部分法院要求副庭长具有审判长资格，很大一部分原因在于审判长本身就是从优秀的审判人员中遴选出来的，业务能力突出，且审判长也在部分履行管理合议庭的职责，这和日后承担的副庭长工作具有相当大的契合性。A中院早在1998年就试行了第一次审判长选任，1999年第一次竞争上岗虽没有明确要求遴选对象为审判长，但最后成功晋升为业务庭副庭长的绝大部分是审判长。此后，随着审判长选任常规化，副职竞选就明确要求遴选对象为审判长。2007年新院长上任后，副职竞岗一个新变化是除了审判长外,担任合议庭成员满 4 年的也可以。① 不过,从最后结果看,担任副庭长者都具有审判长资格。由于种种原因,C 中院的审判长选任只在 2001 年进行了一次,尔后,绝大部分审判长步入中层岗位,2005 年中层晋职时已淡化审判长概念,只要求是审判人员。不过,最后成功晋升副庭长的 3 位法官从事审判工作的平均年限约为 12.7 年,且都具有审判员职称。

2. 行政职级标准

法院内部的中层干部有配套的行政职级,在不同级别和不同地方的法院,此职级各不相同。② 比如 A 市为副省级城市,法院内部的庭室是一个处级单位,庭室领导人要配备处级干部;一般城市的中级法院的内部庭室是一个科级单位,庭室领导人配备科级干部;基层法院的院长一般定为副县(处)级,则庭室领导人的行政职级一般就为副科级。按照《公务员法》和《党政领导干部选拔任用工作条例》,干部原则上应逐级晋升,越级提拔的应当报上级组织(人事)部门同意。因此,所有调研法院都会对竞职者的行政职级作出要求。比如 A 中院中层副职对应副处级,一般而言,晋升副处需要至少担任主任科员 3 年,意在保证其竞职成功后顺理成章地晋升为副处,而不是越级提拔。同理,B、C 中院亦要求竞争副职者须任副科级 3 年以上。从调研情况看,行政职级的要求确实起到了"筛选"功能,即使其他各方面的条件比较优秀,行政职级未达到者也只能遗憾地退出竞岗。不过,在一些中基层法院,由于种种原因,法院干警的职级待遇长期得不到解决。在这些法院,中层领导干部的职级配备在实践中并没有得到严格的落

---

① 在 A 中院,只有成为审判长和合议庭成员才有资格审理案件。
② 从我们调研的法院来看,A 中院的中层副职对应副处级,B、C 中院的中层副职对应正科级,a1 的中层副职对应副处级,b、a2、c1、c2 的中层副职对应科员级。

实,其竞争上岗时并不十分强调职级条件。①

3. 学历标准

调研中绝大部分法院选任正副庭长时要求具备本科以上学历,唯一例外的是 C 中院,其 2002 和 2005 年竞争上岗均只要求专科以上学历。不过,就 C 中院现任 12 位中层干部的学历来看,只有一位是专科学历,其余都为本科以上学历。考虑到从 20 世纪 80 年代起法院就鼓励并提供多种途径让法官提升学历,单单正副庭长选任时的本科学历要求,似乎并不能说明太多的问题。首先,在有多种途径"刷新"文凭的情况下,文凭最初具有的智识区分功能逐步丧失,除了像 b 法院这样位于人员规模大经济又落后的地方外②,对大多数人来讲,正副庭长任用提名设置的本科学历条件并不构成障碍;其次,2001 年《法官法》已经要求初任法官具有本科以上学历,所以正副庭长的本科文凭率不见得就表明其任用是一种超出普通法官任用标准的精英选拔。

不过,在文凭获取相对容易甚至有点泛滥的情况下,文凭的含金

---

① 由于基层单位本身的级别比较低,基层干部晋升的职级空间十分有限,有些人在机关工作了几十年仍是科员级,尤其基层法院的科员升副科级非常难,即使当上了庭长也只能在若干年后才解决副科级待遇。湖北一基层法院院长在剖析法院法官断层现象时认为基层法院法官职级待遇保障不力是原因之一,他在文中指出:"通过公开竞争方式当上的庭长也落实不了副科级待遇,更不必谈副庭长以及一般审判员了。这种情况从总体而言,导致法官的行政级别实际上低于普通公务员的级别。"参见《基层法院"断层现象"剖析》,载中国法院网,http://www.chinacourt.org/html/article/200711/21/275521.shtml。无独有偶,我们调研的 B 中院在基层法院建设情况的专题报告中指出:"现实中组织人事部门把法院作为一个科局级对待,影响了中干和一般干警的待遇。比如各县市公安局下设的派出所所长明文规定为副科级实职,而基层法庭的庭长干了 10 多年还是科员级。"从以上反映的情况来看,基层法院中层干部职级保障不力是竞职时没有要求行政职级的主要原因之一。比如按照职级配备,庭长至少应是副科级,但是在现实中当上了庭长,不一定能解决副科级待遇,这样庭长竞岗时要求其满足晋升副科职级的条件就没有必要了。调研法院一位主管人事的干部则干脆告诉我们,基层法院法官的法律职务与行政职级不挂钩。

② b 法院 2005 年统计的数据表明,在 33 位正副庭长中,只有 20 位具有本科以上学历,约占总人数的 60%。这一数据和其他法院相比逊色很多,不过,该院正副庭长的本科学历率仍高于全院法官总体的本科学历率。b 法院位于一个农业大县,经济较为落后,法院人员规模超过一般基层法院,达到 128 人。在该院共 94 位法官(具有审判职称)中,只有 50 位具有本科学历,约占 53%。

量开始受到重视。访谈中一位法官就自嘲自己的学历是"水货",并能准确地告诉我们哪些人属于"科班生"(即全日制本科大学毕业)。在某种程度上,"科班生"和"非科班生"的分类承担了学历原本具有的智识区分功能。我们很多次听到这样的评价,"某某人不是科班生,但是业务能力很强"。这话原本要论证的是学历和业务能力并不直接画等号,但是"科班生"成了标尺,这说明,全日制本科毕业的大学生仍不自觉地被人高看一眼。在中层干部民主推荐提名时,科班生和具有研究生学历的人在同等情况下能获得更多的印象分。A 中院 2007 年中层副职民主推荐时,一位庭长有过这样的比较:"甲和乙两人都不错,甲数年前就是审判长,办案没有出过差错,但他学历上要差一点,不是科班生,给人感觉只是一个办案的熟练工,理论水平欠缺;乙较甲要晚进法院几年,今年才选上审判长,但之前办案也表现得很好,是公认的骨干,乙和甲相比,他的优势在于有全日制法律本科学习的经历,在案件讨论时能站在更高的角度,表现出了较高的理论素养。"①我们不知道其他投票者是否也这样考虑,但最终结果是乙当选竞争庭室的副庭长。从各法院现任中层副职的背景来分析,我们认为,科班出身和拥有研究生学历的人在竞岗中显现出优势。以 A 中院为例,该院具有法官职称的共有 216 位,科班生比例约为 32%。不过,2007 年 8 月以前在任的 10 位正职中层中,属于最近几年提拔,年龄在 50 周岁以下有 6 位,而其中有 4 位为科班生,1 位为法学专业研究生。无独有偶,C 中院拥有法官职称的共 46 位,拥有全日制本科学习经历的 6 位,约占13%,这 6 人中进院 5 年以上的只有 3 位,其一为院领导,一为副庭长,一暂无行政职务。该院还有 3 人拥有硕士研究生学历,除 1 名刚进院外,另外两名中一为院领导,一为副庭长。

4. 年龄标准

设置年龄条件的初衷在于改变法院中层干部队伍老化的局面。A 中院 1999 年实施第一次竞争上岗前,对当时的庭级领导班子考核后,

---

① 2007 年 11 月 12 日 A 中级法院访谈内容,见访谈笔录第 118 页。

发现的一个主要问题就是年龄结构老化。无独有偶，我们调研的其他几个法院和网络上报道的法院实行竞争上岗的成果之一也是实现了中层干部队伍的年轻化。① "年轻化"是邓小平同志在20世纪80年代提出的干部队伍"四化标准"之一。② 就法院内部而言，"年轻化"的中层干部有着司法改革背景下所需的新知识和理念，也更有进取心。相比之下，法院的中层干部"由于年龄老化，有的自觉不自觉产生了船到码头车到站的思想，严重削弱了中坚力量的作用"。③

表4-3　部分调研法院设置的竞岗年龄

法院	竞岗年龄	竞岗后中层年龄
A中院 （1999年竞岗）	正职：50岁以下； 副职：45岁以下	上任的正副庭长平均年龄由原来的45.22岁降为38.21岁
B中院 （2003年竞岗）	正职：男48岁以下，女43岁以下； 副职：男45岁以下，女40岁以下	中层干部平均年龄由原来的45.2岁降至43.7岁，40岁以下干部由7人增加到13人
C中院 （2005年竞岗）	正副职：男50岁以下，女45岁以下	上任的正副庭长平均年龄为38.33岁

我们发现，大多数法院将50周岁和45周岁设置成一个槛，超过

---

① 重庆市渝中区人民法院通过民主推荐、竞争上岗方式选拔中层干部，使"全院中层干部的年龄结构和专业知识结构得到进一步优化"。相关情况参见《重庆市渝中区2007年人民法院工作报告——在2008年3月6日重庆市渝中区第十六届人民代表大会第三次会议上》，载重庆渝中区人民政府网 http://www.cqyz.gov.cn/web/sub/mod/6/view.asp?newsid=18848&siteid=42。黑龙江省克山县人民法院通过竞争上岗改善和提高干部队伍的整体综合素质，"中层领导的年龄结构由过去的42.6岁降低到37岁"。相关情况参见黑龙江省克山县人民法院信息网，http://www.ksfy.cn/index.php3?file=detail.php3&id=1028348&detail=1。

② 邓小平把干部年轻化概括为"年富力强""精力充沛"，年轻化的要求由现代化建设任务的长期性和艰巨性决定。邓小平指出："党和行政机构以及整个国家体制要增强活力""增强活力，现在最大的问题是各级领导班子的年轻化。"参见邓小平：《邓小平文选（第3卷）》，人民出版社2001年版，第241页。

③ 夏明泉：《大力推行机构人事制度改革提高法院队伍素质》，载《学习月刊》2006年第10期。

上限者大多属于 20 世纪 50 年代出生的人。这批人在 80 年代进入法院，由于文化大革命时法学教育的中断，他们大都是通过后来在职学习提升的学历。作为一个群体，这批人在 90 年代前后成为了法院中上层的主干力量。在干部任用年轻化的要求下，加之法院自身追求职业化和精英化的推动，这批人成为了让权革新的对象。在竞争上岗所设定的条件下，这批人若原来没有担任中层干部则会失去竞岗的机会，若原来担任中层则被免职重新参与竞岗，而很多人在新一轮的竞岗中落马。以 A 中院 1999 年的竞争上岗为例，当时实施竞争上岗的 5 个庭级单位原 17 位庭级领导有 16 位报名竞争。竞争上岗后，原来的 5 位正职中，只有 1 位留任，另 1 位由正职改任副职，其余 3 位正职落选；与之同时，有 4 位副职被任命为正职，6 位一般法官被选拔到中层副职岗位。

部分论者认为，法院竞岗年龄"一刀切"的规定，难以顾及个别情况而欠缺实质合理性。不过，在实现法官职业化和精英化的逻辑之下，早期的竞争上岗借助年龄限制来实现中层干部的"新陈代谢"，仍具有相当的正当性。只是在后面的竞争上岗过程中，竞岗年龄的规定在一定程度上被异化了。一是将"年轻化"理解为了"低龄化"，这客观上导致了选拔范围过小。如我们调研的某基层法院将竞争正职者定为 45 周岁以下，竞争副职者定为 40 周岁以下，就很值得重新考虑。而通过网络检索，这样的年龄规定还并不是个别现象，"正职 45 周岁，副职 40 周岁"是很多法院任用提名中层干部时设置的年龄界限，个别法院甚至规定竞争副职男年龄不超过 40 周岁，女年龄不超过 35 周岁。① 中层干部平均年龄不满 40 周岁被当做竞争上岗实现干部年轻化的典型来宣传。二是忽视法官职业的特殊性，限制中层干部年龄实

---

① 上海徐汇区法院曾规定，晋升部门副职的除必须遵守国家法律规定外，还必须符合下列条件：(1) 男年龄不超过 40 周岁，女年龄不超过 35 周岁；……晋升部门正职除必须遵守国家法律规定外，还必须符合下列条件：(1) 男年龄不超过 45 周岁，女年龄不超过 35 周岁……参见东方绿舟：《完善法院青年干部培养选任机制的故事》，载天涯论坛，http://blog.tianya.cn/blogger/post_show.asp? BlogID = 200431&PostID = 9091352。

际上强化了法官任用的行政逻辑。作为司法裁决者,一般认为法官需要丰富的社会经验和诉讼经验,而这些经验需要在漫长的时间累积中才能获得。在干部年轻化的要求下,一些地方对干部提拔的年龄有了不成文的规定,如科级干部必须提拔40岁以下人员,这种对干部年轻化的片面理解导致在某些地方的基层干部中形成了"三十当官,四十靠边,五十赋闲"的现状。① 法院对正副庭长任职年龄的限制一定程度上是为了满足地方对干部的统一管理,但无形中加深了法官任用的行政化色彩。三是正副庭长任职的年龄限制可以任意调整而不给出解释,这无法给人以稳定的预期,并给人留下选拔不公的遐想。比如有法院在第一次竞争上岗规定竞争副职应在45周岁以下,不过随后的几次中层选任取消了年龄限制,但在最近一次又将竞争副职者年龄限制在48周岁以下。不同的年龄限制决定了不同的选拔人群,符合条件的人被"圈进来",反之则"圈出去",很多人猜测这大概是领导有定向选拔的意图。事实上,我们也的确耳闻某法院为了让一位各方面特别优秀的法官进入选拔圈而重新设定年龄条件。从制度化和规范化的角度,我们认为这种随意增加或变动年龄限制是不妥当的,即使目的再正当也会让人怀疑选拔的公正性。

(二) 柔性标准

刚性标准圈定了正副庭长的遴选人群,符合刚性标准的人要在众多的竞争者中脱颖而出,还需接受柔性标准这把晋升"尺子"的衡量。我们在A、C中院分别就晋升副庭长、庭长的重要因素以及最关键因素进行了问卷调查②,结果如下:

---

① 参见《干部"年轻化"不是"低龄化"》,载新华网 http://news.xinhuanet.com/theory/2007-10/31/content_6974543.htm。

② 问卷调查时间为2007年,调查对象是两所中院审判业务庭的所有工作人员(包括法官、书记员和法官助理),其中在A市中院发放问卷206份,回收问卷164份,问卷回收率为79.6%;C市中院发放问卷38份,回收问卷36份,问卷回收率为94.8%。晋升庭长、副庭长的重要因素和最关键因素一题包含两个小题,在选出"重要因素"后(不定项选择),受访者被要求再从中选择一个其认为最关键的因素。

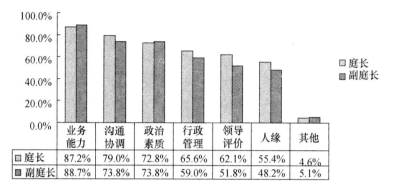

图 4-1 晋升庭长、副庭长重要因素统计

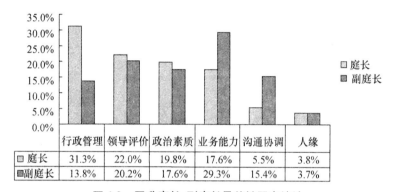

图 4-2 晋升庭长、副庭长最关键因素统计

图 4-1 显示,晋升庭长重要因素按照入选率从高到低依次为业务能力、沟通协调能力、政治素质、行政管理能力、领导评价、人缘和其他。晋升副庭长的重要因素除沟通协调能力和政治素质的选择比例相同并列第二外,其他重要因素的排名和庭长保持一致。图 4-2 则表明,调查对象在重要因素中选择最关键因素时,对两种法官职务晋升标准有明显不同的认识。按照选择率从高到低,晋升庭长的最关键因素依次为行政管理能力、领导评价、政治素质、业务能力、沟通协调能力、人缘;而晋升副庭长的最关键因素依次为业务能力、领导评价、政治素质、沟通协调能力、行政管理能力和人缘。与普通法官晋升最关键因素的问卷统计相比,调查对象对晋升正副庭长的最关键因素的看

法更趋分散。助理审判员和审判员晋升时排在第一位的最关键因素——业务能力的认同率超过了半数,而晋升副庭长排在第一位的最关键因素——业务能力只有29.3%的认同率,晋升庭长的最关键因素——行政管理能力的认同率也只有区区的31.3%。调研表明,实践中对正副庭长能力的复合性要求导致了对晋升正副庭长的最关键因素认识的多元化。

1. 业务能力与行政管理能力

绝大部分人认为,业务能力是晋升庭长和副庭长的重要因素,但在最关键因素的选择上,晋升庭长高居首位的是行政管理能力,业务能力排在了第四,而晋升副庭长排名第一的是业务能力,行政管理能力排在了第五。

前文的分析曾表明,与普通法官相比,作为部门领导的正副庭长是"一岗双责",有理由相信这种岗位的特点造成了正副庭长选任时对业务能力和行政管理能力的双重倚重。问卷统计结果印证了这样的逻辑,正副庭长需履行审判管理职责要求其懂业务,而整和庭室力量以完成法院的各项工作任务要求其会管理。不过,虽同为庭室领导,庭长和副庭长在工作职责和工作重点上仍有区别。在庭室这个小系统里,庭长是一把手,全面负责庭里的各项工作,其工作的重心在"管理";副庭长更像是庭长的助手,受庭长的委托分管审判和部分行政事务,其工作的重心是对审判业务"把关"。一位接受我们访谈的资深庭长就这样总结:"庭长和副庭长相比,副庭长只考虑自己分管的业务和人员,其工作相对单一,而庭长要从全庭总体上考虑管理和(进行)工作创新,对管理能力要求更高。"①因此,在选择两种法官职务任职的最关键因素时,更多的调查对象倾向将行政管理能力作为晋升庭长的最关键因素,而将业务能力作为晋升副庭长的最关键因素。

比较不同法官职务晋升的最关键因素,我们发现:随着晋升的法官职务的提高,更少的人认同业务能力作为其晋升的最关键因素;更

---

① 2007年11月13日A中级法院访谈内容,见访谈笔录第108页。

多的人选择行政管理能力作为其晋升的最关键因素。

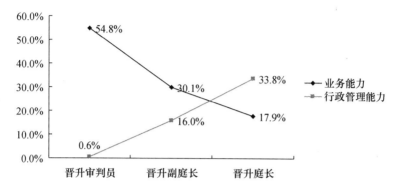

图 4-3　A 中院不同职务法官晋升时行政管理能力和业务能力作为最关键因素变化图

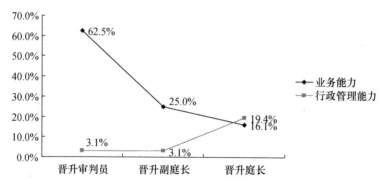

图 4-4　C 中院不同职务法官晋升时行政管理能力和业务能力作为最关键因素变化图

为了便于比较,我们对 A、C 中院的问卷分别进行了统计,结果发现 A 中院的统计结果和我们前面的结论完全一致;C 中院除晋升审判员和晋升副庭长时行政管理能力作为最关键因素的选中率没有变化外,其总体上的变化趋势和 A 中院相同。我们认为,造成这一变化趋势的根本原因是不同法官职位对能力要求不同,在选任时确立了不同标准。

这种复合标准,意味着最理想的中层干部人选是业务能力和管理协调能力都很强,在二者不可兼得的情况下,退而求其次的较理想人选也许不是业务能力最出色者,而完全可能是业务能力和管理能力两方面综合素质较高者。在 a2 法院访谈时,该院的政治部副主任就告诉我们,该院有一法官的审判业务能力特别突出,但因为性格等原因,他在管理方面的素质比较欠缺,其就一直被安排在纯审判业务岗位上。①

目前法院系统尚缺乏对管理能力进行科学评估的体系和方法。我们访谈了很多中层副职,结果发现作为一个群体,他们具有以下共同特质:一是绝大部分人任职前在法院的工作经历比较丰富,相当一部分人曾接触过某方面的管理工作,如担任审判长或在综合部门工作过;二是这部分人大多性格外向,给人感觉热情干练,领会意图的能力极强,很快就能抓住问题的中心并能侃侃而谈,有着相当不错的口才;三是他们大多拥有极好的人际关系,善于交际,能迅速和陌生人拉近距离。个人经历、性格、为人处世、待人接物这些都不是在担任中层干部后速成的,所以有理由相信,在建立更好的管理和协调能力评估办法前,现任中层干部身上表现出来的这些特质,是其最终能够脱颖而出走上中层岗位的关键因素。在综合部门任职需要和各个部门的人打交道,其协调能力也能得到锻炼;并且由于拥有和院领导直接接触的机会,在这里工作也会给院领导留下是否具备某方面才干的最初印象。在法院内部,能够受到多个部门青睐在不同部门之间轮岗的人一般具备较高的综合素质,其在不同环境中都能胜任工作表明他还有着较强的适应能力。据说个别法院有派遣优秀的审判人员下基层法院挂职任庭长助理的做法。所有这些不管是否是在有意识地进行干部培养,但从客观上来看,它使得一部分人具备了日后担任中层干部所需的潜质。可能一个好的管理者并非一定需要外向的性格,但这种性格显然有助于胜任(副)庭长的工作。具有外向性格的人喜欢与人打交道,更容易拉近人与人之间的距离,拥有这种性格的人一般有着很好的人际关系,这些对于以后进行庭室管理,加强庭室凝聚力是有好

---

① 2008 年 1 月 10 日 a2 法院访谈内容,见访谈笔录第 146 页。

处的。包括应酬在内的为人处世、待人接物能力也很重要。在法院内部,业务庭之间、业务庭和综合部门之间需要沟通与合作;在法院外部,业务庭还要与相关的人大、政府等部门打交道,拥有良好的为人处世、待人接物能力显然有助于完成这样的工作。

与此同时,不具备上面这些特质的人并不会影响他成为一个好的审判员。在法院,有不少公认的业务尖子就是长期在一个业务庭任职,由于专注,他对该庭内所有类型的案件熟稔于心,多年工作经验的累积使得他不管在庭审驾驭、还是在调解、审判文书制作等方面都有突出的表现;他们或许性格内向,言语不多,并不擅长交际,但是一个客观中立的审判员保持与社会、同事、领导甚至朋友之间的适度距离并非不妥,甚至还很必要;他们可能品性孤傲,喜欢独来独往,在待人接物上被认为缺乏热情,没有人情味,但这样的人往往十分正直,蔑视权贵,极少卷入权力纷争,是十分称职的审判者。

复合标准之下综合素质高者更容易胜出,这可能也隐藏着一种矛盾。一方面,现行的法院运作体制之下,中层干部承担着案件质量把关的作用,事实上是被推定为业务技能最精良者,否则其进行审判业务管理就会丧失说服力;但另一方面,一个好的审判者不一定是好的管理者,如果完全按照司法业绩晋升,很可能会导致层级组织学中的"彼得效应"①的出现,业务技能最强者被擢升到他不适应的中层管理岗位,可能带来工作效率的低下。

2. 领导评价

大多数调查者认为,领导评价是影响正副庭长的重要因素,在晋升正/副庭长最关键因素的调查中,领导评价的认同率都排在各自的第二位,在晋升庭长中仅次于行政管理能力,在晋升副庭长中则仅次

---

① 每一个职工由于在原有职位上工作成绩表现好(胜任),就将被提升到更高一级职位;其后,如果继续胜任则将进一步被提升,直至到达他所不能胜任的职位。解决的办法是改变单纯的"根据贡献决定晋升"的晋升机制,不能因某个人在某一个岗位级别上干得很出色,就推断此人一定能够胜任更高一级的职务。彼得效应由美国学者劳伦斯 J. 彼得和雷蒙德·赫尔在《彼得原理》一书中提出。

于业务能力。和普通法官职务晋升相比,领导评价对正副庭长晋升的影响更大。

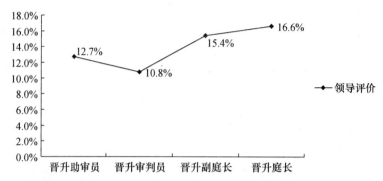

图4-5 A中院不同职务法官晋升时领导评价作为最关键因素变化图

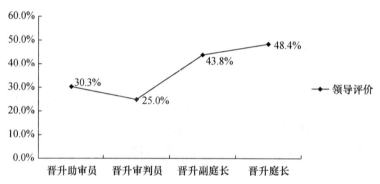

图4-6 C中院不同职务法官晋升时领导评价作为最关键因素变化图

以业务领导型法官(庭长和副庭长)和业务普通型法官(助理审判员和审判员)界分,图4-5和4-6表明,两个中院选择领导评价作为领导法官晋升最关键因素的调查对象均多于将领导评价作为普通法官晋升最关键因素的调查对象。从两个法院单个的数据看,C中院选择领导评价作为晋升正副庭长最关键因素的调查对象多于A中院的调查对象。C中院43.8%的调查对象认为领导评价是晋升副庭长的最关键因素,48.4%的调查对象认为领导评价是晋升庭长的最关键因素,两项数据甚至高于选择行政管理能力和业务能力作为最关键因素的调查对象。晋升的职务越高,越需要获得领导的认同,调查对象的这种感受并非无缘无故。我们的调研表明,正副庭长的任用程序是促使这一结果出现的主要原因。

3. 政治素质

参与问卷调查的人有 19.8% 认为政治素质是晋升庭长的最关键因素,其认同率排在第三位;17.6% 的人认为其是晋升副庭长的最关键因素,认同率同样排在第三位。

政治素质曾是任用正副庭长时最重要的柔性标准,现在虽已不再凌驾于业务能力、行政管理能力等标准之上,但仍是重要的考核指标。和其他干部一样,具有正确的政治方向、政治立场、政治观点是对法官的基本要求。定期进行思想政治学习亦是法院的一项常规工作,如早些年开展的"三讲教育",这些年开展的"社会主义法治理念教育",这些活动在法院内部一般以庭室为单位予以贯彻落实。正副庭长作为部门负责人,具备相当的政治素质是其组织好全庭的思想政治学习的前提。即便是在进行审判业务管理时,正副庭长的政治素养亦显现出重要性,"将党的方针、政策同法院的实际相结合,卓有成效的开展工作"要求表明政治素养甚至成为业务能力的一部分。一位毕业于政法名校的研究生在参加审判工作 3 年后总结道:"庭领导有高于一般法官的政治大局观。在疑难案件讨论的庭务会上,我们大部分人只是从法律的规定出发探寻案件的处理结果,而庭领导则会逐一分析每一个处理方案的法律效果和社会效果,权衡之后作出一个较佳的选择。即使有深厚的法律理论功底,但我得承认在办案的全局观上我还有很多要学习的地方。"①

现在,对庭级领导干部的政治素质要求不仅仅是对党忠诚、政策理论水平高,更多的是一种政治敏锐性、案件办理过程中的大局观,是要将政策水平转化成办案能力。目前,非党员也能担任庭级领导干部。调研中,A 中院、b 法院当时各有两位副庭长不是党员(A 中院其

---

① 2007 年 12 月对在东部某省会城市中院工作的法官电话访谈的内容。

中一位非党员的副庭长现已晋升为庭长);a2法院有一位主持工作的副庭长(该庭庭长暂缺)是非党员。不过,思想政治素质是可以评价却无法精确量化的指标。有些法院考核在选任正副庭长时会进行政治理论考试,这种考试或许可以量化考核政治理论水平,但一个人的政治素质更多的是体现在平时的"言"与"行"上,这是考试评分力所不及的。

4. 其他柔性标准

沟通协调能力作为晋升正副庭长的重要因素获得了绝大部分调查对象的认同,只是当其和业务能力、行政管理能力相比较时,较少有人将其作为最关键因素。与普通法官主要在当事人和诉讼参与人间进行沟通协调相比,正副庭长有时需要代表法院与政府、人大这样的外部单位沟通,对其能力要求也更高。

职业道德标准是我们调研中了解到的另一个必不可少的柔性标准。由于法院内部权力结构呈现出科层式的特征,作为庭室领导人的正副庭长能够在很大程度上影响案件的走向和结果。最近几年曝光的法官腐败案件中,很多都有法院中层以上干部参与。① 由于现行法院内部权力架构的安排,法院正副庭长属于腐败的高危人群之一,院领导尤其是院长特别关注拟任用人选在职业道德方面的表现,就不足为怪了。我们认为,职业道德对于清廉司法的建立十分重要,尤其在正副庭长这样领导职务法官的晋升上,更要注意其职业道德操守,引进外部评价机制,比如听取当地律师协会(从律师中收集反馈意见)对拟晋升者在职业道德方面的评价的做法就值得考虑。

---

① 如2004年曝光的武汉中院集体腐败案中,被判刑的13位法官中就包括了3位副庭长和2位副院长;2005年曝光的安徽阜阳中院腐败窝案中,两任院长相继"出事",两位副院长"东窗事发",涉案正副庭长共计4位;2006年曝光的深圳中院腐败窝案中,涉案人员则包括了1位副院长和3位庭长。

四、任用程序

正副庭长完整的任用程序应包括院长提名和人大常委会审查批准两个阶段。从实践运作来看，人大常委会审查批准任用正副庭长和审查批准任用审判员的过程并无本质差别，故本部分对正副庭长任用程序的考察，主要聚焦于正副庭长任用的提名程序。正副庭长的人选提名曾经有严格的组织程序，但 21 世纪以来，正副庭长的任用提名权逐渐下放给法院，正副庭长任用的话语权更多地为法院内部所掌握。在我们所调研的法院，政法委和组织部毫无例外都"退居"为宏观管理，表现为不再直接参与任用提名的具体运作，而只管"一头一尾"，即审查法院任用提名方案和备案任用提名结果。当然，也有论者认为，组织部、政法委这些外部机构仍对正副庭长任用产生实质影响，其理由是法院竞争上岗时组织部和政法委的官员会充当评委。[①] 但以我们调研了解的情况，组织部和政法委官员充当竞争上岗的评委并不存在于所有法院（我们所调研的法院在实行竞争上岗的早期曾如此，但后来评委都毫无例外地由法院内部人士担任）。即便在那些组织部、政法委派代表充当竞争上岗评委的法院，组织部和政法委对任用提名结果的影响仍然有限。这一方面是因为竞争上岗的程式化强，竞职演讲只是其中一个阶段，评委并不能垄断任用提名的权力；另一方面是正副庭长虽位列法院的中层，但其配套的行政职级并不高，各地组织部要么明文下放任用权给法院，要么事实上由法院来主导该提名程序，即使有实际参与，但在人选定夺上仍尊重法院的意见。与之形成鲜明对比的是院长和副院长任用，提名仍由组织部门亲自操持，政法委实际参与。考虑到目前组织部门对正副庭长的任用提名并不施加常态的、深刻的影响，本部分对正副庭长任用程序考察的视角限定在法院内部。

[①] 参见孙笑侠等：《法律人之治——法律职业的中国思考》，中国政法大学出版社 2005 年版，261—262 页。

（一）程序类别

作为中层干部的正副庭长群体在一定年限中保持着相对的稳定，法院一般隔数年才对正副庭长调整或进行补充选任。此种情况注定了我们对正副庭长当下任用程序的实证考察在某种程度上也是对历史的考察。借助对正副庭长任用机制历史变迁的考察，我们将实证研究的时间起始点定在1999年。在这一年，各地法院开始尝试以竞争上岗为代表的公开性选拔方式来提名正副庭长，这一机制后来成为各法院正副庭长任用的主流机制。我们对A、B、C 3个中院和a1、a2、b、c1、c2 5个基层法院自1999年以来至调研时为止正副庭长的任用年份和任用提名程序进行了统计。

表4-4　A中院庭级干部选任情况统计（截至2007年）

任用年份	1999	2002	2004	2005	2007
任用范围	正副庭长	正副庭长	庭长	副庭长	副庭长
任用方法	竞争上岗	竞争上岗	两推一陈述	竞争上岗	两推一陈述

表4-5　B中院庭级干部选任情况统计（截至2005年）

任用年份	2001	2003
任用范围	正副庭长	正副庭长
任用方法	竞争上岗	竞争上岗

表4-6　C中院庭级干部选任情况统计（截至2007年）

任用年份	1999	2002	2005
任用范围	正副庭长	正副庭长	正副庭长
任用方法	竞争上岗	竞争上岗	竞争上岗

表4-7　a2基层法院庭级干部选任情况统计（截至2007年）

任用年份	2001	2003	2006	
任用范围	正副庭长	正副庭长	庭长	副庭长
任用方法	竞争上岗	竞争上岗	党组提名结合民主测评	竞争上岗

表 4-8　c1 基层法院庭级干部选任情况统计（截至 2007 年）

任用年份	2001	2003	2007
任用范围	正副庭长	正副庭长	正副庭长
任用方法	竞争上岗	竞争上岗	党组综合考虑决定

表 4-9　a1、b、c2 基层法院庭级干部选任情况统计

截至 2007 年，a1 基层法院只在 2001 年进行了中层副职选任，当时采用竞争上岗。
截至 2005 年，b 基层法院只在 2002 年进行了中层副职选任，当时采用竞争上岗。
截至 2007 年，c2 基层法院只在 2001 进行了一次竞争上岗，最后的结果是审判长被任命为庭长，独任审判员被任命为副庭长。2001 年至 2007 年间补充选任过中层干部，采用的是传统的党组综合考虑决定的方式。

上面的统计表明，"竞争上岗"同时配以"两推一陈述"的竞争性选拔方式自 1999 年以来成为正副庭长任用的主要程序，但传统的由党组综合考虑决定的方式亦有个别法院偶尔使用。自 1999 年以来，B、C 中院的正副庭长任用提名全部采用竞争上岗，A 中院在 2002 年前采用竞争上岗，2002 年后除"竞争上岗"外，还采用过"两推一陈述"。可能由于规模小，人员更为稳定的关系，大部分调研的基层法院正副庭长的任用频率不如中级法院。但所调研的基层法院都采用或曾经采用过竞争上岗，c1 基层法院和 c2 基层法院仍间或使用党组综合考虑决定的提名任用机制。实践中四种任用程序的主要流程如下：

1. 竞争上岗

竞争上岗是在自愿参选的基础上，通过公开的考核环节量化评分，以竞争结果为依据来确定任职资格的干部选拔任用方式，它是我国 1990 年代以来形成的创新性干部任用机制。从我们调研的情况来看，各地法院的竞争上岗的操作并非完全一致，但一般包括以下几个步骤，如图 4-7 所示。

2. 两推一陈述

两推一陈述是 2003 年以来，在部分省市实践的又一项创新性竞

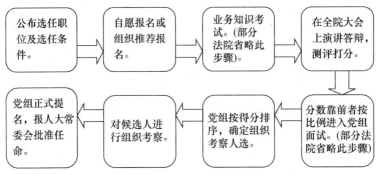

图 4-7 竞争上岗简略模型图

争选拔方式,它通过两次民主推荐产生候选人。两推一陈述带有竞岗的精神,但它和实践中指称的竞争上岗程序存在一定差别,其候选人产生主要遵循民主推荐的多数原则,没有竞争上岗中的量化评分环节。① 调研法院参与民主推荐的人员包括院领导、现任中层干部和一定比例的普通工作人员,其主要程序如图 4-8 所示。

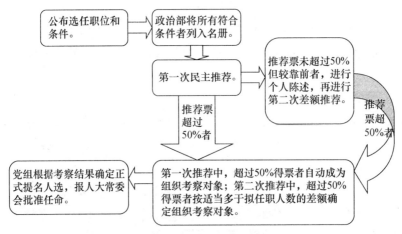

图 4-8 两推一陈述简略模型图

---

① 实践中亦有地方将其看做是竞争上岗的方式之一,但囿于程序上的差异,这里将它和竞争上岗分开进行描述和分析。

3. 党组提名结合民主测评

这是在传统的党组任命型基础上稍加改造的程序,一般包括以下几个步骤,如图4-9所示。

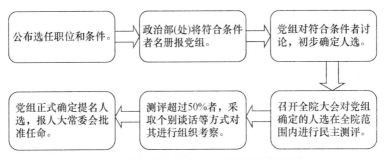

图4-9 党组提名结合民主测评简略模型图

4. 党组综合考虑决定型

如图4-10所示。

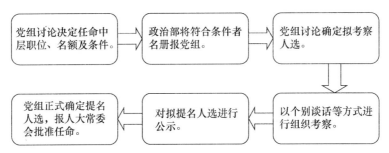

图4-10 党组综合考虑决定型简略模型图

(二) 任用阶段

虽然上述四种任用程序殊为不同,但都大致经历了以下四个阶段:任用标准和方法的确立、初步入围人选的酝酿、组织考察人选的确定和最终提名人选的决定。下文将以这四个阶段为脉络,分析不同的任用程序所呈现出来的特质。

1. 任用标准和方法的确立

这是一个被隐藏的前提性阶段,却殊为重要。由于法定标准的缺乏和法定程序规定的简单,正副庭长任用标准和程序在实践中,事实上由法院的党组来确立。所以从逻辑的角度来看,上面图示的四种任用机制流程中都可以将此阶段添加为第一步,党组确立任用标准与程序是上述四种任用机制流程展开的基础。

实践中,习惯上将法院党组确立任用标准称之为"定调"。在符合《法官法》规定的大前提下,各法院所实际把握的正副庭长任用标准都是"地方性"的,不同法院所实际设立的标准总有或多或少的差异。A、B、C中院在我们调研前的最近一次副庭长选任所设立的年龄条件就各有不同。

表4-10　A、B、C三中院副庭长选任设定的年龄条件表

法院	年龄条件
A中院(2007年)	48周岁以下
B中院(2003年)	男45周岁以下,女40周岁以下
C中院(2005年)	男50周岁以下,女45周岁以下

党组所设定的任职条件划定了人员筛选的范围,作为党组固有的一项权力,任职条件的设置毫无疑问反映了党组选人用人的意图。如果进行纵向比较,同一法院不同时期所设立的标准也有变化。以A中院为例,该院1999年选任正副庭长时要求学历为大专以上,据说这在一定程度上是为了照顾免职后的中层重新参与竞岗,减少竞争上岗改革的阻力。该院这任院长力图实现法官的精英化,2000年后的审判长选任要求法律本科以上学历,其后副庭长从审判长中选任,也要求具有法律本科以上学历。2007年该院副职竞争的学历要求为大学以上文化程度,"法律本科"的标准被悄然抹去,根据我们的观察,这和新任院长的任职背景以及用人思路的改变有关系。[①] 从目前情况来看,通过划定条件从而圈定选任的人员范围,仍是法院党组的一个垄断性权力。这是一个值得警惕且须予规范的权力,它在某些时候可能招致非

[①] 这任院长对法院的管理方式和风格与前任院长具有一定差异。前任院长奉行精英化,部分岗位宁缺毋滥;新任院长认为工作总得有人干,奉行"一个萝卜一个坑"。

议。比如 C 中院法官学历的本科率在 2005 年已经达到了 85%,但当年竞争副职的学历条件仍只定为专科以上,当年新上任的一位副庭长为专科学历。

有证据表明,中层干部的任用程序也经由法院党组有意识的考量和选择。以竞争上岗为例,由于各地组织部门的推动,该任用方式一般是各法院任用中层领导干部的首选,但由于各地并没有对其运作程序作出统一规定①,竞争上岗的操作在各法院有繁有简,各不相同。在所调研法院中,最繁复的是 A 中院 1999 年的竞争上岗,最简单的是 C 中院。② 一般而言,程序越繁复,客观量化的阶段越多,党组最后在确定任用人员时施展权力的空间就越小。不仅如此,即使同一法院不同年份的竞岗操作程序也有差异。B 中院对 2003 年竞争上岗的总结就直接表明,不同年份这种程序上的差异是一种有意识选择的结果——B 中院认为相较于前一次,本次的实施方案更为科学合理,表现之一是"采取结构分的方式来确定竞岗者的最后成绩。规定在总成绩里综合知识考试分数占 30%,演讲成绩占 30%,组织考察占 40%。避免了过去由于综合业务知识考试达不到 60 分就被淘汰的情况;同时也避免了过去演讲完毕后谁的群众投票多就自然当选中干的情况……"③

法院对中层干部选任程序进行有意识地调控还表现在对任用方法的选择。A 中院在庭级干部完成大换血之后,2004 年庭长的补充选任舍"竞争上岗"而采"两推一陈述"——人事主管干部给我们的解释是,副庭长都来自审判长,这个要求已经就比较严格,选出来的人都是业务上很好的人,而且能选上副庭长也说明他本人并不是只有业务

---

① 2004 年的《党政机关竞争上岗工作暂行规定》规定,笔试、面试与民主测评的操作顺序可根据实际情况确定。在实践中,不但操作顺序由法院决定,更为重要的是笔试、面试、民主测评的分值、内容都由法院自己确定。根据我们的观察,由于中央对竞争上岗主要流程的规定较为原则和弹性,现实中各地并没有严格依其操作。比如 C 中院 2005 年的竞岗,主要流程只包括了演讲测评和组织考察,并没有笔试和面试。

② A 中院 1999 年的竞争上岗候选人要经历政治时事和业务知识的笔试、演讲测评、面试答辩、组织考察四个阶段的考核淘汰;B 中院竞岗时,候选人不需笔试,直接进行演讲测评,由法院党组按照测评结果确定组织考察对象。

③ B 中院 2004 年《关于中干空缺职位竞争上岗工作情况的总结》。

好,因此庭长再都从副庭长里面选的话,那就是优中选优,以前已经考试考核过了就没有必要再重复,只需要看他是否具备担任更重要的领导职务的能力即可。法院院长更换所带来干部任用理念的不一致也会促成选任方式的变化。A中院2007年新院长上任,当年该院副庭长的选任方式从竞争上岗改为"两推一陈述"。c1法院的院长2006年上任后,通过一段时间的磨合和观察,2007年通过党组综合考虑决定的方式任命了3位派出法庭的正副庭长。①

2. 初步入围人选的酝酿

调研法院中采用党组提名结合民主测评或者采取传统的党组任命型模式的法院,其初步入围人选的酝酿过程都较为简单。第一,参与酝酿的只有党组成员;第二,方法上多为讨论协商式,作为院党组书记的院长的意见非常重要,且在大多数时候能决定酝酿提名的结果。

与此不同,"竞争上岗"和"两推一陈述"在此阶段采用的是民主推荐,参与初步入围人选酝酿的主体包括了院领导、现任中层干部和一般法官。传统上由法院党组领导垄断的权力被更多的主体分享。下面试以A中院2005年的"竞争上岗"和2007年的"两推一陈述"为例说明。

A中院2005年采用竞争上岗选任10位审判业务庭副职。在经过业务知识笔试后,24名竞岗者在全院大会上发表竞职演讲并现场答辩。演讲由院领导、中层干部、现任部门人员、综合部门干警代表打分。演讲答辩结束后,候选人还要接受就其"德、能、勤、绩、廉"的民主测评。参与民主测评者同样包括了院领导、中层干部和普通工作人员。所有阶段结束后,所有的初步入围人选会得到一个各环节综合相加的总分。

---

① 从当地一位曾在组织部工作的人了解到,该市已经要求各机关的中层干部选拔都必须采用民主推荐的形式,如竞争上岗、"两推一陈述"等,故严格上讲,采用党组综合考虑决定的方式任用中层并不符合这样的要求。但调研中我们发现,个别法院间或仍在使用党组综合考虑决定的方式选任中层干部,如c1和c2法院,通过这种方式产生的中层干部报送人大常委会后也能得到任命,这说明必须采用民主推荐的形式产生中层干部在当地仍是一个弹性的规定。

A中院2007年采用"两推一陈述"选任7位中层副职。政治部将院里所有符合选任年龄、学历、工作年限条件者制成名册后,举行第一次推荐大会。第一次推荐大会由院领导、中层干部,及各庭级单位代表共120多位参加(除政治部、纪检组、机关党委全体成员参加外,其他每个庭级单位的代表为4位,各庭室自己决定人选),其中庭级单位普通代表约60位。参会人员在推荐名单上勾出自己推荐的7位,推荐选票现场上交并封存。经过统计,由于票数分散,第一次推荐无人票数过半,院党组研究决定在第一次推荐未获得过半数赞成票但得票相对较多的人员中进行第二次推荐,最终12位被院党组选出参加第二次推荐。第二次推荐采取先被推荐人员个人陈述,然后推荐代表(范围同第一次推荐代表)填写选票的形式进行,推荐票被再次统计。第二次推荐得票超过50%者进入后面的组织考察阶段。

从过程上看,竞争上岗和"两推一陈述"在候选人酝酿方面的相同点在于参与主体的多方性,院领导、中层干部、一般干警都介入酝酿过程,并在不同的阶段对酝酿结果施加或大或小的影响。较之两推一陈述,竞争上岗在初步入围人选的酝酿方面要更复杂。竞争上岗的酝酿过程一般包括书面考试、演讲和民主测评。而在"两推一陈述"中,候选人仅在第二次推荐中出席陈述(如果第一次推荐过半数还可省略此步骤)。总体来看,这种推荐主要立基于以往的印象,而不是候选人现场所展现出的能力。

3. 组织考察人选的确定

酝酿初步入围人选后就要决定进入组织考察阶段的人选。竞争上岗在初步入围人选酝酿过程中一般采用结构化评分,候选人在经过考试、演讲和民主测评后会得到一个最终的分数,组织考察人选原则上按照从高分到低分排序确定。院党组对组织考察人选确定的影响表现在两个方面:一是在初步入围人选的酝酿过程中,其打分的权重高于参与的中层干部和普通法官,对最后候选人的得分排序能够施加比较大的影响;二是很多法院实行差额的组织考察,此时院党组有权划定入围组织考察的分数线,比如最终选定的是10位,这个线可以划到 14 位或 15 位。

在"两推一陈述"中,法院党组在获得过半推荐票数的人中确定进入组织考察阶段的人选。A 中院 2007 年"两推一陈述"中有 12 位进入第二次推荐,最终有 11 位获得过半数的推荐票。由于最终要选定 7 位副职,党组可以在 7—11 位中选定进入组织考察阶段的人选,在这一次的竞职中,最终在第二次推荐中获得过半推荐票数的 11 位都进入了组织考察阶段。

在党组提名结合民主测评程序中,虽然候选人由党组提名,但能否最终成为组织考察人选,要经过全院的民主测评。从实践中来看,虽然这种带有验证性质的民主测评比较容易通过(只需获得 50% 以上的赞成票),但从程序上考量,全院的民主测评对党组的提名仍构成实质性的制约。

在传统的党组确认型模式中,院党组综合考虑进行初步提名后,该提名人就自动进入组织考察阶段。

4. 最终提名人选的决定

在经过对候选人"德、能、勤、绩、廉"的全面考察后,法院党组就要决定最终的提名人选。这是法院党组综合衡量的过程,前面提到的四种任用类型在此一阶段不存在差别。在传统的党组确认型和党组提名结合民主测评模式中,由于初步提名也是党组综合考虑决定的,且组织考察为等额考察,所以经组织考察过关的就能被确定为最终的提名人选。从调研的情况看,A 中院采用的"两推一陈述"实行的是差额组织考察,在采用竞争上岗的法院,很多也采用差额的组织考察。由于是差额考察,法院党组就要经由比较与考量确定最终的提名人选。需要提及的是组织考察阶段并不进行量化评分,而是最终出具一份被考察人任职表现及优缺点的报告,供党组领导综合考虑提名人选的时候参考。

一位在法院工作很多年的庭长这样告诉我们:

> 最终如何决定,主要就是看进入考察的这几个人在党组心目

中的综合印象了。比如你在这儿干了好多年了,工作也积极,上审委会说案子也说得很清楚,人际关系也不错,领导交办的事情也办得很好,觉得你还是有一定的领导管理能力,这些综合起来吧。应该说能够进入领导考察的人选,其素质、起点应该说都差不太多,那么哪个上哪个下,就是看每个领导心头对这个人的综合评价。①

一个有趣的发现是,有过诸如在研究室、办公室等综合部门工作经历的人拥有更多的晋升中层的机会。在我们看来,造成此种状况的很大一部分原因就在于这些部门对口为院领导服务,由于工作的关系,该部门的人员有更多的机会和院领导接触,也更容易为院领导所熟悉和信任。

虽然法律从未明确规定法院和行政机关一样实行首长负责制,但现实的司法运作逻辑表明院长要对法院整体的审判工作负责。2001年,最高人民法院颁发的《地方各级人民法院及专门人民法院院长、副院长引咎辞职规定(试行)》更是强化了这一逻辑,根据该规定,本院发生严重枉法裁判案件的,院长要引咎辞职。在引咎辞职的压力下,院长对"人"的掌控和支配显得顺理成章。在这样一种逻辑之下,院长只有对"人"的调度上享有话语权才能保证其对"事"的掌控,进而实现院长对法院整体工作的把握并对此负责。调研法院一位政治部主任的说法就很具代表性:"我认为应给院长更大的用人权力。选择自己看中的人会让法院的工作更高效。首长负责制下领导要用哪个人领导最有发言权,院长用人就要用信得过的人。这个人行不行,能不能和自己配合好,院长最清楚。否则,就会导致下面的人不听指挥。"②据观察,在现行法院管理模式下,若能在工作中或私下里与院长建立起一种信任关系,就更容易被任用到庭室正职岗位上。

党组对重要事项的决策采用民主集中制,院长以外的党组成员也

---

① 2005年8月19日A中级法院访谈内容,见访谈笔录第38页。
② 2007年12月15日C中级法院访谈内容,见访谈笔录第125—126页。

可对人事任用发表意见,但在法院的权力架构中,一个未获得院长认可的人不大可能获得最终提名。在现实的法院运作中,副院长和其他人员被认为是在院长的领导下进行工作,要对院长负责。一位被下派到基层法院当过副院长的访谈对象告诉我们,副院长要多和院长沟通,处好关系,只有获得院长的信任,所分得的工作才会更多。两位法院政治部门的负责人也承认在选任人员时揣摩过领导的意图,将领导中意的人推选出来很重要。所以,在以往的党组综合考虑决定程序中,当党组会议上讨论重要的人员任用时,党组成员基本上不会反对院长的提名人选。那些被院长认为"有能力、公道、正派"的人会顺利得到党组讨论通过并最终获得任用提名。20世纪末,组织部门和政法委会介入到正副庭长的选任中,但据我们调研了解,组织部门和政法委的介入方式一般为对法院推荐的人选采用谈话等方式进行考察,这种考察在很大程度上是验证性质的,较少否决院党组讨论通过的正副庭长提名人选。当然,组织部门和政法委有权独立提出正副庭长任命人选,只不过很少正式行使这一权力。这一方面是因为他们所掌握法院人员的信息有限,很难独立提出人选;另一方面也是因为这是在为法院选人,除非有特殊情况,尊重法院推荐的人选几乎是不成文的惯例。因此,传统的党组综合考虑决定程序下,院长是任用提名事实上的主要决策者。这一任用程序的优点在于满足了行政化管理体制下院长对"人"的掌控,但缺点同样明显:院长对任用提名的影响过大,容易导致腐败。比如在2007年震惊全国的安徽省阜阳市中级人民法院腐败窝案就曝出,1998年到1999年间,该中院的两位助理审判员通过给院长行贿而被提名为副庭长。[①]

当竞争上岗成为正副庭长任用提名的主流程序后,院长在提名人选的决定阶段,因为必须认可前面竞争的结果,其提名权无疑受到了限制,但他在人选的确定上仍有相当的影响力。这种影响前文已有所

---

① 《行贿事实曝光"乌纱帽"照戴》,载中青在线 http://news.sina.com.cn/c/2008-04-01/070113 665595s.shtml。

展示,一是院长的任用意图可以体现在由其把关确认的任用标准和程序设置上,①二是院长的评价与认可仍是左右竞岗结果的关键因素。大部分法院的民主测评领导打分的比重高于群众打分,那些为院长公开赏识的人完全有可能在院领导和中层干部民主测评打分时赚得更多的印象分。一位深谙法院管理与运作的人告诉我们,领导若赏识一个人并有意重用他,可以在竞岗前通过各种途径为这个人"造势"。比如院里要举办某个难度不大且容易出成绩的活动,院长可以点名要此人负责,只要活动顺利结束,这个人的工作履历上就能加上"浓墨重彩"的一笔;院长也可以或公开或私下在其他院领导和庭领导面前表扬某人。很难说有这些行为的院长就是不公正的,因为这些为其赏识的人很可能在他看来就是"有能力、公道、正派"的人,在职权范围之内帮其"脱颖而出"并不是应受指责的事情。而那些不公正的或者就想任人唯亲的院长完全可以公开地向其他院领导或庭领导传递自己的意图,在行政化管理体制下,几乎没有人能公然拒绝院长的要求。毫无疑问,未来的正副庭长任用机制会沿着民主化和科学化的改革道路迈进,但是,只要行政化的管理体制未变,在法院仍实行事实上的院长负责制,不论出于公心还是私心,院长都有动力且有能力对正副庭长的选任施加足够的影响。

(三) 效果评估

"公平、平等、民主、竞争、择优"是我国干部人事制度改革的价值取向,从不同任用程序在四个主要阶段所展现的特质看,以竞争上岗为代表,辅以"两推一陈述"的竞争性选拔更多地践行了这一改革目标,是较优的任用程序。竞争选拔增强了正副庭长任用提名时的民主化因素。在竞争上岗和"两推一述"模式下,凡是符合预先设定的正副

---

① 打上院长个人化标记的任用条件和程序并不必然意味着其就是"别有用心",很多时候或许只是体现了用人思路的不同。比如对干部"年轻化"的不同认识会体现在年龄条件的设定上,对专业型法官还是经验型法官的偏好会体现在学历条件的设定上。

庭长条件的人都可以报名竞岗,而在传统的党组任用型模式下,往往只有一部分被认为表现优秀的人才能进入法院党组的考察视野;竞争性选拔引入了同事打分测评环节,"群众公认"的民主原则得到了凸显,传统的党组任用提名的垄断性权力在事实上受到制约。我们在 A 中院和 C 中院的问卷调查表明,两个法院高达97%左右的人认为民主测评对任用结果有或大或小的影响。在正副庭长的任用提名中,借由民主测评偶有"黑马"产生,即原先不被领导看好但通过测评脱颖而出并最终被任用。调研中一位法官(以下简称 L)就向我们谈起过自己的"黑马"经历:

> 我本来不想参加竞选,只想当个审判长,但我所工作的业务庭只需要一个审判长。我又联系了刑庭,但那边的审判长也已经选定了。有人建议我参加这次的中层竞选。经过和家人商量,我准备报名参加派驻法庭副庭长的竞选。可是,我去报名的时候已经是最后一个了,民庭以及一个派驻法庭都已有两个人报名,而×部门的副职则只有一个人报名,由于其他两个部门都正好形成两个人竞选的局面,经过组织建议我临时改报了×部门副职。对于×部门副职,其实当时院长很看好另一个人,此同志在之前的工作中表现突出,院长很赏识。所以,大家都奇怪我怎么会报名参加×部副职竞选,因为大家都猜测被院长看好的那个人会顺利当选。我当时其实只想当审判长,认为即使没选上也会给我安排一个审判长的岗位,所以抱着无所谓的态度。我们院竞岗采用的是演讲测评,先演讲,再由同事测评。直到演讲的前一天,我才把演讲稿写完。第二天演讲的时候,我发挥得相当好,在之后的民主测评中我超过了院长看好的那个人。更重要的是原来对我不甚熟悉的院长通过我的演讲也觉得的确还不错,于是院长就去征求当时×部门正职的意见,正职推荐了我。最后我出人意料地获得了这个副职职位,而那个院长看好的人则去当了审判长……我

想如果没有演讲测评,这个职位肯定不是我的。①

　　L 法官的获胜,即使在其自己看来也颇具戏剧性,属于"无心插柳柳成荫"。按照传统的党组任命方式,L 法官认为自己肯定没戏。竞岗前,院长对 L 不甚熟悉,另一名同志因工作上取得一定的成绩已被院长看好,大家都猜测被院长看好者会顺利当选。事情的转机来自演讲测评,L 的演讲大获成功并在测评投票中超过了对手。这引起了对 L 不甚熟悉的院长的注意,院长主动去征询了所竞争部门正职的意见。当时的部门正职推荐了 L,这也很重要,因为法院里的副职都是协助正职进行工作,正职对其助手人选的意见在很多时候能影响到院长的定夺。从 L 这样的"黑马"经历以及我们对竞争上岗运作机制的观察,较之以往的任用机制,竞争上岗所蕴涵的民主化因素确实增多了,这种民主化因素可能因为执行打了折扣,又或者不能完全体现在任用结果上,但确有更多的人介入和参与到了正副庭长的任用过程中,这能在很大程度上解决传统的党组任用机制下"由少数人选人,在少数人中选人"的弊端。

　　竞争性选拔程式化高,较之传统的任用程序更能避免领导个人任用时的恣意和随兴。单从理想型来分析,以选贤任能为目标,竞争选拔型并不见得比传统的党组任用型更具优势。在传统的党组任用型机制下,若假定任用者能明察秋毫,公正无私,其"相"出来的"千里马"同样能够适应岗位要求。c2 法院在 2005 年用传统的任用提名机制选任了一批正副庭长,我们从不同途径得到的信息表明这次选任就没有遭遇质疑声。传统的党组任用型机制考验的是任用者的"火眼金睛"和"用人智慧",所以理想的模式下,只要有这样的任用者出现,选贤任能是可以期待的。只不过,这样一套机制的运行对任用者有较高的道德期待,而为了不捆绑住"相人者"的手脚,其任用程序在很大程度上被弱化,任用者在决定任用人选的过程中所受到制度化约束比较

---

① 2008 年 1 月 10 日 a2 法院访谈内容,见访谈笔录第 140 页。

少。我们或许无法肯定地说传统任用机制下的理想型在现实中根本无法找到,但可以肯定的是,这样一套依赖任用者素养和能力的机制出现"用人失察"的风险较高。在竞争性选拔机制下,任用的整个过程是程式化的,党组不再享有垄断性的任用权力,更多的主体介入到正副庭长任用过程中,这对党组的决定形成了事实上的制约。任用决策者个人的恣意和随兴在任用的程式化中得到了最大程度的消解。多数论者认为,竞争性选拔在改变暗箱操作,遏制用人方面的不正之风(跑官要官、任人唯亲),打破论资排辈、平衡照顾和求全责备的禁锢,形成正确的用人导向方面具有积极的作用。①

较之传统的任用机制,竞争性选拔更能杜绝外来干预,保证被任用者的素质。我们在前文的讨论中曾指出,法院已经在很大程度上享有正副庭长任用的自主权,但考虑到法院在整个政治生态系统中并不尊崇的地位,逐渐退却的外界权力部门若真要给法院正副庭长任用施加影响,法院亦很难抗拒。调研法院的一位院长就承认,在干部提拔这样的敏感事情上,"有心人"通过"权力人物"给自己"打招呼"的情况并不少见。此种情况下,竞争性选拔更能抵御外界权力机构或"权力人物"对法官任用的影响。首先,实践中开展的竞争上岗或"两推一陈述"都是在本机关或系统内部进行(这一点已为 2005 年的《公务员法》所确认),这能杜绝法院系统外的人借由权力部门或"权力人物"的"招呼"而上位。其次,法院内的一些人借由外部"权力人物"向院长等领导"打招呼"时,院长可借口选任的程式化来推脱;即便院长最终无法抗拒压力,专业考试、民主测评这样的程序设置也可起到一定的把关作用。当然,也有论者指出,一些地方所开展的竞争上岗,邀请人大、政法委、组织部门等官员充当评委,这给了外部权力机构干涉法

---

① 相关论述可参见宋世明:《竞争上岗的制度分析》,载《行政论坛》2007 年第 1 期;孙笑侠等:《法律人之治——法律职业的中国思考》,中国政法大学出版社 2005 年版,249—251 页。

官选任的机会。① 不过,换个角度想,如果这些评委是不公正的且有心干预法官选任,在传统的任用机制下,他要做的或许只是给院长"打个招呼"而已。

从这个角度上来看,我们认为,竞争性选拔在杜绝外来干预,保证被任用者的素质方面,相比较于传统的任用机制更有优势。尤其是在法院管理体制没有大的改变的前提下,从程序设计上进行改进仍不失为未来的改革方向。但同时我们也必须看到,竞争上岗是法院正副庭长任用的主流机制,在实践运行中仍存在这样或那样的问题,其制度预设和实践运行的效果仍存在一定的偏差。

为了测定并评估竞争上岗的制度预设与实施效果之间的偏差,我们在A、C中院对竞争上岗的实施效果进行了问卷调查,要求接受问卷调查的对象对实行竞争上岗以后的任用机制与以往的法院党组综合考虑决定的任用机制进行比较。② 结果,与媒体对中层干部任用机制改革的追捧与推崇相比,法官们对改革后的中层干部任用机制的正面评价远不如预期的高,这颇有点让人意外。如表4-10所示:

表4-11　A、C中院调查对象关于竞争上岗的评价统计

		更民主	更能选出优秀法官	无实质差别	以上都不是	调查人数总和
A中院	人数	63	46	36	15	150
	百分比③	42%	30.7%	24%	10%	
C中院	人数	11	3	17	5	33
	百分比	33.3%	9.1%	51.5%	15.2%	

---

① 参见孙笑侠等:《法律人之治——法律职业的中国思考》,中国政法大学出版社2005年版,261—262页。
② 问卷调查时间为2007年,调查对象是两所中院审判业务庭的所有工作人员(包括法官、书记员和法官助理),其中在A市中院发放问卷206份,回收问卷164份,问卷回收率为79.6%;关于此题的有效回答是150份,占发放问卷总数的73%;C市中院发放问卷38份,回收问卷36份,问卷回收率为94.8%,关于此题的有效回答是33份,占发放问卷总数的87%。竞争上岗和以往任用机制相比较进行评价一题为不定项选择题。
③ 此处所统计的百分比,是选择该选项的人数占对问卷作出有效回答的百分比,有部分人选择了多个答案,所以各选项的百分比之和超过了100%。

在上列数据统计中,A 中院有 10 人选择了两个答案,分别是更民主和更能选出优秀法官,除此以外都只选择了一个答案;C 中院有 3 人同时选择了更民主和更能选出优秀法官,除此以外都只选择了一个答案。如果将更民主和更能选出优秀法官作为肯定性评价答案的话,A 中院一共有 99 人对竞争上岗做出了肯定性评价,占问卷调查总数的 66%;C 中院一共有 11 人作出了肯定性评价,占问卷调查总数的 33.3%。选择无实质差别意味着对两种任用机制作出了相同的评价,

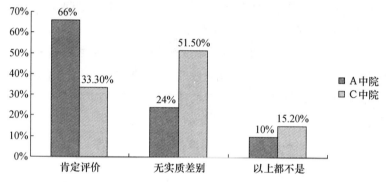

图 4-11　A、C 中院调查对象关于竞争上岗的评价统计

A 中院有 24% 的人而 C 中院有 51.5% 的人持这一看法。从图 4-11 来看,A 中院所开展的竞争上岗所获得的内部肯定性评价要多于 C 中院。A 中院的大部分人认为竞争上岗在民主性或选出更优秀的法官方面优于传统的任用机制,C 中院超过半数的人则认为两种任用机制没有实质差别。A、C 两中院同在 1999 年用竞争上岗取代了传统的任用机制,虽然问卷进行的是各法院的纵向比较,若考虑到当初两法院面临的问题基本相同,而现在 A 中院内部对竞争上岗的肯定性评价更多,我们有理由认为 A 中院的竞争上岗比 C 中院开展得更好一些。虽然中共中央在 2004 年颁布了《党政机关竞争上岗工作暂行规定》,其中就竞争上岗的程序作了原则性规定,但实践中各法院在竞争上岗的环节设置方面并不完全相同。竞争上岗的"民主""择优"等制度预设在多大程度上能实现,取决于其程序设置的科学性与合理性。就调研

三地法院的情况看,A 中院及其下面的基层法院竞争上岗的环节设置最为繁复,运作也最为规范;C 中院及其下面的基层法院的竞争上岗设置环节最为简单,领导决策的权力空间最大。可能还需要更多的实证材料证明这种联系,但一个初步的结论是,经济条件越好的法院,竞争上岗施行的效果与制度预设的偏差越小。一般而言,任用机制的程式化越高,其运行的成本也就越高;而法院所在地区经济条件越好,其所获得的财政保障就越充分,也就更能为程式化运作的任用机制提供财力支持。以业务笔试环节设置为例,位于大都市的 A 中院可以为保证公正性从外面聘请专家命题,而对于财政供给有限的 C 中院而言,不大可能考虑花一笔钱从外购买试题。① 以此考虑,C 中院的竞争上岗不设笔试环节似又在情理之中。当然,另一个可能的解释是,法院所在城市越小就越趋近于熟人社会,在中国这样一个人情社会,任用决策者所受到的各种有形无形的干预可能就越多,竞争上岗流变走样的可能性就越大。

不过,即便在 A 中院,我们将肯定性评价进行分拆,数据显示,法院内部人员对竞争上岗的民主性和选出更优秀法官的特质的认同度仍是差强人意,两法院的竞争上岗似乎面临相同的问题。这显示着竞争上岗的制度预设与实施效果确实存在偏差。

(1) 认为竞争上岗较之以往的任用机制更民主的人在两个法院都不足一半,A 中院为 42%,C 中院则只有 33.3%。两个中院进行第一次竞争上岗都在 1999 年,亲身经历前后两种不同任用机制的法官工作时间算起来应在 10 年以上,考虑到亲验性人群对任用机制的对比评价更为准确,我们在对两个中院工作 10 年以上的法官的答案又分别进行了统计。

---

① 据了解,由于财政供给有限,C 中院甚至曾经因为拖欠电费而被电力公司断过电,C 中院下面的基层法院 c_1、c_2 则因为修建法院大楼而欠有大额的外债。

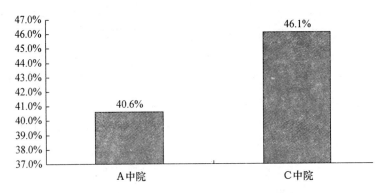

图 4-12　A、C 中院工作 10 年以上的调查对象对竞争上岗更具民主性的认同统计①

从数据上看,两个法院工作 10 年以上者仍只有不到一半的人认为竞争上岗更为民主。这颇有点让人意外,因为从运作过程上看,竞争上岗比党组讨论任命显然在形式上更为民主,前者设置了一般工作人员对候选人的民主测评阶段等,后者只是由党组成员酝酿候选人名单。

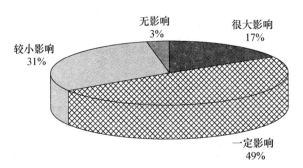

图 4-13　A 中院工作人员对民主测评影响任用结果的评价

设置民主测评阶段被认为是要体现"群众公认"的人才选拔标准。但从两个法院的问卷调查来看(图 4-13 和图 4-14),法院内部的大多

---

①　A 中院接受问卷调查的人中有 69 人工作了 10 年以上,其中 28 人选择了更民主,占到 40.6%;C 中院接受问卷调查的人中有 13 人工作了 10 年以上,其中 6 人选择了更民主,占到 46.1%。

数人并不认为民主测评能对任用结果产生很大的影响,A 中院和 C 中院分别只有 17% 和 27% 的人选择了很大影响。这在某一个方面能够解释为什么只有不足半成的人认为竞争上岗比传统的任用机制更民主。依据一般生活经验,人们对"民主"的理解和体会是"大多数人说了能算数",是否民主采用的是一种结果主义的判断标准,形式上的民主远不如实质上的民主给人带来的感受强烈。根据我们的观察,之所以大多数人认为民主测评并不能给任用结果产生很大的影响,可能有以下两方面原因:

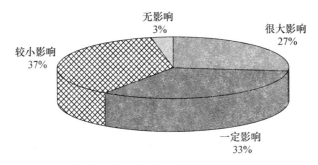

图 4-14　C 中院工作人员对民主测评影响任用结果的评价

一是竞争上岗程序设计本身并未着意让民主测评成为最具决定性的阶段。比如 A 中院的竞争上岗分为笔试、演讲测评、组织考察和决定任免,某些年份还安排了党组成员组织的面试答辩阶段,演讲测评只是众多环节之一,且测评分数构成中还有意识地增加了领导意见的权重,一般群众的测评事实上很难起到决定性的影响。C 中院的竞争上岗更为简单,去掉了笔试,仅设置了测评和组织考察阶段,民主测评对结果的影响要更大,故 C 中院比 A 中院多出了 10 个百分点的人认为民主测评对任用结果有很大影响。不过,C 中院的组织考察阶段能对"民选"的候选人进行把关,体现党组的意志。事实上,法院党组的集中把关得到了组织部门的支持,这一方面符合党管干部的要求,另一方面"票数高"就当选,在实践中暴露出很多问题,组织部门已明确要求各单位在竞争上岗过程中防止简单的"以票取人"。

二是民主测评阶段的操作可能不够规范,不得不让人产生很多猜想,怀疑其有用性。据 A 中院的工作人员反映,该院竞争上岗民主测评阶段的分数在某些年份并不公开;C 中院只要民主测评得到超过 50% 的选票就过关,不进行排序。一些接受我们访谈的人员表示,"竞争上岗还是领导说了算",这种看法有一定的市场,我们调研的 B 中院在竞争上岗的总结报告里就批评一些人"只凭自己的主观臆断随意说三道四,影响少数竞岗人员的情绪"。尽管如此,问卷调查表明大多数人仍认为民主测评产生了影响,表现为两个法院各只有 3% 左右的人认为民主测评对任用结果毫无影响,选择有影响的人群加起来占到了九成左右。调研法院的政治部负责人向我们表示,一个人即使才干再突出,但若民主测评通不过,法院一般不敢用,组织部门近年来虽将中层干部的选任权下放到了法院,但组织部门仍会监督,民主测评通不过而被任用了就不是选人失误,而是原则性的大问题了。

因此,法院未来的竞争上岗若要在增加民主性的方面进行完善,一是需要考量"群众公认"与"领导决策"在程序设置上的衔接,在防止简单"以票取人"的前提下,又不能让"民意"消解在领导决策中;二是需要让竞争上岗的运作更加透明化,严格依照设置的流程操作,避免给人不公的遐想。

(2) 从两个中院的问卷调查来看,大部分人也并不认为竞争上岗在选出优秀法官方面更具有明显优势。数据显示,A 中院有 30.7% 的人认为竞争上岗较之传统的任用机制(党组综合考虑决定)更能选出优秀法官,C 中院则只有 9.1% 的人持相同的看法。从人群分布上来看,工作时间越长的人对竞争上岗更具择优性的认可反而越低。

工作 10 年以上的人在法院亲身经历了任用机制的改变,他们对两种任用机制的优劣应有更深的体会。不过,另一方面,工作 10 年以上的人大都处于中层晋职的年龄,这种评价也有可能带有某种利益偏好,毕竟他们中通过竞争上岗走上中层岗位的是少数。在 A 中院,有行政职务的人就比无行政职务的人更认同竞争上岗的择优性。数据对比结果如图 4-16 所示。

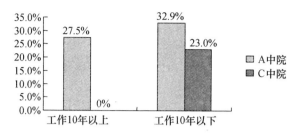

图 4-15　A、C 中院不同工作年限人群赞同竞争上岗更能选出优秀法官比例统计

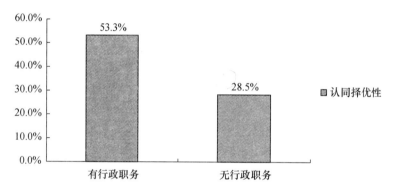

图 4-16　有行政职务和无行政职务法官认同竞争上岗择优性的对比统计

不过,同样存在反例。C 中院接受问卷调查的正副庭长中就无一人认同竞争上岗更能选出优秀法官,反而无行政职务的人中约有 11%的人赞同。作为自上而下推行的一种新任用机制,竞争上岗打破了原来的利益格局和一部分人早已经习惯了的晋升预期。大部分法院的第一次竞争上岗都将原来的中层干部免职,然后再全员参加空缺岗位的竞争,不少原来的中层干部在竞争中失利。另一方面,竞争上岗增强了中层干部岗位的开放性,只要你符合条件就可参与竞争,这使得更多的人对未来的晋升充满了憧憬:法院反馈回来的信息表明,每次竞争上岗吸引了众多符合条件的人参与。而在原来党组综合考虑决定的任用机制下,每个人只能靠等待领导的发现得到晋职的机会,对大部分人而言走上中层岗位"可遇不可求"。两相比较,实施竞争上岗后,更多的人拥有参与中层竞职的经历,但由于岗位有限,也意味着更多的人有过竞职失败的经历。遗憾的是我们的问卷没有统计多少人参与过竞争上岗,"吃不着葡萄说葡萄酸"的心理作用有没有可能影响了竞职失败的人对此问题作答的客观性？我们认为,即使部分人由于各种原因在接受问卷调查时具有利益偏好,但法院内部人员对竞争上岗更具择优性的认可度偏低仍是一个事实。假设竞职失败的人都倾向于对竞争上岗更具择优性作否定评价,那么基于同样的理由作为竞争上岗胜利者的现任正副庭长就会倾向对竞争上岗更具择优性作肯定评价。如果通过竞争上岗上来的正副庭长对竞争上岗的择优性都评价不高的话,我们的整体判断就应该能在很大程度上成立。而统计表明,A中院现任正副庭长认为竞争上岗更能选出优秀法官的比例也只有五成多一点,而C中院接受问卷调查的7位正副庭长则无一人赞同竞争上岗更具择优性。问卷调查的结果在相当程度上也能够从我们的访谈中得到印证。一部分人直接或间接地向我们表示了竞争上岗在运作过程中存在的问题。法官竞争上岗也是在网络中引起热议的话题,在人民法院网的法治论坛中,一篇质疑法官竞争上岗合理法的帖子引来了200多人的跟帖,其中不乏各地法院法官的"现身说法"。① 透过这些发言,我们发现,调研法院所暴露的竞争上岗运作中的很多问题在各地法院中也存在,具有共性。因此我们认为,竞争上岗由于种种原因,其相对于传统任用机制更具择优性的优势并未完全发挥出来。

一是从各地法院竞争上岗的环节设置上看,普遍缺乏对候选人是否具备日后胜任该岗位之能力的细致考察,这在一定程度上制约了其择优性的发挥。虽然都叫竞争上岗,但各法院所设置的操作环节各有不同。仅以我们调研的3个中院和5个基层法院来看,就各有差异。竞争上岗流程设置比较复杂的如A、B中院,包括了业务知识笔试、演讲测评、组织考察等主要环节；竞争上岗流程设置比较简单的如C中

---

① 《竞争上岗,法官真正的痛》,载中国法院网法治论坛 http://bbs.chinacourt.org/index.php?showtopic=40784。

院,仅有演讲测评和组织考察。从网上报道的法院竞争上岗的情况看,这两类操作都具有典型性。① 在各法院竞争上岗设置的这些环节中,业务知识笔试可以看做是对业务能力的考核。实践中,法院开展的业务知识考试内容包括政治时事和法律专业知识(各部门法的规定)。② 在法官职业化的初期,这样的考试一定程度上起到了筛选作用,据说海口中院在2000年的竞争上岗中,有些法官即使面对这样的业务知识考试也只得了8分,得十几分的也有好几个。③ 这样的事例被当做"竞争出效率"的典范在宣传,但以现在的眼光来看,熟悉和了解部门法的规定是对一名法官最基本的要求,通不过这样的考试,只意味着欠缺担任法官的基本法律素养,而对要承担审判业务管理的正副庭长来说,通过这样的考试也并不见得就具备了胜任岗位要求的业务技能。我国在2002年已经实行司法考试合格才能成为法官的资格准入制度,业务知识考试从现在来看意义十分有限,因为它更像是对法官基本业务素质的考察,而对一个人真正业务技能高低的区分度并不大,尤其是从胜任正副庭长工作岗位角度出发来考虑的话。未来的竞争上岗在考核内容上应加以调整,如考庭审和审判文书制

---

① 如上海法院开展的竞争上岗步骤包括(1)公布职位;(2)公开报名;(3)资格审查;(4)考试;(5)演讲答辩;(6)民主测评;(7)组织考察;(8)决定任命。参见《中共上海市委组织部、上海市人事局关于印发〈上海市党政机关推行竞争上岗试行办法〉的通知》,载 http://www.shanghai.gov.cn/shanghai/node2314。而河南周口中级法院则没有笔试,经过现场报名、现场资格审查、现场即兴演讲、干警现场民主推荐(以上四项占60%的分值)、党组成员现场打分(40%的分值),现场计算成绩,选定中层干部。参见《周口中级法院竞争上岗受好评》,载新华网 http://www.ha.xinhuanet.com/zfwq/2007-10/30/content_11533194.htm。而出于保密和公正性的考虑,笔试一般需要从外面请人出题或购买试卷,最后还需请人阅卷,这对法院来说是一笔不小的开支,C中院省去笔试环节据说就是受制于经费问题。

② 我们调研的A中院、B中院的中层竞争上岗的考试内容就是政治时事和法律专业知识,网上报道的其他法院进行的业务知识考试也如此。如宕昌县法院竞争上岗的"笔试注重检验竞争者的政治理论和业务知识,全面了解竞争者的政治、经济、法律、管理、科学技术及历史、国情国力等综合知识",载宕昌党建网,http://www.tanchangdj.gov.cn/Article/ShowArticle.asp?ArticleID=130。

③ 参见《海口市中级法院竞争出效率》,载中国法院网,http://www.chinacourt.org/html/article/200204/02/1179.shtml。

作,那么其实质意义仍能凸显。有些法院也在做这样的努力,但我们认为,业务技能的考核不能是"一锤子买卖",即一次现场笔试,而真正反映一个人业务技能的应该是过往的司法业绩。

  遗憾的是,现在的竞争上岗程序中,过往的司法业绩没有得到科学地标示,难以发挥其应有的筛选功能。目前的竞岗环节中,最有可能提及并考察司法业绩的是演讲测评和组织考察阶段。按照制度设计的初衷,候选人在竞职演讲时要介绍自己的工作履历和成绩,参与测评的人员打分时也被要求考虑候选人的工作能力。但正如访谈中一位部门领导所说,民主测评需要有一个理性人假设,那就是打分人员能根据候选人员过往的表现毫无偏私地打分,但现实中很多时候做不到。司法业绩可能成为打分人员的一个依据,但人际关系中的亲疏远近、个人的利害得失都可能影响到参测人员的打分。更为重要的是,即使测评人员考虑到候选人的司法业绩,这种考虑在多数时候很难做到细致而具体,大多数时候的比较都是依据总体印象作出的。①而依据总体印象作出的判断很可能出现偏差。在我们调研的法院,组织考察阶段大多采用个人谈话的方式,谈话对象主要包括候选人所在部门的领导、同事。组织考察的目的被设定为了解一个人的"德、能、勤、绩、廉"表现。但从实际的运作情况看,这种对一个人工作表现的考察多建立在他人的评述之上,带有很大的主观性。一位负责法院人事工作的法官不讳言组织谈话在大多数时候是在"走形式",因为除非人际关系特别不好或表现特别糟糕,同一个部门的同事和领导都会给出一个过得去的评价。这种以谈话方式了解到的候选人的司法业绩无法形成精细的比较,在很多时候得到的结论是"都不错",至于谁更好,则取决于谈话的领导综合形成的印象。在传统的任用机制下,组

---

  ① 调研中一位审判员对我们坦承了群众打分的主要做法:"群众打分主要还是凭印象,印象从哪里来呢? 就是人和人之间平时相处,彼此形成的一种看法,整个很难量化。我如果对你比较熟悉,肯定对你的情况就了解得比较多,我打分可能就更有针对性一些。如果对你不熟悉,那完全就只能凭印象,凭感觉,就看你演讲时怎么样,能不能让我信服。演讲时如果能有效抓住底下打分的人的兴趣,那给你的分数肯定就比较高。"

织考察大部分是等额的,它主要起到验证的作用,只要没有大的问题,候选人通过组织考察后就能得到任用。现在很多地方的组织部门要求竞争上岗的组织考察采用差额的形式。不过,在考察方式依旧的情况下,这事实上增加了领导"综合衡量"的空间,因为谁更优秀主要取决于领导对其形成的印象。相反,一些法院在审判长选任时将司法业绩折算成分数的做法则值得借鉴。现有的竞争上岗从环节设置上来看缺乏对业务技能的精细化衡量,对司法业绩的考察是粗放式的,这在一定程度上制约了其择优功能的发挥。而从胜任中层岗位的行政管理能力和协调能力的考察来看,现在的任用机制更是没有建立起一套评估体系,这里考验的仍是领导挑人的眼光,和传统的任用机制相比没有太大的改变,所以也难言更具择优性。

二是竞争上岗倚重发挥民主的优势来实现对优秀人才的选拔,但现实运作中其择优功能往往打了折扣。法院内部人员极少将竞争上岗的"民主"与"更能选出优秀人才"的结果联系在一起。C 中院接受问卷调查的人中有33.3%的人认为竞争上岗较之传统任用机制更民主,但其中只有9.1%的人同时认为竞争上岗更能选出优秀人才;A 中院接受问卷调查的人中有42%的人认为竞争上岗更民主,但只有15%左右的人同时认为其更能选出优秀法官。法院内部人员对竞争上岗的感受一定程度上表明民主性的提高并非直接带来择优性的增强。竞争上岗希望借群众"雪亮的眼睛"来挑选优秀的人才,一个不好的人不会大家都说好,一个好的人也不会大家都说不好。理论上的这种预设不无道理,但实践操作中我们遇到了更多情境化的问题,实践效果差强人意。

首先,面对不甚熟悉的候选人,法院目前缺乏有力而规范的措施"擦亮群众的眼睛",因此对候选人了解有限影响了民主择优理论的实现。以 A 中院为例,全院 200 多人具有法官资格,分散在十几个部门工作,工作部门不同的人有些连名字都叫不上。法院的竞争上岗无一例外地禁止候选人私下拉票或宣传行为,候选人只有在组织安排的竞选行为——演讲中介绍自己从而赢得选票。国外成熟的竞选制度实践表明,竞选必然伴随拉票行为,这一方面是竞争使然,另一方面也使得选民有更多的机会与候选人接触,从而便于选择。缘此,国家一般允许候选人开展竞选拉票,另一方面也积极规范竞选拉票行为以尽量防止其负面效应。C中院的政治部主任向我们坦承,就个人而言,他倾向于竞争上岗时也准许候选人进行拉票,但如何规范目前确无良策。一旦准许私下拉票法院会面临诸多问题:一是充当"选民"的是法院内部的工作人员,数量有限,候选人争夺选票势必更趋激烈,拜访、鼓动宣传等手段有可能使"选民"不堪其扰;二是造成一种复杂的人际关系,日后正常的工作开展难免不受影响;三是拉票被允许后,由于"选民"有限,更容易滋生竞选腐败行为。有鉴于此,竞岗的法院都明文规定不允许私下拉票。这避免了诸多问题,但也引发了不少问题:一是参加测评的人员在面对不熟悉的候选人时只能依赖其演讲的几分钟形成的印象打分,这样的分数很多时候反映的不是一个人的工作能力和业绩,而可能是现场的演讲水平抑或形象受欢迎的程度。调研法院的一位法官坦承这种情况无可避免。中国法院网法治论坛中一位法官也这样留言道,自己所在法院"有的审判员从事了十多年的审判工作,政治上也没有不良的记录,案件质量上也没有什么问题,民事调解率也很高,就是因为笨嘴拙舌演讲得不好而被淘汰……"[①]我们调研的B中院也在一次竞争上岗的总结报告中指出,"干得好不如说得好",这挫伤了一部分竞选法官的积极性。该法院在后一次竞争上岗时采取结构化评分,演讲测评阶段不再直接淘汰人。二是候选人展示自己的渠道有限,使得在比较性投票或打分时,"熟人原则"——人们倾向于将选票投给熟悉的人——开始发挥主导性作用。A中院一位工作多年的法官总结说,民主测评对在研究室、办公室等综合部门工作的人更有利,因为由于工作的关系,他与各个庭室都有或多或少的接触,更容易混个脸熟。相反,基层法院派驻法庭的法官则忧心忡

---

① 《竞争上岗,法官真正的痛》,载中国法院网法治论坛 http://bbs.chinacourt.org/index.php? showtopic=40784。

忡,常年在法庭工作,新进法院的同志连名字都叫不上。三是拉票活动转为地下,造成一种不公平竞争。各法院虽明文禁止拉票,但私下里的拉票活动或多或少都存在。从我们了解到的情况来看,有些法院对此行为打击严厉,风气不是很盛;而在极个别法院,竞岗期间当面请托拉票是公开的秘密。

民主性并未带来择优性增强的第二个原因是竞争上岗的民主投票无法以责任意识为依托,这导致在某种程度上无论是投票还是打分都没有被"认真对待"。在美国实行法官选举的州,选民是所有的社区居民,他们投票选出的法官会成为所生活社区的司法裁判者。所以,几乎所有的选民在投票时均会意识到,投票不是简单的意见表达,而是一次可能直接影响到日后所能享受的司法服务质量高与低的重要选择。民主投票的权利之所以会被谨慎行使,在于投票人意识到自己须为所作决定承担后果。而在法院内部竞争上岗所开展的演讲测评中,"选民"是法院的内部工作人员,他们所要选出的乃是一位部门领导。以生活的一般情理度之,这样的一件事情虽与参与投票人的利益相关,却与他们中间大多数人并不打紧。首先要选出的这位只可能成为部分"选民"所在部门的领导[1],对其他大多数"选民"而言,这更多地像是别人的"家务事",选出来的人能干、优秀与否与自己实无太多关系,也不会对自己产生什么影响。其次,对在选择自己部门领导的"选民"而言,因为要选出的人会成为顶头上司,他们确实要更为谨慎,但他们考虑的时候可能会顾及这个人的性格,自己以后在他手下工作是否愉快,有没有可能会受到照顾等诸如此类的因素,而能干、优秀与否并非他们必然斟酌的事情。这绝非想象或猜测,在我们调研的法院,一位多次参加民主测评打分的资深审判人员就这样分析"群众打分"时的心态:"年纪大的人更客观一些,因为他以后反正也不再图啥子了,选这些干部就和他自己的利益没什么冲突,可能打分还会中立

---

[1] 竞争上岗时要求候选人明确自己的竞岗职位,并就自己担任该职位所具备的条件和今后开展工作的设想发表演讲。

一些。年轻人这一拨呢，因为以后还有很大的发展机会，现在选哪个人不选哪个人，可能就涉及他个人以后的一些利益，这可能就要产生打分上的一些有意的侧重。话又说回来，老的呢有时就不太关心这些事情，因为这些事情和他自身没有太大关系，有时候给人家打分可能就比较随意，不是仔细想过的。"①

我们在 A、C 中院就竞职演讲的评分标准进行了问卷调查。结果 C 中院只有 51.5% 的人将候选人的业务能力列为自己的打分标准，而有 45.5% 的人将人缘作为自己打分的考虑因素；A 中院则有 75.3% 的人表示打分时会考虑业务能力，而有 23.5% 的人将人缘作为自己打分的考虑因素。这是一道多项选择题，进一步的统计表明，A 中院 75.3% 的选择业务能力为打分考虑因素的人中，有 21% 的人同时亦将人缘列为自己的考虑因素；C 中院 51.5% 的选择业务能力为打分考虑因素的人中，有 29% 的人同时将人缘列为自己的考虑因素。

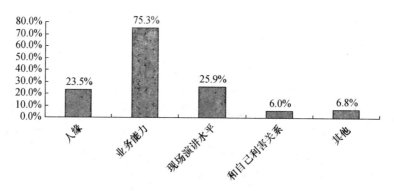

图 4-17　A 中院竞岗演讲打分考虑因素统计

心理学的研究也表明，人在做与自己不相关的决定时要更为容易，更少谨慎对待。一位法官私下闲聊时说，民主测评时不管认识的或者不认识的，他都给 100 分，这样比较公平，也不会得罪人；而有些法官投票打分则是遵循"熟人原则"，将票投给熟悉的人或者将其分数

---

① 2005 年 8 月 19 日 A 中级法院访谈内容，见访谈笔录第 38 页。

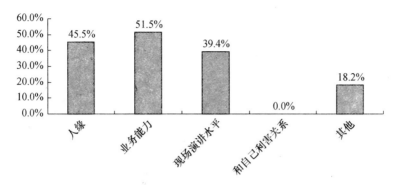

图 4-18　C 中院竞岗演讲打分考虑因素统计

打得更高。投票结果与自己不相干,也在某种程度上导致民主投票权更容易被"寻租"。院长不大容易任命一个能力十分不济的人为中层,因为要实现法院整体的工作目标他需要"干活"的人。而对投票的一般法官而言,他显然不需要有这么多的顾忌,私下的拉票"勾兑"在某种程度上更容易一拍即合。指出这一点并非意图说明领导决定机制反而优于竞争上岗——客观来讲,竞争上岗在解决领导个人权力过大而引起的"买官卖官""任人唯亲"等问题时仍有优势(如个人比群体更容易腐败),只是这种优势由于上面提到的种种原因并未得以淋漓尽致地发挥。一位法官在中国法院网的论坛上这样留言:"(我们法院竞争上岗)只分两种票:群众票、领导票,各占50%。到投票的时候,哪管你什么业务水平、工作能力,全凭印象打分。你如果竞争上了还好,如果落选了,只能打掉牙往肚子里咽,连发牢骚的地方都没有。谁愿意背上一个'没有人缘'的黑锅呢?"[①]正因为民主投票存在着弊端,各地组织部门纷纷发文要求不能简单地"以票取人",我们调研的各法院也都在第一次竞争上岗后进行了操作上的调整,法院或者扩大了院领导和中层干部民主测评投票或打分的比重,或者改为采取结构分,民主测评并不直接淘汰人而只是成为总分的一项。但不管哪项改革,其

---

① 《竞争上岗,法官真正的痛》,载中国法院网法治论坛 http://bbs.chinacourt.org/index.php?showtopic=40784。

对弊端的消除是以削弱群众民主投票对最终任用结果的影响力为代价,法院领导对任用结果的话语权则在事实上得到了某种程度的加强。这似乎是一个两难选择,因为当民主的力量无法成为影响任用结果的决定性因素时,希望借由民主实现任用机制的择优性也会在很大程度上落空。调研法院很大一部分人认为竞争上岗和传统的任用机制无实质差别就是明证。

上面的分析决非意图否定竞争上岗在实践中的效果,而只是想表明,作为一种创新型机制,其在受到推崇的同时仍隐藏了一些急需完善的问题。竞争上岗的制度预设与实践效果存在偏差,原因一部分可能在于并未严格地遵循程序操作而走样变形,另一部分可能在于制度本身的某些方面与运行环境"水土不服"。因此,竞争上岗的完善需要进一步的机制创新,比如民主测评的参与人群是否只能局限为法院工作人员呢?在未来的改革中引入外部评价(如律师协会对法官的评价)是一个值得认真考虑和论证的思路。

第五章 业务型领导法官任用机制(Ⅱ)

一、作为分管领导的副院长

在法院的权力构架中,副院长位列庭级干部之上,院长之下。正副庭长属于中层领导,副院长则和院长一起并称院领导。和中层干部相比,副院长的工作一般更宏观,他不需要像正、副庭长那般处理繁琐的庭室日常事务;和同为院领导的院长相比,副院长的工作又更为具体,某种程度上他像一个"大业务庭"的庭长。副院长在法院内部的这种特殊角色缘于法院内部的"分口管理"模式。

由于院长常被过多的行政和党务等工作缠身,其对法院的全面管理主要通过各分管副院长来实现。所谓"分口管理",即由各副院长对口分管不同的庭室,指导该庭室工作,并就其所分管庭室的工作向院长负责。最高法院现有 9 名副院长,省高级法院一般配备 6 名副院长,中级法院为 3—5 名副院长,基层法院则常为 2—4 名副院长。[①]

---

① 据介绍,法院副院长的配置数量一般由当地的机构编制办依据法院受理案件数、法院人员规模等确定。如我们调研的 A 中院,位于副省级城市,规模较大,一共配备了 5 名副院长;B 中院配备了 4 名副院长;C 中院配备了 3 名副院长。基层法院中,a1、a2、b、c1、c2 都配备了 3 名副院长;但我们亦了解到,部分小的基层法院只有 2 名副院长,大一点的也有配备 4 名副院长的情况。此外,法院一般还配备若干副院级领导,如政治部主任、纪检组长,个别法院还配备专职审委会委员。

为了更清晰地展现法院内部分口管理下的权力结构,现以疑难案件的审判管理为例进行说明。合议庭遇到疑难案件达不成一致意见时,一般首先向分管此合议庭的副庭长汇报;副庭长可再次组织合议,若仍达不成一致意见,经副庭长建议,承办法官则将案件审理报告和案卷交由庭长审阅;庭长若认为应提交审委会讨论,会签署一份"因合议庭意见分歧,建议提交审委会讨论,请主管院长审定"的意见。这里的"主管院长"即分管该业务庭的副院长。分管副院长对案件进行最后的把关,经他同意,案件将提交由院长主持的审判委员会讨论。调研发现,法院的审判权力运行呈现一种较为明显的司法等级链,图示如下:

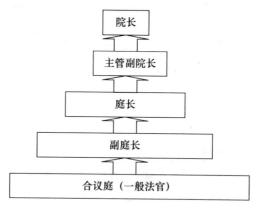

图 5-1　法院内部权力构造等级图

由于院长的大部分精力为对外工作所牵扯,副院长事实上充当着类似院长"管家人"的角色,上述的疑难案件审判管理就是明证。除审判业务管理,副院长还承担着重大行政事务、审判态势、审判行为和作风的管理。副院长有常务、非常务之分,常务副院长为党组副书记,其要协助院长处理全院的事务,常务副院长的作用因院长的风格与政治化程度而异。

(1)审判业务管理。从功能分化和角色定位的差异上来看,虽然副院长极少直接审理案件,但作为分管业务庭的院领导,他事实上是许多重要案件的把关者乃至决策者。副院长可以通过各庭庭长对具体案件的处理予以过问,也可以直接要求合议庭或承办法官向其汇报。从实践来看,其过问较多的案件基本集中在以下五类:同级党委、人大、政法委、上级法院等机关和领导交办或过问的案件;在社会上有一定影响(如涉及稳定)的案件;意见分歧很大,将来可能出现司法不统一的案件;反映法官有违法审判情形的案件;二审发回重审的案件。

(2)重大行政事务管理。如政治部的相关人事安排、审判庭的内部调整等都需征求分管副院长的意见。

(3)审判绩效管理。审判绩效反映了法律调整的实际状态和结果与法律社会目的之间的整合程度,在当前社会条件下成为衡量审判工作的某种标尺。副院长一般会"把关"案件的处理方法(如要求尽可能调解结案,或延缓判决等)甚至结果。

(4)审判态势管理。通过职能部门及时掌握所辖地区案件综合发展态势,调整审判重点,切实服务于党委的中心工作和阶段性重点工作。

(5)审判行为与作风管理。副院长对法官职业道德、廉政建设、纪律作风、审判行为等负有管理责任。与此相应,他的评价对其分管范围内的法院工作人员的考评、晋升等十分重要。①

在法院的分口管理之下,副院长职责履行的好坏,直接影响到法院整体运作。副院长任用的理想型是懂业务会管理,为院长"分忧",做称职"内当家"。2006年病逝的广西防城港市中级人民法院副院长李红森,其事迹经《人民法院报》、中国法院网、新华网、人民网、新浪网等的报道感动了无数人。② 李红森就是一位懂业务会管理,且具有崇高人格魅力的副院长典型。

李红森签发案件判决书,从不简单听取案件汇报,一定要亲

---

① 此处对副院长审判业务管理、重大行政事务管理、审判绩效管理、审判态势管理、审判行为与作风管理的职责概括参考了四川大学诉讼法博士赖波军的博士论文《F高级法院:司法运作与国家治理的嬗变》的相关论述。

② 李红森的事迹可详见相关报道,载中国法院网,http://www.chinacourt.org/zhuanti1/lihongsen/。

自翻阅案卷,对合议庭认定的每一项事实,他要看到有充分的证据证实,对合议庭作出的判决和处理,他要求提供法律依据;对有疑问的地方,他还要详细询问合议庭各位法官。对裁判文书的写作,从格式、结构、用语、标点、事实、证据、判决、说理等各方面都严格把关。

……

李红森不仅对自己要求严格,对分管的部门也要求严格。黄瑜蓉法官回忆说:在刑庭工作的时候,每年总结工作时,李红森就指导我们结合当年刑事审判的热点、全区法院该项业务的薄弱点、我们的优势确定我们新一年的工作目标、工作重点和工作突破点,要求我们制定年度工作计划和月工作计划……为了完成工作计划,实现工作目标,李红森抓得严,过问多,督促紧,指导到位,使我们的工作得以顺利开展。

……

担任中院副院长后,李红森所分管的刑事审判庭、法警支队、办公室、立案庭多次获得市中级法院"双文明"目标管理一等奖,院办公室被评为全区法院先进集体,防城港市两级法院五个立案庭均被自治区高级法院评为"文明窗口"。①

一位称职的副院长,往往能承担起为院长"分忧解难"的角色。对于这样一个重要法官职位的任用,虽然法律规定的任用程序同于正副庭长,即院长提名,报相应各级人大常委会任命,但在任用提名的组织程序方面,副院长和正副庭长迥然有别。下文将对实践中副院长提名实际所把握的标准、任用程序所呈现的不同于正副庭长任用的特质进行分析和探讨。

---

① 参见曾冰、陈耀龙、黄琼:《防城港日报:一位法官的赤诚——追记广西防城港市中级人民法院副院长李红森》,载中国法院网 http://www.chinacourt.org/public/detail.php?id=202147。

二、任用机制的变迁

1951年《人民法院暂行组织条例》规定了各级法院副院长的配置①，而对其任用标准和程序进行规范的则是1954年《法院组织法》。在该法中，副院长任职的法定标准和普通法官的任职标准相同。不过，作为一级重要的司法干部，副院长大部分从政治素质好且具有一定领导管理才能的行政机关、学校及其他司法部门的干部中选任。表5-1是A中院1955年至1979年间所任命副院长的个人背景统计：

表5-1 A中院1950到1979年间所任命副院长背景统计

人员	性别	任职时间	任前职务	历任工作背景	学历
刘×	男	1955—1957	人民委员会办公室主任	党校政治指导员、县宣传部副部长、民庭庭长等	高中
申×	女	1955—1963	小学校长	边区政府经济部巡视员、妇联会组织部部长、地委妇委会书记等	高小
王×	男	1956—1958	副区长	团长、县委秘书、县公安局局长等	高小
李×	男	1957—1967	政法干部学校教务主任	县政务秘书、县人民法院院长等	高小
傅×	女	1960—1962	人民委员会副秘书长兼办公厅主任	县委委员、区委组织部长、记者等	中师
张×	男	1972—1978	检察院副检察长	公安局长、检察署长等	初中
刘×	男	1975—1983	省人民委员会办公厅副主任	小学教员、军队政治部保卫科科长、军事法院院长等	初中
陈×	男	1973—1976	检察院检察长	部队指导员、教导员、军区干部副部长、最高人民法院西南分院院长等	初中

---

① 该条例规定：县、市人民法院必要时得设副院长一人；省级人民法院得设副院长一人或二人；最高人民法院设副院长二人至四人。

（续表）

人员	性别	任职时间	任前职务	历任工作背景	学历
张×	男	1975—1976	省高院庭长	军队参谋、县公安局长、省人民检察院副处长、省高院庭长等	高小
陈×	男	1978—1983	公安局处长	派出所所长、副区长、市公安局处长等	初中
王×	女	1978—1985	市委组织部办公室副主任	派出所户籍员、规划局人事科副科长等	高中

由表5-1可知，A中院1954年至1978年间任命的11位副院长中，具有高中（中师）学历的约占27%，初中和高小学历的各约占36%。当时的副院长由权威部门从一定级别的干部中统一调配，除一位副院长任前为省高院的庭长外，其余10位副院长均从法院系统外调入。

图5-2 A中院1954—1979年所任命副院长任前工作背景统计①

11名副院长中，任前有过法院工作经历的不到一半，但大部分人都曾在政法部门工作过（法院、检察院、公安局），只有约27%的人毫无政法工作经历。如果考虑到当时并不十分强调法官任职的司法经验标准，副院长选任时对政法工作经历事实上的重视，一定程度上暗合了副院长作为业务型领导法官的定位——政法业务技能更便于副院长完成所承担的职责。

在任用的法定程序方面，按照1954年《法院组织法》的规定，最高人民法院副院长由全国人民代表大会常务委员会任免；在省内按地区设立的和在直辖市内设立的中级人民法院副院长由省、直辖市人民委

---

① 说明：统计中1978年任职副院长的王×曾任派出所户籍员，但考虑到工作性质，在任前工作背景统计中并没有将其归类为有政法工作经历的人群。

员会任免;其余地方各级人民法院副院长由地方各级人民委员会任免。副院长任用前亦要经历组织程序:由地方党委组织部门敲定初步人选,经组织考察后由党委常委会议确定最终提名人选。下面为 a2 法院志所记载的副院长任用程序:

  1950—1954 年,a2 法院的审判人员,由同级党委审查,报××专员公署任免。1955—1966 年间,根据《中华人民共和国人民法院组织法》的规定,副院长由本县人民法院推荐,经同级党委审查同意后,由院长提请本县人民委员会决定任免。1973 年初,本县人民法院恢复办公后,至 1979 年 5 月以前,法院因未走上法制轨道,院长、副院长由上级党委决定任免。1979 年 5 月后,随着民主与法制的健全,审判职务得以恢复,按照新颁布的《中华人民共和国人民法院组织法》,副院长由人民法院院长提请同级人民代表大会常务委员会决定任免。①

  1979 年重新颁布的《法院组织法》沿用了 1954 年时对副院长任职标准的规定,不过在 1983 年时增加了审判人员必须具有法律专业知识一条。A 中院 1980 年到 1994 间任命的副院长全部从法院系统产生,且绝大部分具有法律专科以上文凭。A 中院的副院长从大部分为法院系统外调入到绝大部分从法院系统中选任,从最高为高中学历到大部分具有法律专科以上学历,这在很大程度上表明实践中副院长任用对司法专业知识愈发强调。

表 5-2　A 中院 1980—1994 年任命的副院长背景统计

人员	性别	任职时间	任前职务	历任工作背景	学历
喻×	男	1983—1985	某中院副院长	派出所所长、副检察长等	高中
吴×	男	1983—1991	某中院副院长	县人民法院审判员、法院副院长、劳动局劳资科科长等	高中

---

① 参见《a2 法院院志》第二编"法官",第 15 页。

（续表）

人员	性别	任职时间	任前职务	历任工作背景	学历
黄×	男	1985—2000	本院刑庭庭长	省高院办公室信访干部、市工会宣传干事、审判员、副庭长等	法律本科
李×	女	1985—1998	本院副庭长	公安处干部、法院助审员、审判员、副庭长等	法律本科
曲×	男	1989—1998	基层法院副院长	部队转业至法院，助审员、审判员、庭长等	法律专科
刘×	男	1994—1998	纪检副组长	助审员、审判员、庭长等	法律专科
王×	男	1994—1998	政治部主任	助审员、审判员等	法律本科

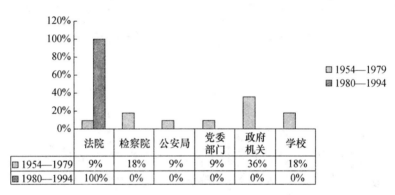

图 5-3　A 中院 1954—1979 年和 1980—1994 年所任命副院长任前工作部门对比统计

副院长任用的法定程序在 1979 年后也发生了一定变化，新的《法院组织法》将地方各级人民法院的副院长由人民委员会任用改为由人大常委会任用。20 世纪 80 年代之后，副院长任用的组织程序则经历了以加大上级法院党组任用权力为趋势的调整。

1984 年 1 月，最高人民法院党组按照中共中央组织部《关于改革干部管理体制若干问题的规定》，制定了《关于各级人民法院党组协助党委管理法院干部的办法》。该办法规定，凡列为上一级党委管理的法院干部，由同级党委和上级人民法院党组协助上级党委管理；凡列

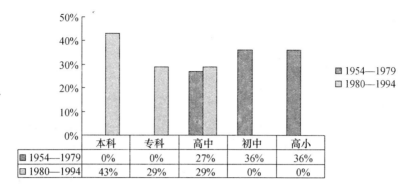

图 5-4　A 中院 1954—1979 年和 1980—1994 年所任命副院长学历对比统计

为同级党委管理的法院干部,由上级人民法院党组协助同级党委管理。法院副院长属于同级党委管理的干部,在此后实施的双重管理中,以地方党委为主管,上级法院党组进行协管。

1988 年 11 月,中共中央组织部、最高人民法院党组联合发出了《关于开展地方各级人民法院管理体制改革试点工作的通知》,福建等四省被选定为全国法院干部任用改革试点省份。据资料记载,福建等四个省开始将中级人民法院副院长以下原属于地方党委和上级法院党组共同管理、以地方党委管理为主的法院干部,改为在省委统一领导下,由上级法院党组和地方党委共同管理,以高级、中级人民法院党组管理为主。这些地(市)中级人民法院副院长、基层人民法院院长、副院长等审判职务的任免,一般先由同级人民法院党组提出人选,征求同级党委意见后,报上一级人民法院党组审批同意,再依法向本级人大推荐或提请本级人大常委会任免。①

经过部分地方的试点,1999 年的中共中央《关于进一步加强政法干部队伍建设的决定》明确提出,地方党委决定任免政法部门的领导干部,要征得上一级政法部门党组(党委)同意。同年最高人民法院颁布的《人民法院五年改革纲要》亦指出,要对 1988 年以来在一些地区

---

① 载福建省情资料库网 http://www.fjsq.gov.cn/showtext.asp? ToBook = 53&index = 157。

试行的地方法院领导班子成员以上级人民法院党组为主管理,地方党委协助管理的做法进行总结,肯定试点取得的成果,认真研究试点中存在的问题,提出解决的办法。①

2004年,最高人民法院在法院系统内部推行初任法官审核制度,各级法院初任副院长需由高级人民法院审核是否具备法官任职标准,基层人民法院初任副院长的任职资格由中级人民法院审核同意后再报高级人民法院。

至此,法院党组在副院长任用过程中已具有了相当的话语权,副院长任用的组织程序形成了法院党组与地方党委相互交叉又相互制衡的任用权力格局。不过,发生变化的并不仅仅是权力格局。20世纪90年代末以来,伴随着经济体制和政治体制改革的推进,"公平、平等、竞争、择优"的干部任用理念得到强调,我国传统的"背靠背"选任考察干部的方式经历了革新,部分地方开始尝试公开选拔(即"公选")副院长。事例列举如下:

> 2001年11月,安徽省一律师参加安徽省公开选拔省高级人民法院党外副院长考试,成绩名列前茅。经组织严格考核,并在全省公示后,终由安徽省人大通过。②
>
> 2005年,昆明市盘龙区为进一步深化干部人事制度改革,拓宽选人用人视野,经中共昆明市盘龙区委研究,决定公开选拔团区委书记、区人民法院副院长和区人民检察院副检察长人选各1名。区人民法院副院长任职的主要条件为国民教育法律专业本科以上学历;具有审判员或检察员资格,并在法院或检察院系统工作3年以上;非中共党员;年龄35岁以下。公开选拔的程序分

---

① 参见最高人民法院《关于印发〈人民法院五年改革纲要〉的通知》(法发〔1999〕28号)。

② 参见陈秋兰:《从律师到法官——访安徽省高级人民法院副院长汪利明》,载《中国律师》2002年第9期。

为报名登记、资格审查、笔试、面试、组织考察。①

2007年10月,安徽省两名律师通过公开招考选拔,分别担任亳州和阜阳中级人民法院党外副院长,分管行政、宣传、案件调查研究等工作。此次公开选拔历经笔试、面试、组织考察等阶段,程序非常严格。②

网上报道曾公开选拔过法院副院长的还包括杭州、苏州、无锡、温州、重庆等地。公开选拔副院长一般由省委、市委或区委统一安排部署,与其他行政机关的副职领导选任一起进行。相较于正副庭长在法院内部竞争上岗,副院长的公开选拔则是面向社会,安徽省在2001年和2007年公开选拔的副院长任前都是律师。我们亦注意到,经济较发达地区或省会城市采用公开选拔方式任用副院长的要多一些。不过,这些地方公开选拔副院长大多要求为非党员,最后任党外副院长。所以,公开选拔副院长或许代表了未来改革的方向,但截至2008年来看,其并没有像正副庭长的竞争上岗一样成为主流的任用机制。传统的党委推荐仍是主流模式。

三、任用标准

现行《法院组织法》确认了不同的法官职位,但在任用标准上未做区分。2001年修订后的《法官法》有所改变,其第12条第1款规定初任法官要从通过司法考试、具备法官条件的人中选出,第2条则规定法院院长、副院长除了应当从法官中选拔外,还可以从"其他具备法官条件的人员"中选出。这被认为是对法院院长和副院长的任职资格"网开一面",因为"其他具备法官条件的人员"意味着不一定需要满足司法考试合格、法律本科学历诸条件。是以,副院长任职的法定标

---

① 参见《昆明市盘龙区公开选拔干部公告》,载 http://www.yn.gov.cn/yunnan,china/72623842526232576/20051116/10230 87.html。
② 《安徽两律师就任法院副院长》,载 http://news.qq.com/a/20071105/001779_1.htm。

准存在模糊之处,实践中把握的副院长任用标准更为丰富。一如既往,我们将借助刚性标准与柔性标准的框架进行分析。

(一) 刚性标准

1. 学历标准

1995年《法官法》就法官任职的学历条件首次作出了明确规定,要求为"高等院校法律专业毕业或者高等院校非法律专业毕业具有法律专业知识"。在《法官法》颁布的最初几年,干部任用部门对(副)院长任职是否必须满足学历条件存有不同的认识。不过,法院系统内部从更好地完成审判职责出发,开始强调(副)院长也是法官,需要达到《法官法》所规定的学历条件。A、C两中院都曾在1996年前后对基层法院专门发文,要求严格掌握(副)院长任用的学历条件。

20世纪90年代确立市场经济体制后,涌入法院的纠纷不但在数量上出现井喷,并且在类型上也发生着重大变化。90年代之前,法院审理的大多是刑事案件,民事案件类型多为离婚、遗产、简单的借贷、简单的伤害纠纷等。到了90年代后,进入法院的民事案件大大超过刑事案件,并且类型多为商事案件、金融案件、劳资纠纷、知识产权纠纷……90年代之前,许多哪怕是没有进过大学或进过大学但学的是其他专业的人,只要进入法院,几年下来,也能大致对付那些纠纷;90年代之后,哪怕是法学专业毕业的人进到法院,也需不断地更新自己的知识结构。[①] 有理由相信,伴随这种变化,作为业务型领导法官的副院长,对其任职的专业知识要求也是水涨船高。因此,法院系统专门发文选任副院长"要主动向党委、组织部门汇报,严格依照法官法,掌握好条件",实属情理之中。

2001年《法官法》提高了法官任职的学历条件。虽然就副院长任职是否需符合此条件仍存在不同解读,但调研表明,法院系统内部仍

[①] 相关论述详见苏力:《法官素质与法学院的教育》,载《法商研究》2004年第3期。

倾向于严格把握副院长任职的学历条件。特别在最高人民法院于2004年推行初任法官审核制度后,不符合学历条件的副院长很难获得初任法官资格。中级法院对基层法院副院长任职学历条件的把关在此时更有了底气。B中院政治部主任在讲到拒绝一名不符合任职条件的基层法院副院长提名时意气风发:"×县要提个副院长,下面将人选都定了才告诉中院,结果我们一看,公安局过来的,学历只有大专,卡住,打回去,明显不符合法官法的任职标准嘛!"①

有理由相信,现在对副院长任职的学历条件确有比较严格的把握,我们调研的3个中院和5个基层法院现任副院长全部具有本科以上学历;所在城市经济条件比较好的法院,副院长学历为硕士以上的也占到了一定比例。

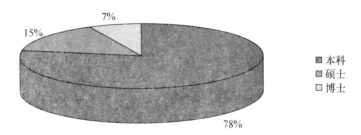

图5-5 调研法院(3个中院和5个基层法院)副院长学历构成

2. 行政职级标准

按照《党政领导干部选拔任用工作条例》的规定,上一职级的干部一般应从下一职级的干部中产生,除非特别优秀,否则不得越级破格提拔。以A中院为例,提任副院长的人在行政职级上至少应是正处级,且任职3年以上。逐级晋升是组织(人事)部门在提拔干部时所掌握的一个重要原则,副院长候选人必须得满足行政职级和任职年限的要求。

相较于行政机关,法院内部的行政职级晋升显得颇为缓慢,有时甚至无法给人稳定的预期。一位法院政工干部就对我们感慨:"法院

---

① 2005年8月2日B中级法院访谈内容,见访谈笔录第53页。

属于国家权力的'边边角角',不是出干部的地方。"① 在一些基层法院,工作数十年的庭长可能只是副科级,而一些三十出头的派出所所长早已是正科级。对于纳入公务员管理体系的法官而言,行政职级不仅和收入待遇相挂钩,更决定着其能否晋升至更重要的管理岗位。C中院两位副院长的任职履历就颇耐人寻味,如表5-3所示。

表5-3 C中院副院长任职履历

副院长甲	1985年—1996年:C中院工作,历任书记员、助理审判员、审判员(行政职级为正科) 1997年—1998年:调离C中院到政府办公室工作,历任秘书、办公室副主任(行政职级晋升为副处) 1998年:调回中院 1999年:任副院长(行政职级为副处)
副院长乙	1992年—2002年:C中院工作,历任书记员、助理审判员、审判员、副庭长(行政职级为正科) 2003—2005年:调离C中院任某县组织部长(行政职级晋升为副处) 2006年:调回中院任副院长(行政职级为副处)

据说在C中院,甲乙二人这样的晋升路线已是司空见惯。一位在法院工作了十几年的法官告诉我们,下基层法院任院长或者去政府、党委部门任职可以解决副处级待遇,当再回原法院时就可平级调动为副院长,而要想在法院内部晋升副处级则非常难。A、B中院看起来也有这样的"曲线晋职"者,即在担任本院的业务庭(副)庭长后调至基层法院当(副)院长,最后再调回中院任副院长。不过,A中院庭长调往区法院任院长,副庭长调往区法院任副院长都属于平级调动;B中院中层以上干部配套的行政职级解决得比较好,所以这两个中院副院长的"曲线晋职"不大可能是为了追求行政职级的晋升。C中院两位副院长在法院工作十几年后调出法院系统则颇让人思量,当然出于"人各有志"而谋求新的发展也是有可能的。但两人在外单位短暂任

---

① 2007年11月16日C中级法院访谈内容,见访谈笔录第121页。

职之后又调回中院说明其所图并非是法院外谋求长远发展,比较合理的解释是外单位的短暂任职只是一个跳板。C市经济较为落后,联系到媒体报道的法官不能享受应有职级待遇的法院也大都处于偏远落后地区①,我们觉得这恐怕不仅仅是巧合。有一种可能是,经济条件不好的地方受制于有限的财政供给,较高的行政职级在一定程度上会被有意识地压缩,且当地有限的行政职级分配会优先流向实权部门的干部,像法院这样属于"权力边缘"的部门在一般情况下难以被照顾到(除非院长有极强的沟通和动员能力)。在C中院,由庭长晋升副院长的做法没有成为常规,很可能是因为分给中院的、对应副院长的副处级职数太少,所以只有采用向外单位"借"副处级名额再"带"回中院的做法。一些有抱负的法官会在任职中途调离法院到更容易晋升副处的实权部门,当获得副院长任职所需的行政职级后再由院长"要回"或自己想办法调回法院。当然,不论我们这样的猜测能在多大程度上成立,行政职级无疑是副院长任职不可或缺的条件。

3. 年龄标准及其他

出于种种考虑,某些地方在任用副院长时会附加其他条件,如为了实现干部年轻化,一些地方的组织部门特别强调领导班子的年龄搭配。调研中了解到,B市下面某县组织部就要求法院至少有一名35岁以下的副院长。无独有偶,昆明市盘龙区公选区法院副院长明列的公选条件之一也是年龄在35岁以下。② 此时,年龄就构成副院长任用的实质标准并能发挥重要的筛选功能。而在另一些地方,组织部门会有意识地在法院搭配民主党派的副院长,此时同等条件下非党员身份就成为其脱颖而出的关键。

---

① 总体上看,相较于其他部门,法官的行政职级待遇保障得不够。比如基层法院法官较难升至正科级,非首省级城市中院法官较难升至副处级。但本书这里所说的法官不能享受应有的职级待遇并不是指这种情况,而是指本应配套的行政职级待遇却没有解决好。比如比照其他机关,基层法院的庭长按道理应该对应正科级,但我们了解到C中院下属的基层法院就并未完全实现这种配套,媒体也有许多类似报道。

② 《昆明市盘龙区公开选拔干部公告》,载 http://www.yn.gov.cn/yunnan/china/72623842526232576/20051116/102308 7.html。

(二)柔性标准

我们在 A、C 中院就副院长和庭长任职所强调的能力对比进行了问卷调查①,两个中院的内部人员在副院长任职所强调的能力方面看法大致相同。在 A 中院,业务能力排在首位,以下依次是协调能力、行政管理能力和政治素质。在 C 中院,业务能力和行政管理能力并列排在首位,其后的柔性标准顺序与 A 中院相同。如图5-6、图5-7 所示:

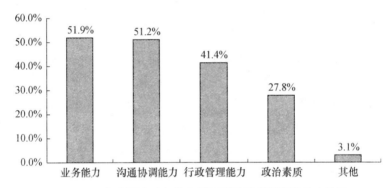

图5-6 A 中院调查对象认为任用副院长所强调的能力统计

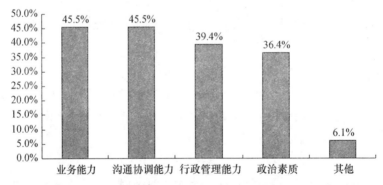

图5-7 C 中院调查对象认为任用副院长所强调的能力统计

---

① 问卷调查时间为 2007 年,调查对象是两所中院审判业务庭的所有工作人员(包括法官、书记员和法官助理),其中在 A 市中院发放问卷 206 份,回收问卷 164 份,问卷回收率为 79.6%;C 市中院发放问卷 38 份,回收问卷 36 份,问卷回收率为 94.8%。"副院长和庭长相比任职所强调的能力"一题为不定项选择。

1. 业务能力

在中国法院现行的权力架构与分工之下,丰富的司法经验对履行副院长职责是必需的。实践中,副院长要就分管庭室所碰到的复杂疑难案件给予指导,决定案件是否提交审判委员会讨论,在院长不在的情况下还要主持审判委员会的讨论。副院长之间有分工,分工主要考虑副院长的专长。因此,不同法院的副院长分管的业务庭搭配并不相同。刑庭和行政庭在某法院可能划给同一副院长分管,在另一法院则可能将刑庭和研究室归为一个副院长分管,而行政庭则划给另一名有相关经验的副院长。"副院长嘛,不需要像院长那样到处协调呀开会呀,要主管审判业务,那么对分管的业务应该就要比一般审判人员站得高看得远,业务精通一些,应该是业务内行。"一位资深庭长如是说。① 确实如此,调研中的副院长们一般都有所分管庭室进行审判工作经验。A 中院分管刑庭的副院长就曾长期从事刑事审判工作,而 C 中院一位从民庭庭长提拔上来的副院长则分管民庭。根据我们的观察,法院的(分管)副院长很大程度上类似医院的业务副院长,都要求为某一方面的专家。司法实践中,副院长极少亲自审理案件,但碰到疑难案件请示时,副院长的专业性就起到了至关重要的作用。一位副院长曾感慨,要是不懂行,就极有可能被"牵着走"甚至会被个别"动机不纯"者利用,如个别案件承办人巧妙地将自己的倾向性处理意见隐藏在对案件事实的叙述中。院长在对审判业务不甚熟悉时,就更加依赖专业的分管副院长为其把关;而即使是一个专业院长,由于其精力更多地为对外事务所牵扯,一位懂行称职的分管副院长亦能更好地分担其审判管理上的压力。

调研发现,不管历史上还是现实中,副院长任职时以司法经验为表征的业务能力事实上得到了重视和强调。以 A 中院为例,该院从新中国成立初期到 1978 年间,任命的副院长中任前有政法工作经历的占到了 73%。而我们对所调研的 A、B、C 3 个中院以及下面的 a1、a2、

---

① 2005 年 8 月 4 日 b 法院访谈内容,见访谈笔录第 89 页。

b、c1、c2 5个基层法院现任副院长的个人背景信息统计同样印证了这样的结论。

表5-4 所调研法院副院长个人背景信息统计

法院	性别	任前职务	任前有否长期司法工作经历	学历
A中院	男	本院庭长	有	本科
	男	基层法院院长	有(曾任A中院业务庭副庭长)	博士
	女	研究室主任	有	硕士
	女	基层法院副院长	有	博士
	男	高院研究室主任	有	硕士
B中院	男	本院庭长	有	本科
	男	基层法院院长	有(曾任B中院业务庭庭长)	本科
	男	基层法院院长	有(曾任B中院业务庭庭长)	本科
	男	基层法院院长	有(由该基层法院助审员一直升至院长)	本科
C中院	男	政府办公室副主任	有(曾任C中院的审判员)	硕士
	男	县组织部部长	有(曾任C中院庭长)	本科
	男	本院庭长	有	本科
a1法院	男	中院庭长	有	本科
	男	中院庭长	有	本科
	男	中院政治部主任	有	本科
a2法院	女	本院庭长	有	本科
	男	本院庭长	有	本科
	男	本院研究室主任	有	本科
b法院	男	本院庭长	有	本科
	男	本院庭长	有	本科
	男	本院庭长	有	硕士
c1法院	男	本院庭长	有	本科
	男	本院庭长	有	本科
	男	本院庭长	有	本科
c2法院	男	本院庭长	有	本科
	男	本院庭长	有	本科
	男	本院庭长	有	本科

从表5-4统计来看,所调研法院的副院长任职前都具有较长的司

法从业经历,绝大部分人都担任过业务庭庭长,在专业学识方面都具有大学本科学历。C中院有两名副院长任前分别担任县组织部部长和政府办公室副主任,但履历显示其担任行政机关职务的时间比较短,一个是2年,另一个是4年,而在此之前,两人都长期在中院工作并都获得审判员职称,其中一人还担任过业务庭庭长。可见,虽然《法官法》对正、副院长的任职条件预留了空间(可以从其他具备法官条件的人员中选出),但从我们调研的情况来看,上述几个地方对副院长在司法经验方面的任职条件还是执行得比较严。

课题组在网上随机检索了贵州黔东南中院、甘肃张掖中院、内蒙古包头中院、江西上饶中院、山东东营中院、湖南邵阳中院、山东垦利县法院、深圳南山区法院现任副院长任职前的工作履历,结果28名副院长中,25名曾在法院审判业务庭长期工作,只有3人从严格意义上讲不具有司法任职经历。①

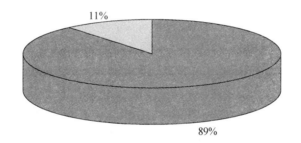

■ 有长期司法任职经历   □ 无长期司法任职经历

图5-8 网上随机搜索的法院副院长任职前司法工作经历统计

我国各级法院的总数有3 000多个,任职的副院长应有10 000多位,全部检索其任职履历具有相当的难度。但随机检索到的8个法院

---

① 东营中院一副院长任职前为该院政治部主任,但其在进入法院之前一直在学校和组织部门任职;内蒙古包头中院一副院长曾于1985年到1987年在某区检察院工作过,但之后长期在纪委工作,任副院长前为纪委常委;包头中院另一副院长毕业于警校,履历显示其曾在公安厅政治部工作过5年,之后长期在组织部工作,任中院副院长前为旗委副书记。上述3人有在政法部门工作的经历,但要么时间很短,要么是在政治部工作,严格来说算不上有长期的司法任职经历。

现任副院长中绝大部分具有长期的司法任职经历,而某些地方(如安徽省、温州市等)曾公开选拔法院副院长,其列出的公选条件也包括具有一定年限的司法工作经历。① 所以,有理由相信,即使推至全国层面,具有长期司法任职经历的副院长仍会占很高比例。司法经验条件之所以成为副院长任职时实际把握的标准,很重要的一个方面是副院长被定位于业务型领导法官,顺利开展工作需要其有丰富的司法经验,这和没有司法经验的人仍能够较好地履行院长职责不同(下章将专门论述,在此不赘)。另一方面,这可能也得益于最高法院的大力推进。2004年起,最高法院在系统内部进一步加强了初任法官审核制度的推行力度,各级法院初任副院长都需由高级人民法院审核是否具有法官任职资格。②

2. 沟通协调能力

沟通协调能力对副院长而言也十分重要。普通案件的对外沟通协调可能更多地由庭长去完成,但遇到重大案件,分管此庭的副院长就需亲自出面协调。如民事审判中的破产案件,由于影响大,涉及的部门多,分管民庭的副院长就需亲自出马和企业、政府、审计、财政等部门进行沟通和协调。一位法官向我们坦言,一般观念认为出面协调的官员级别越高表明对该事情越重视,副院长代表院领导,由他出面有些事情就好办得多。分管副院长出面协调解决疑难案件已逐渐成为其一项常规性工作,协调案件时所面临的复杂情况使得对他此方面能力的要求远甚于庭级干部。正因为如此,在法院调查对象认为副院长任职所强调的能力中,沟通协调能力甚至高于行政管理能力,仅仅排在业务能力之后。

3. 行政管理能力

和正、副庭长相比,副院长需要管理的事项更多,对其此方面的能

---

① 参见《温州市公开选拔副县级领导干部职位一览表》,载 http://www.wzrb.com.cn/node2/node139/userobject8ai21837 8.html;《安徽两律师就任法院副院长》,载 http://news.qq.com/a/20071105/001779_1.htm.

② 《最高人民法院政治部关于进一步加强初任法官审核工作的通知》(法政〔2004〕59号)。

力也更为强调。一个称职的副院长被认为要满足以下要求:"抓班子,在强化核心作用上做文章。副院长是分管部门的领导核心,是整部机器的中枢,决定着分管部门工作的成败。能否充分发挥分管部门的集体智慧,使这部机器紧密啮合、协调运作,形成步调协调、心齐气顺的工作氛围,是衡量一个副院长领导水平的基本方面。""抓队伍,在培育司法人才上建机制。副院长要能够选贤任能,通过各种方法凝聚人才,并对审判队伍严格监督。""抓业务,在落实公正效率上见成效。公正效率是法院工作的生命线,也是检验副院长自身领导能力、领导水平、领导绩效的硬指标。副院长要检查指导庭长、审判长工作,开展专题业务调研,主持审委会、庭务会工作,狠抓审判效率,提高办案质量。"① 不过,分管副院长的行政管理工作与庭室负责人相比,不如后者具体,这表现为其所承担的大量具体行政性事务大多可由庭室负责人完成后对其报告负责。可能正是因为这个原因,法院内部的调查对象认可行政管理能力是副院长和庭长相比所强调的能力,但又将其排在业务能力和沟通协调能力之后。

4. 政治素质标准及其他

历史上,副院长在政治素质过硬且表现优秀的干部中选出。调研表明,政治素质对现在的副院长选任而言仍是一个重要标准。分管副院长的日常工作之一是要通过职能部门及时掌握所辖地区案件综合发展态势,调整审判重点,切实服务于党委的中心工作和阶段性重点工作。因此,那些具备良好政治大局观的候选人更容易在副院长的选任中脱颖而出。但随之而来的一个问题是,在这种行政化的审判态势、审判效果的管理中,副院长对案件的裁决、处理拥有着实质的影响力,这对副院长的人品、职业道德提出了更高的要求。深圳中院、武汉中院曝出的法官腐败窝案都牵扯到分管副院长。在强化内部评价机制的同时引入外部评价机制,从而对副院长的人品、职业道德做到更

---

① 肃南县人民法院副院长马国平作的题为《立足本职,做好副职工作》的发言报告,载肃南党建网 http://www.gssn.gov.cn/zzbdj/gssndj/wj/第七组/马国平.htm。

严格的把关,是完善法官任用机制时需要认真面对的课题。

四、任用程序

在中国法院的人事任用实践中,副院长一般属于同级地方党委主管,上级法院协管的干部。① 因此不同于中层干部,副院长的任用仍由地方组织部门负责,经过地方党委常委会讨论确定其提名人选。中级法院副院长和基层法院副院长在任用提名的组织程序和法律程序上完全相同,下文对法院副院长任用程序的考察将以基层法院副院长的职位为分析样本。

(一) 组织程序

遵循党管干部原则,法院副院长任用的组织程序包括了候选人的酝酿、审查和决定3个阶段。

1. 副院长候选人的酝酿

地方党委的组织部/政法委、基层法院党组、上级法院党组都可以推荐副院长候选人,由于所处位置的不同,其候选人的推荐亦显现出明显的倾向性。按照"党管干部"的原则,地方党委统一调配与管理当地所有党政部门的干部,所以组织部/政法委推荐的副院长人选来源并不局限于该法院,在当地其他政法部门工作且符合法官任职条件的人都可能成为其推荐对象。上级法院党组更愿意推荐其法院中优秀的中层干部,一是因为上级法院对本院的中层干部包括品质、能力在内的任职条件更为了解;二是本院的中层如果到基层法院任院领导,可以加强和下级法院的联系。基层法院党组基本上是在本院的中层干部中考虑任职人选,首先是因为法院党组对本院的中层知根知底,对其能力等各方面都比较了解;其次,本院成长起来的中层干部对法

---

① 此种情况在直辖市的基层法院存在例外,直辖市基层法院副院长为副处级及以上干部,按照级别属于上级地方党委主管的干部。

院人员等各方面情况更为了解,和院长搭配工作也可以省掉磨合期;最后,这实际也可拓宽本院干部的晋升空间,从而激励其他认真履职的中层干部,凝聚人心。

候选人酝酿程序的牵头者一般是组织部门。各地在此阶段的操作上大致有两种类型:一是政法委代表地方党委行使初步提名权,组织部门不独立提出候选人,只审查其他推荐主体的提名人选;另一种是组织部门代表地方党委行使初步提名权,其他推荐主体可向组织部门推荐人选,而政法委不独立提出候选人,组织部门会就初步的提名人选征求政法委的意见。作为地方党委的职能部门,政法委和组织部门在行使初步提名权上一般会有所分工,各地的操作并不完全一致。在我们调研的三地法院中,A市和C市的政法委在法院干部配备上管得较多,B市的政法委相对管得少。不过,主导酝酿程序的仍是组织部门,即使在其不独立提名候选人的情况下,初步提名人选最终仍需其"拍板"。

在组织部门不独立提名副院长候选人的地方,基层法院党组为了保证推荐的成功率,更愿意向组织部门而不是向政法委推荐人选。据调研了解,虽然政法委事实上会很重视本级法院党组的推荐,但是有时候出于其他考虑并不一定接受。所以,本级法院党组向组织部门推荐的好处在于,即使政法委有不同于法院党组推荐的人选,组织部门还可以从中进行协调,法院党组推出的人选仍然保留了被提名的机会。出于同样的考虑,上级法院党组推荐人选也会选择向地方党委组织部门提出。虽然经过事前沟通,几家拥有初始提名权的部门推荐的人选不一致的情况很少,但一旦发生不一致,进行协调并确定最终人选的工作仍由组织部门来承担。一位在组织部门工作过的人告诉我们,遇到这种情况,一个处理方法是让推荐单位多推出几名,看能否从中找到共同的人选。所有这一切工作都以背靠背方式进行,按照组织纪律,推荐过程不会告之候选人本人和其他人。还有一种处理方式是比较被推荐人的情况,从中选出较优者。当然,更多的时候是采用"挑错法"推出较优者,即审查几名被推荐人有没有明显不符合任职的情况,比如是否有不良的廉政记录,工作有没有出现过大的偏差,是否不具备法官任职的硬性条件,等等。若推荐人选不一致,有些地方还实行差额考察,即符合条件的人都进入组织考察程序,最后由党委常委会确定最终的提名人选。

总体来看,副院长候选人的酝酿阶段是一个沟通与协商的过程,整个过程不会有撕破脸皮的冲突。不过,基层法院、上级法院、地方党委事实上亦存在着"权力博弈",由于副院长属于地方党委主管,上级法院协管,地方党委就在副院长人选酝酿阶段起着主导作用。下面是调研人员和一名基层法院政治处处长的对话:

问:副院长人选是怎样产生的?

答:一个就是上级法院下派,或者从本院提拔。我们一般都是从本院里面提拔,有些法院以前还有从其他部门,像县委啊,区委啊安排过来的。

问:如果说中院派一个副院长下来,院长不同意,或者县里不同意,怎么办?

答:一般不存在这种情况,都是相互之间协商好了的,要不你就提出法定的理由。只要不是有过硬的理由,一般都还是同意的。

问:县委也可以提人选吗?

答:可以。

问:是否哪个先提哪个就赢了?

答:这个不是说哪个先提哪个就赢了,他本来就是一个沟通协商的过程。不过,最终决定的人选跟力量的对比还是有一定的关系。①

在这场权力博弈中,地方党委部门作为干部的主管机关,若其有合适的人选,上级法院和基层法院不大可能还提出另一个候选人;如果不

---

① 2005年8月4日b法院访谈内容,见访谈笔录第98页。

同意,就只能对其提出的候选人"挑错",以期望其改变主意。就法院系统内部而言,上下级法院存在业务指导关系,出于种种原因,上下级法院之间的"监督关系"在很大程度上已成为"领导关系"①,所以中级法院的推荐对基层法院而言在某种程度上也构成"强势推荐"。只不过,这种情形不太多。一个重要的原因在于副院长为地方党委主管的干部,党委组织部门在大多数时候希望从本级区域内选拔,而不是下派。另一方面,中级法院对基层法院院长任用拥有较大的话语权②,将本院中层干部下派到基层法院任院长是其提拔本院干部的主要途径。③

我们对调研法院副院长的来源进行了统计,结果发现,基层法院的现任副院长都来自于本院的庭长,相较而言,中级法院的副院长倒是有更多的人从本院之外输入。

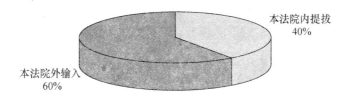

图 5-9　A 中院副院长人员来源比例图

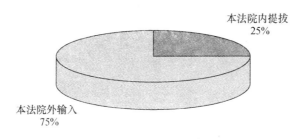

图 5-10　B 中院副院长人员来源比例图

---

① 很多论者对此问题进行过探讨,参见廖奕:《司法行政化与上下级法院关系重塑——兼论中国司法改革的第三条道路》,载《华东政法学院学报》2000 年第 6 期;朱蓉:《从民事审判看中级、基层法院的司法运作》,载《云南大学学报法学版》2007 年第 20 卷第 2 期。

② 基层法院院长属于市管干部,其任用属于上级法院主导型,具体可参见本书"政治型领导法官的任用"一章。

③ 详见本书关于政治型领导法官任用的论述。

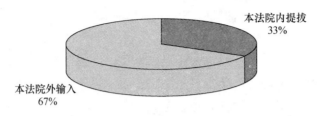

图 5-11　C 中院副院长人员来源比例图

不过,一个并不偶然的巧合是,在本法院系统外输入的人中,很大一部分曾担任过所在中院的中层干部。A 中院 3 名从本法院之外输入的副院长中,其一曾是该院长提拔起来的副庭长;B 中院 3 名从本法院之外输入的副院长中,有两名曾在中院担任中层干部;C 中院两名从本法院之外输入的副院长都曾在中院担任过中层干部。如果将此部分人也视为本法院系统内提拔的话,修正后各中院现任副院长和本法院有渊源的比例如图 5-12 所示:

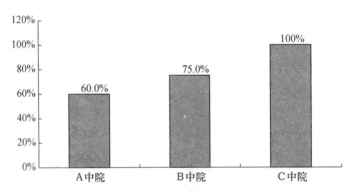

图 5-12　A、B、C 中院现任副院长中和本法院有渊源者所占比例图

副院长出自本院内部的比例如此高,佐证了组织部门对法院党组所推荐副院长候选人的优先认可;而即使从外面输入的副院长也大多在任职法院有过工作经历则表明,组织部门确认副院长候选人时有方便院长开展工作的考虑。虽然并不十分准确,但院长搭档副院长确和政府组阁有几分类似。大量的副院长人选和本法院有渊源实际上既照顾到了副院长任职所需的业务技能,又在理论上大大缩短了院长和

副院长工作搭档的磨合期。

　　副院长出自法院内部的比例如此高,也提醒我们关注副院长候选人的推荐产生程序。从调研的情况看,基层法院党组一般是通过召开院党组会讨论的形式决定推荐人选。党组成员在现任庭级干部中提议人选,院长的意见在党组讨论时起很大作用。在调研法院的访谈表明,绝大多数时候党组的推荐并不对外公布,法院大部分法官直到组织部门来考察副院长人选时才知道推荐的对象。不过,法院推荐人选的产生程序在某些地方也进行了民主化的完善和改造。B市基层法院副院长候选人通过区(县)委组织部在法院内部组织"两推一陈述"来产生。网上报道的江苏省睢宁县人民法院则采用法院干警直接民主投票的方式产生副院长候选人。

> 5月27日,江苏省睢宁县人民法院召开大会公开选拔法院副院长。睢宁县委副书记、组织部部长参加了会议。为了让真正优秀的人才脱颖而出,让法官对选出的英才满意,让上级机关对选用的干部放心,睢宁法院采取公开、透明、择优的原则进行选拔。"遴选精英、宁缺毋滥",该院院长在会上的郑重承诺让法官和工作人员们吃下了定心丸。机会对每一个参加者都是公平的,所有35岁以下有过法庭工作经验的法官都站在同一起跑线上。选拔过程中普通法官和工作人员由旁观者变成裁判员,用自己的笔、自己的口选评自己满意的人。①

2. 副院长候选人的审查

经过酝酿而产生的副院长初步候选人要接受组织考察。由于绝大多数的副院长候选人为基层法院党组推荐,当地党委组织部,联合政法委和上级法院政治部对其进行的组织考察就具有外部审查的意味。

组织考察由当地组织部牵头,当地政法委和上级法院政治部派人

---

① 《睢宁法院公开选拔副院长》,载中国法院网 http://www.chinacourt.org/html/article/200505/30/163388.shtml。

参加。组织考察的方式为个别谈话和民主测评,考察的重点为了解候选人的德、能、勤、绩、廉。据介绍,个别谈话的对象包括法院的一般法官,也包括中层干部和院领导;民主测评在全院进行,候选人需获得过半数(各地并不完全相同,有些要求是80%)的同意测评票。a2法院政治处的一位干部这样评价组织考察:

> 组织部门牵头进行的组织考察还是具有实质意义,尤其是民主测评对副院长这一级别干部的选任起很大作用。2004年的时候我们法院需要任命一名副院长,党组推荐的是X,当时公认他能力强,任职期间工作表现得很出色。但是因为X对工作要求严格,加之帮助法院出台一些政策得罪了一些人,结果他在组织考察的民主测评阶段没能获得半数的推荐票。这样法院党组不得不另外推荐了一名候选人Y,客观来讲Y不如X工作出色,但他顺利通过了民主测评,最后当上了副院长。我个人认为民主测评增加了干部任用的民主因素,但也确实存在着弊端,它让管理的人不敢管理,有时会把一个条件很好的人刷掉。①

关于X的事情我们从其他途径也听说了,好几个人对X的评价都很高,谈及当年他没有通过民主测评的原因也大致相同,这证明政治处这位干部所言非虚。民主测评所存在的一些弊端我们在正、副庭长的任用中已经进行过讨论,我们在此更多注意到的是组织考察确实构成了一种外部审查,对副院长的任用产生了实际影响。

上级法院会派人参加地方党委的组织考察,但并不在组织考察阶段出具考察意见。按照组织程序,组织部门考察后,要正式征求中级法院党组的意见,中院要书面回函表示是否同意。所以,上级法院对基层法院副院长的任用事实上构成另一道审查。从调研了解到的情况来看,上级法院党组行使这一权力是比较审慎的,即只要候选人符合《法官法》规定的任职基本条件(学历和司法经验)就都会同意。虽

---

① 2008年1月10日a2法院访谈内容,见访谈笔录第142页。

然和美国联邦法院法官任命时参议院近乎吹毛求疵的审查不同,我国上级法院的这种审查显得相当温和,但显而易见的是,这种审查具有实质意义。那些明显不符合法官任职资格者"被打回去",在很大程度上保证了副院长的司法专业素质。调研中没有发现法院为了推出自己的候选人而对地方党委上报的人选故意刁难的情形。

不过,我们亦了解到,某些时候,中级法院的这种审查会被地方党委有意无意地"忽视"。B中院政治部主任说:

"基层法院副院长人选,一般是要征求中院党组的意见。中院意见还是很重要,但有时候也没有严格按照这个来,有时候地方党委把人选都定了,组织部门都公示了,才想起还没有告诉中院呢,再来征求你的意见。①

A中院政治部主任也说到这个问题:

有的地方组织部门就没有提前和我们沟通,甚至还有组织任命手续都办完了,提请人大表决之前才告诉我们。他们是故意的还是搞忘了,这个不好说。但先斩后奏确实有这个问题,就是说我们是协管,如果他们先任用了,我们不同意也拿他们没办法,可能还是就认可了。当然,如果明显不符合《法官法》的条件,我们会坚持我们的原则。②

虽然如此,地方党委还是越来越重视上级法院的审查意见,这一方面是从组织任命规范的角度,它需要获得上级法院党组的同意回函,另一方面最高人民法院的初任法官审核制度事实上使之无法绕过法院的审查。根据最高人民法院的要求,初任法官的资格审核是由省高级法院统一行使,而省高院在审核时必然会依据法官法的条件来办理;如果地方上硬要从外单位派遣一个不符合《法官法》规定条件的人来,那么在省高院那里就很难通过审核。换言之,这位副院长就算是

---

① 2005年8月2日B中级法院访谈内容,见访谈笔录第51页。
② 2005年8月19日A中级法院访谈内容,见访谈笔录第18页。

通过当地人大常委会的任命,也无法获得审判职称,更进不了审委会,只能管理行政事务。B中院下面的某基层法院新提的一名副院长就因为只有大专文凭而被驳回。应该说,最高人民法院在相关制度设计上还是比较巧妙的。尽管法院有时自身无力改变党政机关的人事运作方式,但通过一些制度的建构,上级法院对副院长任用的审查开始产生实质影响,从而在一定程度上维护了法院系统自身运作的逻辑自洽。

3. 副院长候选人的决定

按照正常的组织程序,副院长候选人通过考察,并且收到上级法院党组表示同意的回函后,就要进入最后一个阶段——地方党委常委会的讨论决定阶段。基层法院副院长属于地方党委主管的干部,其人选的最终决定权掌握在地方党委手中。

按照《党政领导干部选拔任用工作条例》的规定,党委讨论干部任免事项,首先由党委分管干部工作的领导成员或者组织(人事)部门负责人,介绍拟任人选的提名、推荐、考察和任免理由等情况;然后参加会议人员进行讨论;最后进行表决,党委应到会成员超过半数同意而形成决定。党委常委会讨论通过后,副院长候选人推选的组织程序就告结束。组织部门将最终结果(通过组织手续上的干部任命通知书)通知法院,然后由法院院长向同级人大常委会提名,履行法律手续。

(二) 法律程序

按照《法院组织法》的规定,法院副院长由院长提名,报相应的人大常委会表决通过。① 所以只有由人大常委会批准,候选人才能成为正式的副院长。一般情况下,当地党委组织部会派专人给人大进行说明,并提供候选人的相应材料,包括个人简历、工作经历、业绩表现等。

---

① 在省、自治区内按地区设立的和在直辖市内设立的中级人民法院的审判员,由高级人民法院院长提名,报省、自治区、直辖市的人民代表大会常务委员会任免;其他法院由院长提名,报同级人大常委会任免。

因为党的组织部门认可在先,所以候选人在人大常委会讨论通过时一般不会遇到什么"麻烦"。2007年7月颁布的《党政领导干部选拔任用工作条例》就党委推荐候选人与人大及其常委会审查批准工作的衔接进行了规范。党委向人民代表大会或者人大常委会推荐需要由人民代表大会或者人大常委会选举、任命、决定任命的领导干部人选,应当事先向人民代表大会临时党组织或者人大常委会党组和人大常委会组成人员中的党员介绍党委的推荐意见。党委推荐的领导干部人选,在人民代表大会选举、任命或者人大常委会任命、决定任命前,如果人大代表或者人大常委会组成人员对所推荐人选提出不同意见,党委应当认真研究,并作出必要的解释或者说明。如果发现有事实依据、足以影响选举或者任命的问题,党委可以建议人民代表大会或者人大常委会按照规定的程序暂缓选举、任命、决定任命,也可以重新推荐人选。①

2003年1月,武汉市人民代表大会常务委员会否决了一名法院副院长的提名,这一事件经过《光明日报》《中国青年报》的报道而在全国引起热议。据报道:"武汉市中级法院根据院长刘亚文提名,拟任命一名武汉经济技术开发区法院副院长,依法提请人大常委会审议。在11月29日举行的武汉市十届人大常委会第三十七次会议上,与会的39名人大常务委员会委员依法进行投票表决,结果16票赞成,14票弃权,9票反对。因赞成票未过半数,这一任命被否决。"这一事件被认为是在全国省会城市首开先河,具有深远的意义及非同寻常的影响:其一,人大常委会充分行使了作为权力机关的职责,在法官任免上扎牢了"篱笆",体现了法治的进步;其二,武汉市人大常委会否决法官任命的做法,将影响各地(特别是其他省会城市)在任免法官时的审慎程度。②

虽然媒体并没有挖掘出这名副院长被否决的原因,但这一标本型事件表明,人大本身已经开始发力,逐步凸显其审查把关的作用。其

---

① 参见《党政领导干部选拔任用工作条例》第43条、第47条。
② 参见王佳宁:《人大否决法官任命的意义》,载南方网 http://www.southcn.com/news/china/gdspcn/2003011003 23.htm。

实,武汉此例并非所谓"首开先河",在我们调研的 A 中院,2002 年该院提名的一名副院长就被当地的人大常委会否决过。不过,被否决的理由耐人寻味。一位知情人士这样给我们描述事情的始末:

> Z 被党组推荐担任副院长,并且顺利通过组织考察等各项程序,但是最后被人大卡住了。我们都觉得很奇怪,按道理,他是长期在研究室工作的,又不审案子,一般来说不会得罪人。不像业务庭,经常遇到一些有广泛利益牵连的案子,很难让大家都满意。后来知道,他原来当研究室主任时,曾在一次人大会议上写了篇稿子,对人大的个案监督提出过一点异议,结果惹怒了一位人大常委委员。后来就可想而知了,当提名到人大时,那位常委就"发动"了其他一些常委投反对票,最后票数就没过半。过了一两年再次提名才通过的,大概通过市上进行了协调吧。实际上,特别是很多企业界的人士,都能找到人大代表那边的关系,甚至他们自己就是人大代表,在一些经济案件的审判中,如果涉及他的利益,他不服,他就可以"搞串联"式的给你造成非常不利的言论,到时候你要有个什么需要报人大批准,他给你一撺掇,就砸了。①

据了解,Z 确实为人正直,且业务能力突出,虽第一次提名遭遇否决,但 3 年后法院院长再次向人大常委会提名其任副院长,最终获得顺利通过。这是一个颇具戏剧性的事件,政治利益的角力介入到法官任用中,这很像我们读到的美国总统提名联邦法官时发生的经典案例。我们认为,凡是在一种比较开放、民主的政治体制下,立法机关在议事过程中必然存在代表不同利益群体诉求的力量博弈。尽管弊端确实存在,但要想享受阳光,就必须接受阳光投射下来的阴影。

(三) 架构与影响

1. 外部主导与内部制约的任用权力构架

不同于前面探讨的普通法官和中层领导法官任用,副院长的任用

---

① 2005 年 7 月 26 日 A 中级法院访谈内容,见访谈笔录第 44 页。

提名呈现出了外部主导、内部制约、多方主体共同参与的特征。这里指称的外部和内部乃是以法院为中心的界分。为了更清晰地展示这种任用权力构架，根据前面的分析，我们将其任用流程图示如下：

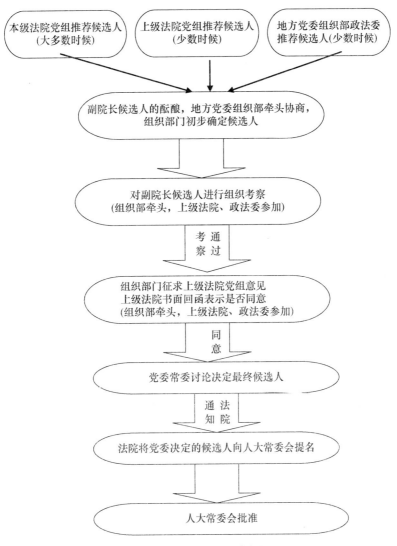

图 5-13　副院长任用流程图

流程图表明，在基层法院副院长任用提名的组织程序中，对其能够产生实质影响的主体包括地方党委（具体操作性事务主要由组织部和政法委负责）、基层法院党组、中级法院党组，他们分享了副院长人选的酝酿、审查与决策权力。

副院长任用提名是一个法院系统外部主导的程序。遵循党管干部原则，地方党委是副院长任用程序的主导者。地方权威部门把握副院长的任用标准并组织实施任用提名。作为地方党委的职能部门，组织部门是初始提名的拍板者，政法委或独立提出人选，或参与对候选人的协商，二者都扮演着极其重要的角色；地方党委常委会是副院长正式提名人选的决策者，经过组织部门确认的初始提名人选经过组织考察后，要交由党委常委会讨论通过，才能成为最终的提名人选。

副院长任用提名是一个法院系统内部制约的程序。法院系统的本级法院党组可以推荐副院长候选人，且其推荐在事实上会被组织部门优先考虑；初步提名人选确定后，党委常委会讨论前，上级法院党组要对初步的提名人选出具是否同意的书面意见，如果不同意，组织部门需要另行确定人选；如果地方党委通过的副院长提名人选为初任法官，那么该被提名人还将接受来自于省高级人民法院的初任法官审核。

无论是在历史还是当下的语境中，作为实现党的领导的重要组织保证，党管干部具有相当的正当性，是我们必须予以遵循的一项原则。外部主导、内部制约的任用权力构架其实也是对党管干部原则的贯彻与实施。法院党组是当地党委在人民法院的派出机构，其和地方党委同为党的组织，副院长任用的权力构架可以看做是在党内的分权与制约。正如前文在副院长任用机制变迁所展示的那样，这样一种任用权力构架是对符合司法规律的任用机制的探索。以往的任用实践表明，若缺乏制约性的力量，副院长任用权力集中于地方党委，存在着走样失范的可能。

2003年，四川达县法院副院长袁成萍嫖娼后被警方现场抓获并拘留，最后被开除公职。事后媒体报道，对袁成萍的错误任用是组织部长没有与考察组沟通、协商就动议袁成萍为县法院副院长人选,其后也没进行考察的失职行为造成的,该组织部长后被免去职务。①

2004年,新闻媒体曝光了河北省清河县县委将一名个体户老板推荐到县法院任副院长。

> 清河县为鼓励私营企业主多交税,对连续3年累计交税超过100万元的,奖给老板一个副科级官职,而且说到做到,决不食言。至今已有10名老板分别到法院、劳动局做官,其中只有初中文化程度的个体户张立栋已当上了县法院副院长。②

上级法院党组对地方党委的初步提名人选进行审查并可行使否决权,能在很大程度上促进任用提名权行使更为规范。在坚持党管干部原则之下,通过党内的分权与制约是完善副院长任用机制的有益尝试。当然,在以往任用权力运行的惯性下,新的分权机制的通畅运行还需进一步的磨合。如前文所提及的某些地方在党委常委讨论后才将提名人选报上级法院党组审查,造成上级法院党组只能被动确认。另一方面,调研也表明,目前上级法院党组审查也只是在把关副院长任职最低的学历、司法任职经历等刚性标准,怎么样"挑剔"候选人的司法业绩,从而将最合适的候选人推选到副院长岗位是下一步落实与完善副院长任用权力构架需要思考的问题。

2. 任用权力构架对司法生态的影响

如同前文所分析的那样,副院长作为一级重要的法院领导干部,在现有的法院管理体制下,对司法行为和司法质量有着相当大的影响。司法政治学认为,任用权力构架最终会通过人事任用投射到司法行为上,并进而可能影响到整个司法生态。我国20世纪80年代以来对副院长任用从增设上级法院党组协管,再到部分省市试点上级法院

---

① 参见《四川达县法院一副院长嫖娼后续:组织部长丢官》,载新华网 http://www.people.com.cn/GB/shehui/1060/1949408.html。

② 《人民法院报:希望在哪里?》,载东北新闻网 http://www.nen.com.cn/72345700460920832/20040301/1350037.shtml。

党组主管，其任用权力构架的改革和调整无不是以促进司法专业化和公正性的实现为目标。虽然地方党委和上级法院党组任用权力的交叉和制衡已在很大程度上保证了副院长的专业性，任用权力构架的调整已显现出积极性。但另一个为许多学者撰文讨论的话题——行政机关对法院的影响，从人事任用的角度仍值得关注。

考虑行政机关对法院的影响，公安与法院的关系在刑事司法改革中亦被热烈地讨论。公安的"强"与法院某种程度上的"弱"在人事任用中亦有所展现。政法委是对副院长任用产生实质影响的部门之一。一般来讲，政法委书记是党委常委，这一职位在很多时候由公安局长兼任。以省级政法委书记为例，在全国31位省级政法委书记中，有13位兼任公安厅（局）长。① 在省级以下，政法委书记兼任公安局长的情形更多。因为长期以来各地的法院院长和检察院检察长一直都是同级副职待遇，唯独公安局长不享受此待遇，一些地方为了调动公安人员的积极性，任命公安局长为政法委书记以提高其职级待遇。② 在公安局长兼任政法委书记的情况下，他可以参与副院长人选的提名，在党委常委讨论中还可以对副院长最终人选进行表决。很多学者由此担心，这会对刑事诉讼三角形结构的建立形成冲击，如在政法委协调疑难案件时，公安部门的意见总被高度重视。

在副院长任用提名的权力构架中，另一个经常被讨论的话题是政府对法院人事任用的影响。在地方党委常委会的构成中，地方政府的主要领导都是其成员，以A市为例，其市委常委中有4名政府主要领导，包括了一名市长，两名副市长和一名公安局长（兼政法委书记）。很多论者据此担心，在行政机关主要领导构成的党委常委会中讨论副院长的任用人选，恐会使政府对法院拥有压迫性的力量。

1988年试点的上级法院党组主管在法院院长任用中已经推广，但

---

① 参见《新一届省级政法领导：法律背景浓厚 领导经验丰富》，载中国新闻网 http://www.chinanews.com.cn/gn/news/2008/02-29/1177744.shtml。
② 参见郭锐：《公安局长兼政法委书记弊多利少》，载大江网 http://www.jxnews.com.cn/jxcomment/system/2007/12/25/002641444.shtml。

从我们调研了解的情况看,除少数地方,副院长仍主要是地方党委主管模式。我们没有掌握到任用主体影响司法行为的实证资料,但单是从言说的逻辑上,上述的担心似乎不无道理。解决的方案或许如下:可以考虑将法院副院长如同院长一样列为上级党委主管干部,这样其在任用时更能超脱地方和部门利益。

第六章 政治型领导法官任用机制

一、作为"一把手"的院长

从功能定位与角色分治的角度上看,在中国的法院内,除了各种直接从事或管理审判工作的"业务型"法官职位(包括领导和非领导)外,还有一种实际上既非主要从事审判工作,经常也不直接管理审判的法官职位——院长。"院长"作为法院内的最高职位,在世界不少国家的法院体制中均有设置(在英美法系通常称为"首席法官",Chief Judge)。在法治发达国家,法院院长经常从本院法官中挑选或从其他法院法官中调任①,院长在任职前往往是一名法官,任职后其继续作为一名法官的权力也不比其他法官大。② 对于恪守司法独立的域外法院

---

① 不实行法官职业生涯制的英美国家,可能存在例外。如美国,由于法官可以直接从名律师、名教授或行政高官等中选任,因此新上任的首席法官可能原先并非是从事司法职业者(但一般有大学法律教育背景)。当然,在审判职权上,首席法官与其他法官之间并无实质差异。

② 在这些法治发达国家,虽然院长作为首席法官,可能会利用其行政上的某些职权对判决结果施加某种特别的影响,比如美国联邦最高法院首席大法官可以利用"优先发言"和"优先投票"规则对判决施加更大的影响,但在理论上和实践中,法院院长并不能控制或者决定个案的最终结果,除非他作为合议庭的成员之一,能以其精辟的法律解释和深刻的政策洞见说服其他成员改变意见。在此意义上,当法院院长作为首席法官行事时,他主要还是一个法律人,是法律解释共同体中的一员。

来说,作为院长的法官虽然行使着法院内部的行政管理职权,"但在法庭审判上他却没有什么特权"。①

但在中国法院的内部管理机制上,由于实行事实上的"首长负责制",院长对法院的全部人、事、物享有最终掌控的权力并承担责任,是名副其实的"一把手"。"一把手"的性质,不仅体现在行政管理方面,也体现在审判管理上乃至具体审判活动上——院长不仅可以监督法官的审判,事实上往往还有权"指挥"法官的审判。而在对外关系上,在一般公众看来,院长就代表法院;在党政领导人看来,院长就是法院。以至于院长对某一案件的表态,几乎就可以等同于法院对某一案件的判决意见。然而,虽然院长们都拥有审判员职称(即有法官身份),但事实上几乎从不亲自审理案件;尽管院长们都是各自法院的首席法官,但他上任之前却可能从未接触过专门的法律事务,甚至可能从未在法律专业学习过。正如后文所要展示的,中国法院的院长们不仅没有时间和精力来亲自审案,实际上很多时候也不需要他直接审案,常常有比亲自审案更重要的事情等着他去处理。但恰恰是这些院长时常在决定其他法官审理的案件的结果,在法院内部往往由其对一些"棘手"案件"一锤定音"。

进一步而言,中国法院院长之主要职责其实是管理与协调。这里的管理包括但可能主要不是业务管理,而是行政管理,包括对人、财、物的管理以及法院发展的大政方针、路线方向的决策制定;这里的协调,不仅包括理顺法院内部的各种人、事关系,还包括与法院机构外的党委、政府、人大、公安、检察等部门之间的配合和沟通,以争取他们对本院各项工作的支持。可见,院长的工作绝大多数都是政治性工作,而不是司法业务工作。也许,现代各国的法院作为一个"政治机构",理应具有一定的政治性。"在相当多的国家,法院在事实上成为强有

---

① 宋冰编:《程序、正义与现代化——外国法学家在华演讲录》,中国政法大学出版社1998年版,第16页。

力的政治机构,法院作为政治机构的角色和意义也渐为人所理解。"①但中国法院的政治性又明显不同于法治发达国家法院具有的权力制约和公共政策形成功能的那种政治性②,而是表现为相对于政权机构的工具性和对权威部门的依附性。这种政治上的依附性与工具性从内到外、由表及里地对中国法院的组织构造和功能运作产生了深刻的影响,并鲜明体现在法院院长这个职位上。不难理解,当一起争议案件需要院长亲自决定时,恐怕意味着该案已超出一般的法律范畴,其决定往往涉及政治性的考量——而这正是中国法院院长工作的一种现实意义。

一言以蔽之,作为"一把手"的院长,其主要职责不是搞业务而是"搞政治",院长这个职位具有很强的政治性,因此我们称其为"政治型领导"法官。作为中国特色的政治型领导,院长的任用机制在实践中较之于其他法官职位展示出明显不同的特性,而且也远比法律文本上的寥寥数语复杂得多。

二、任用机制的变迁

虽然自清末改制以来,独立的审判机关已成体系,但行政兼理司法的习惯操作实际上在全国各地不同程度地延续着,尤其是在基层,县长兼理司法的制度一直到1941年才被国民政府明文撤销。③ 这种

---

① John R. Schmidhauser, *Comparative Judicial System*: *Challenging Frontiers in Conceptual and Empirical Analysis*, ButterWorkths, 1987.

② 参见左卫民:《最高法院若干问题比较研究》,载《法学》2003年第11期。

③ 国民政府在1935年开始计划改变司法与行政不分的局面,并于1936年颁布了《县司法处组织条例》,以设立县司法处作设立正式法院的过渡目标,但实际上直到1941年才借全国司法经费改由中央财政统一负担的机会,得以明文撤销县长兼理司法的制度,到1946年全国除新疆外县长兼理司法制度已一律废止。相关论述参见张仁善:《南京国民政府时期县级司法体制改革及其流弊》,载《华东政法学院学报》2002年第6期;聂鑫:《近代中国审级制度的变迁:理念与现实》,载《中外法学》2010年第2期。我们在a2法院志中也看到了相关记载:1942年国民政府为解决法院经费,决定将各省负担的司法经费改由中央财政负担。取消县长兼理司法的制度,未设立地方法院的县仍设置司法处,配置审判官独立行使审判权。县长虽然不再兼任司法官员,但县司法处实际上仍然依附于县政府,故此状况下司法与行政的分离其实并不彻底。

司法与行政合一的传统在人民政权建立初期也留下了明显的历史印迹。新中国成立初期,原国民政府各地方法院都被停止受理诉讼案件,由各地的中国人民解放军军事管制委员会(以下简称"军管会")或新成立的地方人民政府所接收。此时,各地诉讼活动普遍由军管会下设的司法处或政府机构内设的司法科负责,其后才在这些司法处或司法科的基础上相继建立人民法院。① 与之一脉相承的是,基层政权随后成立的人民法院普遍由各县县长兼任院长,直到1954年《宪法》和《法院组织法》颁布后才彻底实现司法与行政的形式分离。

表6-1 新中国成立初期A、B两中院(及其前身)"一把手"简况

人员	起始时间	所任职务	任前职务	工作背景
樊×	1950.1	A市军管会司法处处长	某地市行政首长	革命干部随军南下,曾任边区高等法院秘书
	1950.10	A市法院院长		
王×	1953.6	A市法院院长	检察署检察员	革命干部随军南下
张×	1955.1	A市中院院长	A市法院副院长	革命干部随军南下,曾任边区法院监狱长
人员	起始时间	所任职务	任前职务	工作背景
赵×	1950.2	B行政公署司法科专员	不详	不详
侯×	1951.6	行政专区法院B分院院长	该省某县县长	革命干部随军南下
	1952.9	省法院B分院院长		
杨×	1955.1	B地区中院院长	B检察分院检察长	革命干部随军南下,曾任县公安局局长

---

① 据课题组收集到的院志记载,A中院的前身即当时的A地区军管会司法处,而B中院的前身则是B地区专员公署司法科。

表 6-2　新中国成立初期 B、C 两市部分基层法院"一把手"简况

基层法院	院长	任职时间	文化程度	是否兼任
B 市市中区法院	陈×	1950.10—1952.8	高中	县长兼
	周×	1952.8—1952.10	初中	县长兼
	赵×	1952.10—1955.1	初中	
b 县法院	谭×	1951.4—1952.5		
	侯×	1952.6—1953.1		县长兼
	戴×	1953.1—1954.5	高中	
b1 县法院	张×	1950.4—1951.10	小学	
	林×	1951.10—1952.12	大学	县长兼
	肖×	1952.12—1954.1	小学	县长兼
	苗×	1954.12—1955.9	小学	县长兼
b2 县法院	王×	1950.9—1952.8	初中	县长兼
	衡×	1952.9—1953.11	初中	县长兼
	敬×	1953.12—1956.11	高中	
b3 县法院	刘×	1950—1951	小学	县长兼
	母×	1952—1953	高中	县长兼
	罗×	1954—1958	小学	
c2 县法院	马×	1951.7—1952.3		县长兼
	李×	1952.3—1953.1		
	解×	1953.1—1954.7	初中	
c3 县法院	冯×	1950.5—1950.8		民政科长兼
	刘×	1950.9—1952.9		县长兼
	李×	1952.9—1954.8		
c4 县法院	刘×	1951.3—1952.8	高中	县长兼
	曹×	1952.8.—1954.6	高小	副县长兼
	刘××	1954.6—1958.5	高小	
c5 县法院	苏×	1950.10—1952.9	大学	县长兼
	朱×	1952.10—1952.12		县长兼
	王×	1952.12—1975.4	小学	

1949 年以来,在正式制度层面上,我国从来没有明定法院院长相对普通法官而言的任用标准有何不同。人民法院成立初期,院长人选几乎都来自干革命出身的党政干部,尤其多来自军队干部。从课题组

收集到的各种历史资料中不难看出,当时的法院院长,尤其是基层法院院长,文化水平普遍不高,多为初高中学历,但作为革命干部的他们却拥有非常丰富的革命斗争经验。事实上在那个年代,几乎所有的审判人员都是以政治上的绝对忠诚和思想上的高度觉悟为根本判断标准,因为法院就是一个掌握"刀把子"的革命机构,除此之外与其他行政机关没什么区别,所以不需要也无必要另定任职标准。这一特定历史时期对人民法院形态的形塑在后来产生了众所周知的深刻影响。

1954年《宪法》和《法院组织法》颁布以前,地方人民法院系地方人民政府组成部分,各级法院院长均由各级政府任免。① 当时的县法院大多建立在县政府司法科的基础上,因此县法院院长一般由县政府任命。② 根据《S省志·检察·审判志》记载,A、B、C三地所共属的S省,其省法院院长是经S省委审查批准后由S省政府任命。但市级以及中级法院院长的任命权限则不在同级政府。如据A中院院志记载,在1950—1954年间,其院长是由A市委审查后报行政专区党委(后改为S省委)批准,行政专区党委再报西南军政委员会(后改为S省政府)任命。B中院院志则记载,1951年6月B市法院成立时,其院长由中共中央西南局任命。③ 由于"西南军政委员会"与"西南局"之间是

---

① 1951年颁布的《中华人民共和国人民法院暂行组织条例》第10条第2款规定:"各级人民法院(包括最高人民法院分院、分庭)为同级人民政府的组成部分,受同级人民政府委员会的领导和监督。"
② 见B市《审判志》第73—74页记载:"1950年夏,各县陆续成立人民法院,各县人民法院院长由县长兼任……1951年6月……各县人民法院院长、副院长由县人民政府任免。"
③ 新中国成立初期,在中央和地方之间仍沿用革命战争年代的大区一级行政区划制度,相继建立了华北、东北、华东、中南、西南、西北6个大行政区。各大区设立军政委员会行使地方政权机关的职能,西南军政委员会就是西南区的最高行政机构(1952年底更名为西南行政委员会,不再作为地方最高行政机构)。为加强党对各个大区的领导,各大区所在地设立了中共中央的代表机关——中央局。而(中共中央)西南局就是党在西南地区的最高领导机关。大行政区制在1954年6月被中央宣布撤销,西南行政委员会和西南局亦在1954年底相继撤销。

"政"与"党"的关系，基于"党管干部"原理可知①，决定院长任用的最终权力主体实际上是各级党组织，不是同级党组织就是上级党组织。C中院院志综合显示的情况亦然。

从1955年起②，地方各级人民法院院长改由同级地方人民代表大会选举产生，但在省内按地区设立的和直辖市内设立的中级人民法院院长，由省、直辖市人民代表大会选举。如A中院院志就记载其第一任院长系由A市第一届人大二次会议所选举，而B、C两法院属于S省内按地区设立的中院，因此其院志上均记载其第一任院长由S省人大所产生。但依据干部管理权限③，院长人选在选举前仍须"先由党的各级组织审查推荐"。④ 如S省志明确记载，A作为省辖市，其中级法院院长须先经所在市的中共党委组织部审查，报省委组织部批准，由所在地人民代表大会选举产生；而各专区（即如B、C两地）中级法院院长候选人须先经中共S省委组织部审查后，由省人大常委会任命；各基层人民法院院长由所在地县（区）的中共县（区）委组织部审查批准后，由所在县人民代表大会选举产生。⑤ 1966年"文化大革命"掀起后，全国各地"造反派"夺权使人民法院机构陷入瘫痪，直至1972年各地恢复人民法院机构设置，此间亦不存在对法院院长的任用。虽然法

---

① 所谓"党管干部"，主要是指干部人事任免权由党组织掌握，"党委要管好干部路线、干部政策的贯彻执行，按照民主集中制的原则和党的有关规定，管理、调配和使用好干部"。参见陆正方、戴锡生：《正确理解和执行党管干部原则》，载《江苏社会科学》1991年第6期。

② 根据1954年《法院组织法》第32条的规定，"地方各级人民法院院长由地方各级人民代表大会选举……在省内按地区设立的和直辖市内设立的中级人民法院院长，由省、直辖市人民代表大会选举"。

③ 所谓"干部管理权限"，是指我国中央和地方各级党委管理干部的职权范围和责任范围——我国的各级党政领导干部实行分级管理，每个干部按各自行政级别的不同分别由相应党组织负责任免、考核和奖惩。

④ 1997年版《A法院院志》第98页，第三篇"法官"第三章"任免"第二节"荐选"。

⑤ 参见1996年版《S省志·检察·审判志》第197页，第二篇"审判"第二章"法官"第三节"三、审判人员的任免和管理"。

院机构恢复,但人民代表大会制度在"文革"期间实际也处于停滞状态①,因此我们看到《A 中院院志》中讲 1972—1977 年间其院长系由 S 省委任免。

1978 年以后我国法制工作走上正轨,尤其是重新颁布《法院组织法》后,我国法院院长任用的法律程序业已定型化。1979 年《法院组织法》(于 1983 年修正)在各级法院院长任免问题的规定上与 1954 年时完全一致。但 1995 年《法官法》(于 2001 年修正)对在省(自治区)内按地区设立的和在直辖市内设立的中级法院院长的任免规定有所变动——将原来"由省、直辖市人民代表大会选举"改为"由省、自治区、直辖市人民代表大会常务委员会根据主任会议的提名决定任免"。

三、任用标准

与副院长任职的法定标准存在模糊相类似,院长的任用标准同样在法律文本中难以厘定,即担任院长者如何才能谓之"具备(《法官法》中规定的)法官条件,"长久以来引发了学界和民间的诟病。② 事实上,这样一种争论并未深刻触及问题的实质。申言之,在应然理想与实然现状之间张力较大的背景下,何人能当院长绝非仅按法律条文就可确定。为此,本章仍将借助"刚性标准/柔性标准"的分析框架来阐明,在一定意义上,人们对《法官法》上院长任职标准的解读其实是

---

① "从 1966 年 7 月 7 日开始,全国人大及其常委会在 8 年零 6 个月时间内未能举行过一次会议。1976 年 10 月 6 日,'四人帮'被粉碎之后,全国人大常委会恢复活动。"参见俞可平:《中国政治发展 30 年》,载 2008 年 12 月 17 日《文汇报》。"1977 年 10 月 23 日,四届全国人大常委会召开第四次会议。为了应对非常事变后的形势变迁,决定提前召开第五届全国人民代表大会。1977 年 10 月至 1978 年 1 月,各省、自治区、直辖市陆续召开了人代会,销声匿迹了整整 12 年的地方人大终于开始复苏。"参见阿计:《人民的选择——人大制度的历史沿革(下)》,载《是与非》2004 年第 11 期。

② 相关论述可参见高一飞:《质疑"法盲可以当法院院长"的立法》,载《法治与社会》2005 年第 6 期;李运海、陈海峰:《民权法院有个造假院长》,载 2001 年 2 月 8 日《南方周末》;林涛:《三盲院长引起的思考》,载 2000 年 3 月 29 日《人民日报》;朱忠保:《不懂法的人如何当上法院院长》,载光明网 http://news.sina.com.cn/o/2006-09-20/120010066214s.shtml。

一种可遇而不可求的完美主义期待。

(一) 刚性标准

院长的任职条件在《法官法》上与副院长完全相同[①],且同为院领导,其选任也受《党政领导干部选拔任用工作条例》的规范。前文在探讨副院长任职的刚性标准时,我们分列了年龄、行政职级、学历等几项,因此对于院长任职的刚性标准按理也应从这几方面入手分析。然而需要说明的是,从本章的主要着眼点(院长这一职位的功能及其履职所必须具备的能力)出发[②],诸如年龄、行政职级这样的刚性要素其实并不能标举出作为法院院长人选的条件与其他党政领导干部任职条件上的明显差异——这并非指年龄和行政职级这样的条件对院长选任不重要,而意在表明这些要素是我国选任党政领导干部的一般性条件,具有共识性,因此从研究的详略取舍上考虑,本书不再赘述。

1. 模糊的法律文本

根据现行《法官法》的规定,法院院长的人选来源有两种:一是早已在职(已取得法官资格)的法官,另一种则是尚无法官资格但"具备法官条件"者——也即出任法院院长者,不仅可以不是法官,而且也不要求必须通过司法考试,只要具备当法官的条件即可。然而,该条规定明显有两个模糊之处。

首先,何谓"初任法官"没有明确的法律定义。从字面意思理解,"初任"应是指初次担任,即以前没有当过而现在才开始当法官。从有关司法文件中多次将"初任审判员、助理审判员"并列使用的做法,可以推断"初任法官"并不一定就是助审员(最低一级的法官)。换言之,各个级别法官的候选人,只要在被任命之前没有从事过法官职业,

---

① 即《法官法》第12条第2款规定的法院院长、副院长除了应当从法官中选拔外,还可以从"其他具备法官条件的人员"中选出。

② 对中国法官任用方式与法官所扮演的角色之间的关系的简要分析,可参见贺卫方:《通过司法实现社会正义——对中国法官现状的一个透视》,载《超越比利牛斯山》,法律出版社2003年版,第79页。

哪怕你直接出任院长职务，都应属初任法官。① 如此一来，第 12 条第 1 款先肯定了担任初任法官的人必须通过司法考试，第 2 款又允许没当过法官的人以初任法官身份当院长——那么，院长候选人需不需要通过司法考试？《法官法》第 12 条在此问题上的规定是不清晰的。

其次，何谓"具备法官条件的人员"，在字面上也不甚明了。② 按常人之理解，法官作为法律工作者，其任职条件自然应该是具备法律专业知识。那如何判断是否具备法律专业知识？最直接的表征则是持有法律专业的大学文凭或者有从事过法律工作的经历。法律文凭这项条件易于识别，问题是哪些工作属于法律工作？在中国的"政法"传统下，公安（包括国安）、检察院、法院、司法行政、纪检监察、公证、律师以及党委政法委等都是属于与法律"打交道"的部门或行业。③ 事实上，这种出任法官的工作经历要求显然是指候选人应有一定司法经验的积累，即应在审判、检察或者律师等工作中主要从事具体诉讼业务，因为即使在司法机关内部工作，也可能是纯粹从事综合管理或行政后勤等事务性工作而非司法业务工作。而司法行政部门、政法委等机构的工作履历恐怕就更难和"积累司法经验"联系在一起。

对于上述种种模糊之处，掌握人事任免权的权威部门从未作出过任何明确的解释④，使得是否具备专业学历、是否具备司法经验（以及是两者需同时具备还是只需其一）这样两个本来易于判别的刚性标准事实上可以被任意解释，甚至是不作解释，而为实践中的院长任用活

---

① 我们对"初任法官"这一概念的理解，在调研中得到了各受访法院政治部有关工作人员的一致认同。
② 按《法官法》的立法精神及条文的内在逻辑，"法官条件"毫无疑问应该是指大学法律专业本科毕业者（或非法律专业本科毕业并具备法律知识）并从事过一定年限的法律工作。
③ 按照法治发达国家对"法律职业共同体"的界定，法官、检察官和律师系当然的法律职业，除此外还有公证员也算。我国以司法考试通过作为从业前提的"法律职业"的适用对象也界定为这四类人员。如是观之，警察实际都并非法律共同体职业，遑论其他。
④ 法院系统内部倒是有进一步的解释，如最高法院曾专门发文强调"法院领导干部应当具备法律专业知识和法律工作经历"，各地法院有些也自定标准。但问题的特殊性就在于，院长任用往往不是法院系统自身所能决定的，后文将详述之。

动规避法律上的条件大开了方便之门。一个可能的结果就是,一位既不是大学法律专业毕业,也没有通过司法考试,甚至从来就没有涉足过司法业务的党政官员,仅仅因其曾在与政法"沾边"的部门当过领导,就可直接出任法院院长——而现实中基层法院招考法官助理的资格条件都比此严格。一个没可能出任法院最低一级法官(助理审判员)的人,却完全可能出任该院最高一级法官(院长),这不免让人觉得有些不可思议。然而现实确实如此,《法官法》对院长任职条件的模糊规定几乎就是自己把自己架空了。

2. 传统的政法人事模式

可以肯定的是,上述情况绝非立法上的无心之失。立法上之所以对院长任职资格"语焉不详",乃是对我国长期以来的政法机关人事任免模式之妥协——法院院长职务的担任者多从其他政法机关甚至非政法机关调入。一直以来,我国法院系统的领导干部都是按照行政机关领导干部的管理模式来配备和管理的,除了工作分工的不同外,对地方党政领导而言,法院院长与工商局局长、税务局局长等职务相比并没有什么特别之处。在这种不强调法官职业的高度专业性的大环境中,"首席法官"们的首要身份或者说更重要的身份是党政部门的"领导干部"而不是司法机关的"审判人员",因而必须根据"党管干部"原则,服从地方、上级党委组织部门的任用、调职和轮换。因此,我国相当多的地方法院院长不是从本院骨干中提拔,也不是从司法系统内选任,而是从外单位、从其他国家(行政)机关,由党委"根据组织需要和安排"而决定调入的。遗憾的是,这些从外面调入的领导干部中,很多人根本谈不上有什么法律专业知识,更不具备法律从业经历,甚至根本"不懂法"。

这样一种可能类似"外行领导内行"的现象,与我们把行政机关的管理模式简单套用到审判机关而形成的任用理念有关。尽管中国的国家公职人员管理体制并没有照搬西方文官制度中事务官序列与政务官序列的分类方式,但我们对"一把手"等领导职干部和非领导干部的分类管理方式却不能不说受了其影响。在西式政务官和事务官的区分模式下,政务官是通过选举或任命而产生,事务官是通过考试录用而产生;政务官负责本部门的大政方针,通过领导决策来贯彻执政党的政策,事务官则在政务官的领导下执行本部门的各项具体工作。换言之,二者是行政事务中决策者与执行者的关系。而作为决策者的政务官,并不必须是本领域的专家,其任务主要是让本部门保持"政治正确"。对照起来,我国现行公务员体制下,单位领导干部和普通干部的分工以及选任方式与前者何其相似。然而,这样一种分类管理模式却被我们直接从行政机关移植到了审判机关,而没有从司法功能(比如裁判的亲历性)和法官职业化等角度来考虑,"首席法官"与"普通法官"的关系并不能简单等同于"领导决策"与"下级执行"的关系。因此习惯上认为,法院院长懂不懂法并不重要,只要他能在"主政"法院期间有效地贯彻党和国家的各项方针政策,确保法院的工作"政治正确",那只要其手下的法官会办案就够了。

所以,我国对法院院长的任用标准,一直是主要从党对政法工作的领导需要出发。作为传统上无产阶级专政的"刀把子",公、检、法机关需要接受各地党委的绝对领导;当下在发展经济的同时也不会放松甚至还会加强这种领导。党对政法工作领导的体现[①],一个重要方面就是对政法机关领导班子人事任免的掌控。为此,党委必然只会派遣其信得过的人——通常就是所谓在政治上过硬、大局观强、领导与协调能力好的人——来主持政法机关的工作。"政法部门的领导干部,要具有较强的全局观念和纪律观念,具有雷厉风行的战斗作风,办事坚决果断,一切行动听指挥。"[②]而满足这些条件的人选通常并不必然

[①] 中国共产党十七大修改通过的《党章》明确规定:"党的领导主要是政治、思想和组织的领导。"党的十三大报告中也提到:"党的领导是政治领导,即政治原则、政治方向、重大决策的领导和向国家政权机关推荐重要干部。"

[②] 中共中央《关于进一步加强政法干部队伍建设的决定》(中发〔1999〕6号文)。

甚至多不是出自法院系统自身。① "外单位的人"顺理成章地进入法院领导班子,只要"识大局、讲政治",以前是不是学过法律,搞没搞过司法工作,符不符合《法官法》规定的条件,这些都不重要。在党政要员看来,加强党对司法工作的领导,可能远比法官队伍自身所主张的职业化更为重要,而这样一种人事安排的传统观念在实践中又被其他两种人事任免惯例所强化。

3. 现有的干部调任惯例

首先,领导干部调任有平衡行政级别的惯例。我国从中央到地方的各级国家机关都划定了明确的行政级别,每一级别国家机关的领导职务也固定有相应的行政职级。在这种严密的科层体制下,某一国家机构在整个国家行政级别体系上所处的位置就决定了该机构的领导职务一般所能达至的最高行政职级。如欲在该行政职级基础上再晋升一步,则须调任到更高一级的国家机构中才有可能。② 而且,我国干部行政级别的晋升一般都是逐级(半级)晋升,即下一级的正职一般只能升至上一级的副职,而不能越级晋升为上一级的正职。③ 例如正科级的乡长,如欲晋升为县处级干部,则须先担任县处级副职,而法院恰好就能提供这样一个"去处"。因为为了体现我国"一府两院"平级的"宪法地位",法院院长行政级别的设定比政府序列中一般部门首长的级别"高半级"。加上长期以来在国家政治权力架构中边缘化的状况,地方法院尤其是基层法院普遍成为这种"晋升中转站"的常备候选单

---

① 审判独立的内在逻辑会使长期从事审判工作的人自觉不自觉地生成一种摆脱外来控制的"去工具化"意识,这可能使人多多少少显得不那么"听话"。据 A 中院院志记载,该院历史上的首位院长是一位在边区政府就从事司法工作的"老革命"。但即使是这样一位老革命,由于不听领导安排,在 1955 年就因当时的省委领导人认为其"不听话"而被解职。

② 例如,作为"县处级"干部,县长的行政级别最高只能达到处级干部的待遇,而"厅局级"干部则存在于地级市以上的国家机构中。因此如果这位县长想谋求厅局级干部的待遇,就只能前往比行政县级别更高的地、市、州任职。

③ 根据《党政领导干部选拔任用工作条例》和《公务员法》的规定,越级晋升者必须是"特别优秀的"或者"工作特殊需要的",而且"应当报经上级组织(人事)部门同意",因此一般不容易办到。

位。即便不是晋升需要,法院院长职位"高配半格"的状况也为很多地方党政领导班子的副职在任期届满后的调动解决了级别平衡问题,人选在政治上可靠,其位置又相对重要,可谓皆大欢喜。

又因我国长期以来"干部终身制"传统的影响,凡领导干部不到退休年龄,实际上就"只能上不能下"。尤其是行政级别的高低和工作年限长短正相关,即使因为各种原因已不再适合担任相关领导职务,但调动后的行政级别一般也不可能往下降,就算谋个闲职也必须把行政级别提上去,以解决"待遇"问题。这样就必须为其继续晋升职级或继续享有原职级待遇创造一个通道与空间。如此一来,这些"准退休干部"多半就被安排到那些比其原职务级别高但在地方领导眼中看起来又不是太重要的岗位上去,再"发挥一下余热"①,很不幸,法院再次成为这种"解决待遇问题"的常备候选单位。

所以,各级党政职能部门的领导人在"提拔有望"或"即将到点"前,被调往级别对应的法院担任正职,既保证了其职级的上升和待遇的增加,又解决了位置和人手的问题,还发挥了个人能力,何乐而不为?我们在查阅 B 中院有关资料时,注意到该院在 20 世纪 90 年代初期上任的一位院长系从该市审计局局长位置上调来的,时年 55 岁,长年在经济战线上工作。对此,该院政治部主任解释道:"他(当院长)那是为了解决干部的职级(晋升)问题,正好人也不错,年龄也合适,其他地方不好安(排),就到法院了。"②

其次,领导干部调任有交流轮岗的惯例。根据我党干部管理制度以及有关干部政策,党政事业单位各部门的领导干部之间都必须定期

---

① 周庆智:《中国县级行政结构及其运行》,贵州人民出版社 2004 年版,第 117 页。
② 时任内蒙古呼伦贝尔市中院院长于雪峰接受记者采访时说:多年来,因法院院长行政级别"高配半格",为了解决"待遇"问题,大量的乡镇党委书记、老的科局长被提拔到法院当院长,根本不顾法官队伍高度职业化的特点。参见《中国法官素质令人忧 别把法官当成"官儿"》,载新华网 http://www.nmg.xinhuanet.com/xwzx/2003-09/25/content_985044.htm。

"轮岗",即谓"党政领导干部交流制度"。① 根据中共中央《党政领导干部交流工作暂行规定》的规定②,"干部交流应当有计划地在地区之间、部门之间、地区与部门之间、上下级机关之间、党政机关与企事业单位及社会团体之间进行","干部交流的对象主要是县(市、区)以上党委、政府领导班子成员和部分职能部门的主要负责人",包括"各级纪检监察、审判、检察机关和组织、人事、公安、财政、审计等部门的主要负责人","现任各级纪检监察、审判、检察机关和组织、人事、公安、财政、审计等部门的主要负责人,在同一领导班子任职满10年的,应有计划地进行交流"。③ 由于没有明确限制司法系统的领导干部只能在系统内交流,非司法机关的领导干部不可避免地会交流到法院来"锻炼锻炼"。访谈中的多位基层法院法官都表示,20世纪90年代中后期以前党政部门派"外行"来领导内行是常有的事。

　　虽然大量经验事实表明轮岗制度在实践中确有其实现预期功用,但也带来了一个不可忽视的负面效应,领导干部难以在某个专业领域积累足够的经验。而这种专门性经验对提高工作效率来说是很宝贵的,频繁的调动会使这种经验的积累被打断,从而使社会分工的整体效率受损。法官职业更是如此,审判(法律)事务高度的专业性决定了"隔行如隔山",也决定了司法经验之积累殊为不易。法院院长的身份不仅是"领导干部"而且是"审判人员"的特点,决定了其与其他行政首长相比的特殊性——他必须懂得具体怎样适用法律去审理案件,因

---

　　① 党政领导干部交流制度,是指党政领导机关根据工作需要,变换党政领导干部工作岗位的制度。根据权威说法,轮岗交流的目的主要如下:一是为领导干部提供大量的岗位机会,丰富其工作经验,在逐步的锻炼、积累中提高业务能力和领导水平,提升其综合素质,从而有助于优化领导班子结构;二是为了加强党风廉政建设,防止掌有实权的党政部门一把手因在一个职位上待得过久而利用熟人熟事关系滥用权力;另外还有助于加强党的统一领导,促进地区、部门之间的联系和发展,等等。
　　② 需要说明一下,"党政机关"在我国涵指了相当广泛的范围,由于中国共产党在国家中的领导地位处处得到彰显,因此几乎所有的公权力机构都可以被称之为"党政机关"。就本书而言,如无特别说明,我们所使用的"党政机关"概念并不包括法院和检察院,以区别于"司法机关"(专指法院和检察院)。
　　③ 中共中央办公厅《党政领导干部交流工作暂行规定》(中办发〔1999〕16号文)。

为他是一个法官。任职 10 年对于一个法官来说,正是审判经验开始成熟的时候,若此时要调任其他岗位,无异于人才浪费。B 中院一位副院长就说道:

> 实践中有一个很突出的问题,就是干部轮岗。根据政策,领导干部在同一岗位工作 10 年以上就必须轮岗。如果你交流到外地去,举家迁徙就是很麻烦的事情,不然你就交流到本地其他单位去。法官本来(审判)业务经验非常丰富,而交流到其他单位又要重新从头开始学习,其实就是对法院人才的浪费。①

"法院的人怎么可以和政府部门的人之间随便调动呢?"A 中院一位颇有学识的副院长在访谈中曾这样反问我们,"有些党政领导的观念还没有转变过来,认为都是为社会主义事业服务的,哪个行业的领导都一样可以当,司法审判的专业性依然没有提到应有的高度上来看待"。② 可以说,轮岗制度对法院领导班子成员职业准入机制的构建造成了一定的障碍。所幸近年来,有关方面也开始注意司法机关领导"跨行"轮岗的弊端,交流到法院的干部越来越多地是来自"政法"相关部门,包括检察、公安、国安、司法、纪检、监察和政法委等。

表6-3 在互联网随机检索到的国内部分在 2004 年之前上任的中级法院院长简历

所在地	任(代)院长年份	任(代)院长前职务	任职前是否有法检工作经历	法科教育背景/全日制
常州	1998	市政法委副书记	否	否
广州	1999	副院长	有	是/非
湖州	1999	市国家安全局长	否	否
济南	2003	市公安局局长	否	否
江门	2003	市检察院检察长	有	是/非
克拉玛依	2003	市公安局局长	否	否

---

① 2005 年 8 月 1 日 B 中级法院访谈内容,见访谈笔录第 61 页。
② 2005 年 8 月 19 日 A 中级法院访谈内容,见访谈笔录第 5 页。

(续表)

所在地	任(代)院长年份	任(代)院长前职务	任职前是否有法检工作经历	法科教育背景/全日制
莱芜	2003	副院长	有	是/非
泸州	2003	副院长	有	是/非
南京	2003	副院长	有	是/非
宁波	2003	副院长	否	否
枣庄	1998	省高院庭长	有	是
汕头	1998	市政法委副书记	否	是/非
沈阳	2001	市人事局局长	否	否
石家庄	2003	区市县委书记	曾任县检察长6年	是/非
武汉	2003	市人大常委会秘书长	否	否
厦门	2000	副院长	有	是/非
湛江	2003	市检察院副检察长	有	是/非
肇庆	2003	区市县委书记	否	否
郑州	2004	另一中院院长	长期在省政法委	否
珠海	1998	市公安局副局长	否	否
成都	1998	副院长	有	是/非
佛山	2003	副院长	有/检察院	是/研究生
东营	2000	省高院办公室主任	有	是/研究生
大同	1998	另一中院院长	有	否

从表6-3统计可以发现,在随机检索到的24位中级法院院长里面,只有一半的人选来自法院系统自身,如果算上来自检察系统的人选,那么大约有40%左右的中院院长来自非司法机关——而其中公安系统又是院长人选的"供给大户",如图6-1所示。

在表6-1中,从院长人选是否具备长期司法工作经历来看,42%的院长在进入该院领导层之前从未在司法系统中供过职,如图6-2所示。这与图6-1显示的40%左右人选来自非司法机关的数据一致,表明了凡是从非司法机关调入法院的院长基本上都属于"外行"。而且即使是在具备法院和检察院工作经历的两部分人选中,也各有1人的司法

第六章 政治型领导法官任用机制 225

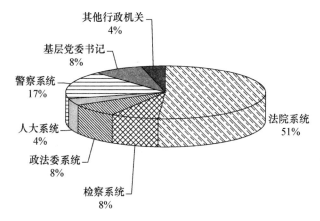

图 6-1 中级法院院长来源

经历非常短,且非从基层业务工作做起,而是从党政干部职位直接调任法、检机关的领导,实际上不能算是"司法机关出身"。然而,即使是在 12 位"司法机关出身"(从书记员、助审员做起)的院长中,也只有 2 人明确地是取得全日制法律本科文凭后进入法院的,其余多是"半路出家"后再"补文凭"。"半路出家"并非就一定做不好法院工作,但这一统计展示了前职业化年代中国法官的典型成长经历——这决定了这批人中成长起来的院长们在专业能力上的某些欠缺可能是很难避免的。

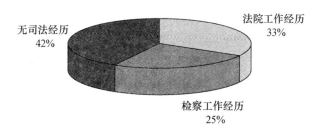

图 6-2 中级法院院长工作背景

在这样的司法生态背景下,在这么多的传统规则下,在实践的强大惯性下,若不对院长任职的刚性标准予以"变通",则规则在现实中根本不具有可行性,因此《法官法》中的"故意模糊"也就自然而然了。

然而,院长们专业知识(相对)缺乏的现象,自然又衍生出一种"合逻辑"的疑问。首先,法院内部长期以来存在案件审批制度(承办法官对案件进行审理后作出裁判前,须将案件的处理意见向主管领导汇报,由院领导审查决定,这使得院长对案件有直接的干预权),审判独立问题暂且不论,如果专业知识较差,那么院长基于什么来给出"定案"意见呢? 其次,院长还要主持审判委员会的工作,如果本身对专业知识都不太在行,其又如何胜任对复杂、重大、疑难案件组织的讨论? 再者,从行政机关调任的领导干部,极易在法院内部管理中注入很强的行政化色彩或上命下从的长官意志,岂不是更加扰乱审判独立的制度逻辑? 这样一种担心在理论上无疑是成立的,在现实中也确有体现。但中国的实践告诉我们,现实中的情形其实并非我们想象中的那么糟,作为"外行"的院长们实际上多数人也干得不错。于是人们不禁要问,是什么样的选任标准使之成为可能? 如果选任院长的主要标准不是专业知识和司法经验这样的刚性因素,那又是什么? 这就是接下来要提到的、蕴含更为丰富的柔性标准。

(二)柔性标准

我们在调研中曾询问一位20世纪80年代初科班出身的资深法官(现任某中级法院副院长):"党委在考虑法院院长人选时,候选人司法业务能力的因素能起多大作用?"这位副院长坦言"对业务能力的考虑不起什么作用",因为我们对院长的要求并非是希望他像普通法官那样去办案。就实践中法院院长需具备的能力,课题组曾在A中院和C中院分别做过一次问卷调查,其中一问是"院长比副院长更强调什么能力",以下是两个中院反馈回来的数据。[①]

[①] 问卷调查对象是两所中院审判业务庭的所有工作人员(包括法官、书记员和法官助理),其中A市中院发放问卷218份,回收问卷164份,问卷回收率为75%;C市中院发放问卷46份,回收问卷36份,问卷回收率为78%。"院长和副院长相比任职所强调的能力"一题为不定项选择。

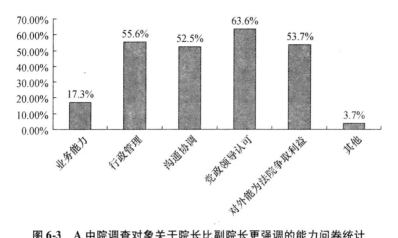

图 6-3　A 中院调查对象关于院长比副院长更强调的能力问卷统计

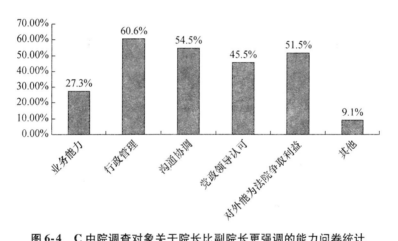

图 6-4　C 中院调查对象关于院长比副院长更强调的能力问卷统计

从图 6-3、6-4 来看,两个法院大多数受访法官均不约而同地把院长的业务能力放在了非常次要的地位,看来,和专家型的副院长比起来,院长确实不需要怎么"搞业务"。C 中院一位曾长期担任基层法院院长的老法官告诉我们:

> 院长的工作,就是抓五个"子":路子、案子、票子、车子、房子。路子,就是要把握法院的工作大方向,要跟上党委的要求,要为本地大局工作服务;案子,就是要少出冤假错案,减少涉诉上访,让

老百姓满意,尽量避免因为法院工作失误而引起重大事件;票子,就是要保障全院的办公经费和解决干警的各种待遇;车子和房子就是要改善办公条件,有车辆办案就可以提高工作效率……①

如是观之,院长的工作内容可谓是面面俱到、包罗万象,而对院长的能力要求也就是调研中受访者经常挂在嘴边的"管理和协调的综合能力"。这样一种"管理和协调的综合能力",是一个非常宏观而庞杂的"复合"概念,很难清晰地厘定出条理来,我们只能大致归纳为如下三方面。

1. 行政管理能力

实践中,院长作为法院的当家人,其首要任务当然是把法院管理好,因此其行政管理能力的强弱就是一个非常直观实用的选任标准。由于中国的法院与行政机关在组织结构上具有高度的同质性,近代法院制度脱胎于旧衙门体系的事实使我们在很大程度上只是把法院当成另一个解决纠纷的政府机构,司法机构的运作机制事实上与行政部门的运作机制基本一样。所以法院内部权力结构也呈金字塔状,实行的是院长全面领导下的"首长负责制",院长和其他行政部门的首长一样负责掌管本部门包括人、财、物、事在内的全部行政事务,这自然对院长的行政管理能力提出了较高的要求。图6-3和图6-4反馈的信息表明,行政管理能力是备受法官们推崇的指标。我们曾就此与一位中级法院老庭长谈起过。

问:你们在评价一位院长的水平时是否看重其管理能力?

答:管理能力当然是相当重要的,院长是院里头的一把手,整个法院都归你管,管不好的话当然不行。

问:具体来说呢?

答:院长要管人、管钱、管物、管事。当然业务上的事有分管副院长把关,正院长主要就是把行政事务安排好、统筹好,比如搞

---

① 2007年12月15日C中级法院访谈内容,见访谈笔录第121页。

竞争上岗,方案怎么定,需要院长下决心。还要把全院的人、财、物用好,分配好,保障好。尤其是用人,要知人善任。

问:这么说,会不会用人是院长很重要的一项管理能力?

答:是呀。会不会用人有两方面,一是看人看得准不准,他有没有某方面的能力,你把他安排到某个位置上能不能发挥出他的特长,他能不能把那个岗位上的工作做好,这是院长必须要做到的。比如中层干部的人选,用哪个不用哪个,最后由党组定,还不是你院长最有发言权?人用好了,下面的人帮你把事情都做好了,院长可以省很多心。如果用人失察,大家都盯着院长,要承担很大的舆论压力,更严重的话组织上就要对你……(笑)

问:另一方面呢?

答:另外一个,就是内部很多关系也需要院长来协调处理。法院内部也是"一个萝卜一个坑",你动一个位置的人,相应的几个位置可能就都要动才行,不然就搞不好。

问:怎么讲?

答:法院里的同事还是有个相互处关系的问题,比如"竞争上岗"后被淘汰的人,"双选"后落选的人,原部门他自己也不好意思回去,但各部门都不要,你把这些人往哪里放?有些部门都不愿意去,但工作还是必须有人做,你又把谁安排去?这些都需要院长出面做工作,虽然你可以强制命令安排,但你还是要给予安抚和解释,晓之以理,动之以情,把事情摆平但又不能做得太绝,否则会影响内部的稳定。这些都考验院长的"拿捏"手艺啊。①

可以说,院长的行政管理能力强弱直接体现在院长能不能用好人;而能不能用好人,则直接影响法院的案子办不办得好,队伍人员会不会出事。正如 B 中院一位副院长所言:"你手下管的人,队伍强、业务精、办案好,不出事,就万事大吉,你就称职。"除了用好人、

---

① 2005 年 8 月 4 日 b 法院访谈内容,见访谈笔录第 88 页。

管好人外,院长还必须善于调动全院工作人员的积极性,想办法发挥出他们的责任心,这也是管理能力的一种体现。C 中院一位领导说道:

> 怎样调动法官的工作积极性和责任心?讲大道理,虚的,作用不大,要实在的,那就是奖惩要分明。工作业绩如何评估,津贴、奖金咋个发放,要让大家努力工作一年了有个盼头;晋升依据咋个定,让年轻人有奔头,让有才能的人能冒出来,你整个队伍才有动力;案子出了问题怎么负责,责任如何划分;做得多的和做得少的在待遇上如何区别,等等,这些都是重要手段,这些都要细化成各种方案,最终是院长要拿主意。院长能不能把这些事情妥善解决好,也决定着手下的法官们如何评价你这个院长的能力。①

可见,行政管理能力是院长作为法院这个机构的"行政首长"所必须具备的"本事"。这也是我国长期以来由行政官员出任法院院长的现实合理性所在——"审案子"出身的业务型领导在行政管理方面往往能力比较欠缺,而行政机关出身的领导在这方面则要得心应手得多。

2. 沟通协调能力

在某种程度上,我国至今仍是一个典型的关系社会,一个领导干部能否处理好与自身以及工作相关的各种关系,很大程度上影响其工作业绩和仕途前景。如果说前述的"行政管理能力"涉及的是组织内部关系处理,那么这里的"沟通协调能力"则主要指涉的是外部关系处理。作为法院内的最高领导,院长更需要代表法院处理好对外事务,以便为自己和本单位争取更大的发展空间与话语权。从图 6-3 和图 6-4 来看,受访法官们都非常在意院长对外是否能为本法院争取利益。B 中院政治部主任就谈道:

> 院长这个职务,要看你协调能力行不行,和政府机构的关系

---

① 2007 年 12 月 16 日 B 中级法院访谈内容,见访谈笔录第 125 页。

沟通得好不好,说白了就是要不要得到钱——全院的经费装备、干警的福利那些东西都要用钱,解决得了实际问题才是关键!你懂法律又怎样,会审案子又如何,首先经费保障不了的话,法院就没法正常运作,那其他工作就都是无源之水嘛。①

这不能不说是当下情形中的大实话了。长期以来我国法院系统的行政化管理模式和在国家权力架构中的尴尬地位,使得法院院长的主要精力除了理顺法院内部关系,就是对外和各种政府机关打交道,要为了单位的经费、干警的福利四处"化缘"。C中院前任院长就是在钱款问题上解决不好,导致该院办案经费不足,甚至因拖欠电费曾被供电局拉闸限电多次——用C中院政治部副主任的话说就是"全院干警怨声载道"。正是由于院长们的主要精力实际并不在于审理案件,只要能保障全院工作顺利开展,对外不遇麻烦,那么他本人专业知识差一点也就无所谓。就算是中院下派到基层法院做院长的那些庭长都非常优秀,他们实际上也基本无暇顾及案件审理。在访谈中,几乎所有人都承认院长的"综合协调能力"比法律业务水平更为重要。b法院一位即将退休的老庭长很有感触:

> 院长一天都在开会,这个会、那个会,上级的会、政府的会,会多得很,要对外协调关系,要给大家解决经费,事情多得很,我看我们院长80%的时间都是在处理这些事情。院长就一个人,如果分身乏术,那还麻烦。因为很多事情还必须院长亲自出马,你要是派副院长去的话,人家理都不理你,正院长面子大,人家只认你正职。所以对外协调关系(的能力)是一个中国法院院长必须具备的能力。②

实际上,由于权威政策规定全国各部门各项工作都要以经济建设

---

① 2005年8月1日B中级法院访谈内容,见访谈笔录第52页。
② 2005年8月4日b法院访谈内容,见访谈笔录第88页。

为中心,因此地方法院也被地方党政视为服从当地全局工作的一颗棋子。① 尤其是在基层法院,基层党政领导更是下意识中将司法机关当成其下属工作部门,法院不得不频繁应付各种非司法性的政治或经济任务。在我们造访的那一个星期里,b 法院院长几乎每天都要外出参加县里的各种会议。课题组造访 a2 法院期间,恰逢当地政府发动迎接"创卫"活动的检查,该院院长亦被招至市委开会,被告知每个部门都要对其门前的一段街道路面实行"三包"。这一"指令性任务"让该院长与我们谈话时哭笑不得:

> 让法官们集体上街去扫大街,真不知道大家看了作何感想?为了不影响法官们的工作,我们花钱在外面雇人完成这项政治任务。在地方政府眼里,我们法院仍然只是一个职能部门而已啊。上头的工作你必须配合,而且还必须完成好,不然全院就要"遭殃"。作为院长,我也希望我们的法官一天能安心审案,所以很多时候院长必须出面想办法"去顶起""去疏通",说句不好听的就是要去"勾兑"。当院长需要八面玲珑,一般法官可能不理解。来了人你必须出面接待,就要喝(酒),不喝,你求人家办的事情就搞不成,而法院要求人的事情又太多了……②

除了上述非司法性事务的沟通协调,司法审判业务也时常需要院长进行协调。b 法院一位资深庭长提醒到:

> 有些复杂案子,下面(的法官)决定不了而进入审委会(讨论)的,往往已不是简单的法律问题了,多半涉及案外的各种利益关系,比如和其他政府部门之间的关系,和当地党政领导的关系,或对当地群众利益有重大影响。那他院长的思维方式、价值观

---

① 我们在查阅资料时偶然发现,在《a2 县各镇、市级各部门及有关单位 2004 年主要工作目标汇编》里,赫然载明:"法院 2004 年工作目标:1. 重点目标 引进到位资金 100 万元……"如是这般,我们对于 b 法院会议室墙壁上悬挂的"工业经济发展突出贡献单位"的奖状,也就无须莫名惊诧了。

② 2004 年 11 月 15 日 a2 法院访谈内容,见访谈笔录第 1 页。

念,他的倾向就是决定性因素了。在更多的时候,这需要利益衡量,比如和各方面关系的处理、周旋,院长在进行利益衡量的时候往往更拿得准。这就看院长的本事了。①

我们在与某高级法院一熟识的审判员谈起院长"讲关系"的能力时,这位颇有洞见力的法官进一步指出:

> 院长在很大程度上是一个案件审判的"幕后协调者"。法官审案子遇到不好处理的关系时,可诉诸审委会乃至院长再来协调与周旋,从而形成一个缓冲地带,避免案件审判时个体法官直面利益冲突而进退维谷。因此院长能不能解决好这些矛盾关系,对于在审判中能否有效保护本院法官的利益以及全院的整体利益是意义重大的。②

如是观之,院长对外是否具备对外"公关"本事,的的确确是衡量一个院长是否称职的重要考量。显然,那些具有长期"官场"经历的行政首长们出任法院院长,就要比职业法官出身的院长在这方面更具有优势。正如受访法官们私下感慨的那样:"如果一个大官、高官来当院长,反而可能对法院还更有好处,因为越大的官意味着他的公关能力越强、面子越大,越能对外为法院争取各种利益。"

3. 思想政治素质

除了良好的管理和畅通的协调,院长在主政法院期间,还要紧跟地方党政工作的中心任务,把握住法院工作的大局,服从党委对法院提出的要求,使法院为地方经济建设"保驾护航",能从政治因素的考虑角度处理棘手案件,不给地方治理"添乱",此即为院长人选的"思想政治素质"。B 中院一位副院长谈到:

> 选拔院长,首先要有坚定正确的政治方向,这也是组织部门

---

① 2005 年 8 月 4 日 b 法院访谈内容,见访谈笔录第 88 页。
② 2006 年 11 月 4 日我们与某高级法院一位熟识的审判员偶遇时的谈话内容记录。

考察的重点,毕竟你是政法机关的一把手,而且不管哪里,党政机关一把手都是党员。其次,才是业务素质,这主要由上一级行业管理部门(省政法委和省高院)来考核。还有,个人人品是不能让人说三道四的。①

我国国家机关的"一把手"多是由中共党员充任,尤其是作为无产阶级专政"刀把子"的公检法机关更是无一例外。"共产党员"本身作为一个身份符号已经在一定程度上表明了对政治素质的要求。图6-1显示的中级法院院长人选来源构成中,除了司法机关内部产生的外,公安、政法委、基层党委等之所以成为主要的人选产生来源,不外乎也就是因为这些部门的人选一般认为在政治上是"最靠得住"的,最能够"服从命令、听指挥"。实际上,这样一种选拔标准,从新中国成立之初重整司法机构和清理旧法人员之时起就一以贯之。1949年后,作为无产阶级专政的工具,我国各地各级司法机关多是从当时的军事管制委员会中的"司法处"或"司法科"等机构演变而来,因此当时担任各个法院院长的人选多是军管会中的领导干部或有军人身份、背景的革命干部。这样一种安排,强调的就是党对司法机关的绝对领导,强调的是司法机关在政治上的绝对可靠。这样一种"政治领导法律"的革命传统绵延至今,使得"政法部门的领导干部,要具有较强的全局观念和纪律观念,具有雷厉风行的战斗作风,办事坚决果断,一切行动听指挥"。② 当然,需要特别指出的是,一个院长的"思想政治素质"不仅仅限于"一切行动听指挥",还必须要求其具备"高超的政治智慧"。一位基层法院院长在访谈中曾深有体会:

这个不是说院长要好高的专业水平,而是说要有政治头脑。比如有些争议较大的案子,我们内部在法律上已经办成了铁案,就是到了最高法院也绝对经得起推敲,但这个判决结果什么时候对外宣布,就有讲究。如果本地马上要开"两会",那我就不能让

---

① 2005年8月2日B中级法院访谈内容,见访谈笔录第56页。
② 中共中央《关于进一步加强政法干部队伍建设的决定》(中发〔1999〕6号文)。

法官现在宣判。如果你现在判了,万一不服气的当事人跑到党委门口上访,跑到人大会上闹事,你院长在人大会上作工作报告的时候还怎么下台? 人大、老百姓的直觉就会觉得你工作没做好,对你院长的印象、对整个法院的印象就坏了。党委也会认为你这是领导不力,给地方工作添乱。而"两会"过后再宣判,就不会引起这么大的风波。党委要求保持稳定、和谐,你院长要贯彻,怎么贯彻,这就是贯彻! 什么是大局观? 这就是大局观,是政治智慧,一般人体会不到。①

这位院长的一番感言,形象地诠释了一个法院院长所应具备的思想政治素质的真谛,它其实集中体现了中国法院在国家政治生活中的工具性特征与政治附属地位,反映了中国法院在国家政治生活中所承担的政治责任。"一定合理的政治责任远非必然代表对司法独立和公正的显著威胁,而可能对法官具有一种合理的劝诫效用;并且,它亦可作为一种有价值的保障,以防范在许多国家中司法机构过分地自我隔离于政府其他体制的倾向,司法机构本身就是政府体制的一部分。"②因此,当前权威部门所强调的审判工作要"讲政治"③,其不仅是法院自己需要这个"政治",更是社会管理者需要这个"政治"来配合其工作,即审判工作要服务于各地党政的工作重心。与之相应,思想政治素质是否跟得上自然成为法院院长们的必备条件。当前各地法院民事调解率的节节攀升,一定程度上即可理解为院长们在响应"构建和谐社会"时所体现出的"政治正确"。

细心的人不难发现,上述三项选任标准并不仅仅能适用于法院院长的任用——事实上体现了一种适用于所有的组织机构领导人选任的共性——"管理和协调的综合能力"本质上讲的就是一种"当官的艺

---

① 2005年8月2日B中级法院访谈内容,见访谈笔录第59页。
② 〔意〕莫诺·卡佩莱蒂:《比较法视野中的司法程序》,徐昕、王奕译,清华大学出版社2005年版,第144页。
③ 参见陈永辉:《最高法院副院长张军:审判工作既要讲法治也要讲政治》,载《人民法院报》2008年8月28日。

术",一种"为官之道",而不论你是哪里的"官"。这些柔性标准在法院院长的任用实践中起主要作用,则集中体现了中国法官任用制度中"干部因素"的主导力量。尽管当下已经越来越注重法院领导的专业出身和司法经历,但在决策者看来,作为法院院长的候选人,一个部门的"一把手",首先是一名党政领导干部,必须首先符合"当官的条件",即更注重的是他的管理协调能力,更注重他在当地党委和政府中的影响力,更关注他是否能驾驭法院工作的全局,只要他带出的队伍素质强、业务精、"不出事",就符合选拔条件了。至于是否司法内行,是否通晓法律倒为次要考虑:是,更好;不是,也无妨。而这与国外司法选任实践中,法院院长首先应是一名法官的观念迥然相异。因此,即使在上级法院从内部下派干部到下级法院任职的情况下,来自其政治部、办公室的干部人选也比较多,甚至政治部、办公室的负责人比业务庭的负责人更有可能被下派任职,因为前者的管理协调综合能力明显比业务庭出身的人要强。可以说,在历史传统与现实环境的双重张力下,一个人能不能当法院院长主要是看其会不会"当领导",会不会"做官"——这对各级法院的院长都适用,且法院级别愈高,它愈具有合理性。

四、任用程序

从现行法律明文规定上看,地方各级人民法院院长应当由地方各级人民代表大会选举,也即院长的任用程序属于立法机构实施的选举程序中的一种,这与任命产生的副院长、庭长、副庭长、审判员和助理审判员在程序上具有实质差异。但是,从我国实践中来看,任用院长的该选举程序基本上不具有实质性意义——作为法定行使国家机关重要人事安排决定权的表决机关,人民代表大会在现实中鲜见否决过被提名的候选人,尤其是国家机关的正职领导人选;加上此类选举一般都只有唯一候选人,因此凡被正式提名的人选几乎可以肯定当选。那么法院院长人选的提名权由谁来行使呢?《中华人民共和国地方各级人民代表大会和地方各级人民政府组织法》规定,县以上人民法院院长的人选由同级人大主席团提名或一定人数的代表联合提名,交大会代表酝酿后确定为正式候选人进入表决。而法定人数的代表联合提名候选人在实践中极为罕见,一般情况下都是由人大主席团提名候选人。那么人大主席团又是如何确定提名人选的呢?遍览现行法律,我们没有发现人大主席团如何确定提名的具体规定。事实上,正如下文即将展示的,提名人选其实也不是人大主席团能够决定的——在"党管干部"原则下,真正能够决定院长人选取舍的是地方各级党组织,人大主席团只是对党组织的"推荐人选"予以法律上的确认。换言之,确定院长人选的党内"组织程序"才对任用院长具有实际上的控制力和决定力。我国法院体制形成之初的院长任用机制就是如此,"党管干部"原则几十年来一直处于毫不动摇的地位。

在党内组织程序上,院长的任用涉及上级法院党组和政治部、上级党委和组织部门等实权机构和人物的活动。正是这些权力主体之间的结构、关系和作用,实质性地主导了法院院长任用机制的运作形态——而这些恰恰是公众在正式的法律程序中所无法探悉的。[1] 因此本章研究法院院长任用程序,重点是"法律程序之外的程序"——组织程序,也即中国特色的"党政领导干部选拔任用制度"在司法机关领导职位上的一个投影。由于中级法院与基层法院之院长任用在权力主体及其相互关系上有差异,因此两者的程序将作分别描述。

(一) 地方主导型

根据"党管干部"原则,干部任用属于各级党组织的专属权限(职责)。干部管理权限有两种模式:一种是地方工作部门的干部由地方党委完全负责管理;另一种是地方党委和该工作部门的上级业务主管

---

[1] 中共中央颁布的《党政领导干部选拔任用工作条例》对此问题有一些基本的程序性规定,但这不是国家制度层面上的法律程序。

部门的党组织共同管理,此即所谓"干部双重管理制度"①。人民法院系统就是实行干部双重管理的部门,一般情况下,对法院领导干部的选任由地方党委和上级法院党组共同负责,其中地方党委主管,上级法院党组协管。② 就中级法院而言,虽然院长和副院长都接受双重管理——以地方党委管理为主,但中级法院院长的任用却并非像其副院长那样是由中级法院所在地的同级党委(地、市、州委)主管,而是由上一级的党委(即省委)负责。这与我国"干部管理权限"的划分有关。③ 我国的中级法院一般都设立在地、市、州一级的行政区划内,这一行政级别的党政领导干部根据管理权限系由省委管理,俗称"省管干部"。由于法院院长在行政级别上只比本地党政领导正职低半级,故中级法院院长在行政级别上属于(副)地、市、州级干部,而非一般的正局级干部,因此仍然属于"省管干部",即其任用权限不在本级党委,而在上一级党委。所以,中级法院院长的任用工作系由省委主管,省委组织部负责具体实施。同时,作为"双重管理干部"的中级法院院长,省高级人民法院党组(由其政治部负责具体实施)也要参与其任用过程,以发

---

① 所谓"干部双重管理",是指按照中央有关规定及干部管理职责,采取由上级业务主管部门党组(党委)或者地方党委以一方为主、一方协助的管理方式,对部分部门、单位的干部进行共同管理。干部双重管理通常分为两种:一种是以上级主管部门党组(党委)管理为主,地方党委协助管理,也称为"条条为主管理";另一种是以地方党委管理为主,上级主管部门党组(党委)协助管理,也称为"块块为主管理"——地方各级人民法院、人民检察院即属此列。

② 在1984年1月10日最高人民法院党组下发的《关于各级人民法院党组协助党委管理法院干部的办法》(法组字〔1984〕3号)中明确规定,法院干部的管理实行双重领导,以地方党委管理为主的原则。

③ 从1984年7月起,中共中央为了推进干部管理体制改革,将干部管理权限由原来的"下管两级"改为"下管一级":即中央管理中央国家机关部委和省(自治区、直辖市)一级的干部(包括人民法院、人民检察院和纪委主要领导);而省级党委原则上管理省级机关局、厅级领导干部和地、市、州一级的领导干部,依此类推。各级党委(党组)根据中央确定的原则,拟定自己管理的干部职务名称表,确定具体管理权限。凡在管理权限范围内的干部任免,都由该党委(党组)作出决定或提名、推荐。

挥"协管"作用。① 根据本课题组在 A、B、C 3 个市中级法院的考察所知,中级法院院长的任用程序系按照《党政领导干部选拔任用工作条例》以及《中国共产党地方委员会工作条例(试行)》中的有关规定展开,其基本流程可简要如下表所示。

从图 6-5 可见,在中级法院院长的任用过程中,确定人选的核心权力掌握在省级党委(主要是常委会)手中,省委组织部是其具体工作的实施者。由于人大选举法院院长通常并非差额选举,而是就党委推荐的唯一人选进行投票,在实践中也极少看到法院院长选举未能通过的情形,因此作为"省管干部"的主管机构,省委拥有最核心的话语权,它不仅实质上是中级法院院长人选的提名人,其实也是人选的最终决定人。② 同时,省高级人民法院党组作为中级人民法院的上级业务主管部门,在中级法院院长任用过程中起到协管作用,主要体现在其党组对组织部门提出的人选要发表意见(同意或不同意),尤其是作为业务上的上级主管部门,其要参加省委组织部对候选人进行的考察活动(主要由其政治部负责),对候选人的业务能力予以评判,供组织部门参考。当然,省高院有时也不仅仅是作为一个咨询机构而存在——如果省委组织部没有更好的人选的话,往往会听取省高院党组的意见,由省高院党组提出建议人选供其考虑。进而,省委组织部如果采纳了省高院建议的候选人,则省高院往往会扮演更重要的角色,比如省委组织部可能会委托省高院政治部负责对人选进行主要的考察工作。另外,随着司法职业化观念的推广,在对院长人选业务能力的考核上,省高院的协管作用有进一步增强的趋势。据报道,中共湖北省委就决

---

① "主管"与"协管"各自的作用体现在干部任用上,就是对于人选,主管方应当事先征求协管方的意见,进行酝酿,协管方要协助主管方对拟任人选进行考察。根据《党政领导干部选拔任用工作条例》第 31 条的规定,征求意见一般采用书面形式进行。协管方自收到主管方意见之日起 1 个月内未予答复的,视为同意。双方意见不一致时,正职的任免报上级党委组织部门协调,副职的任免由主管方决定。

② 在 A 中级法院的院志中,我们甚至可以看到这样的表述:"1983 年 × 月 × 日,省委任命 × × × 为 A 市中级人民法院院长"——这种措辞再明白不过地昭示了中级法院院长任用的实际权力主体。

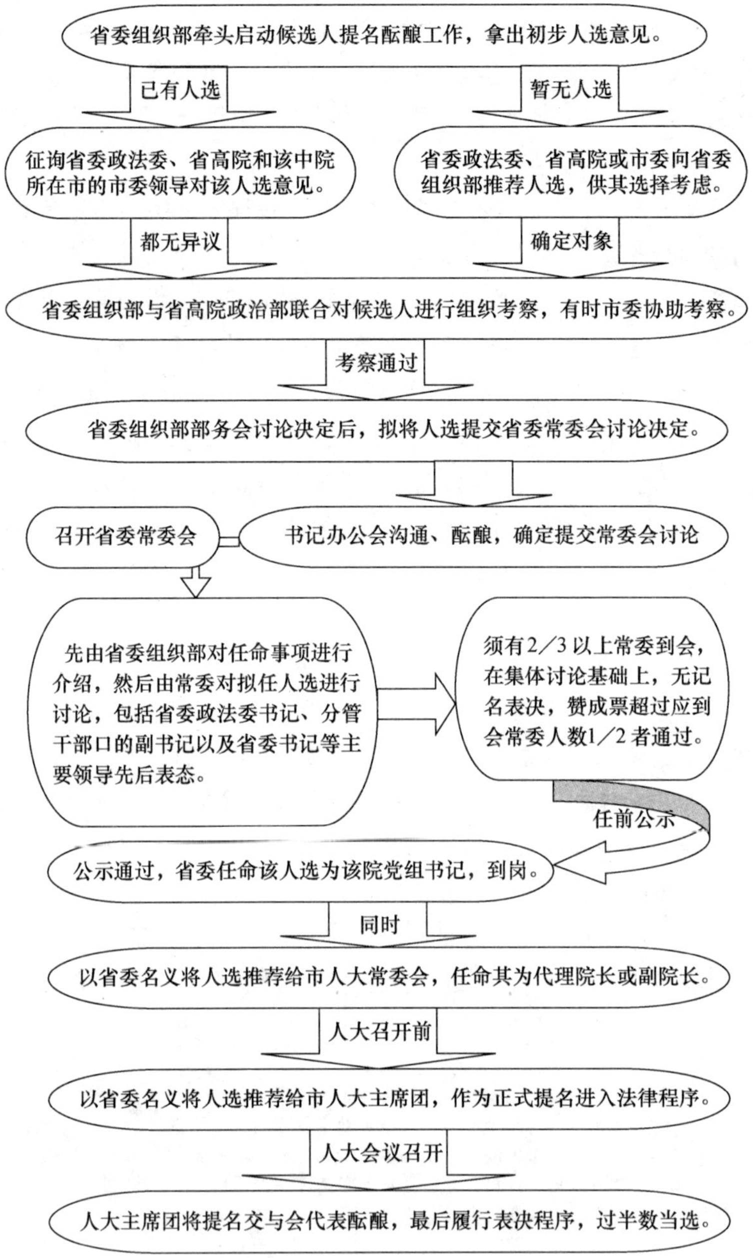

```
┌─────────────────────────────────────────────────────┐
│ 省委组织部牵头启动候选人提名酝酿工作,拿出初步人选意见。│
└─────────────────────────────────────────────────────┘
        ↓ 已有人选                    ↓ 暂无人选
┌──────────────────────┐      ┌──────────────────────┐
│ 征询省委政法委、省高院│      │ 省委政法委、省高院或 │
│ 和该中院所在市的市委  │      │ 市委向省委组织部推荐 │
│ 领导对该人选意见。    │      │ 人选,供其选择考虑。 │
└──────────────────────┘      └──────────────────────┘
        ↓ 都无异议                    ↓ 确定对象
┌─────────────────────────────────────────────────────┐
│ 省委组织部与省高院政治部联合对候选人进行组织考察,    │
│ 有时市委协助考察。                                   │
└─────────────────────────────────────────────────────┘
        ↓ 考察通过
┌─────────────────────────────────────────────────────┐
│ 省委组织部部务会讨论决定后,拟将人选提交省委常委会    │
│ 讨论决定。                                           │
└─────────────────────────────────────────────────────┘
        ↓
┌──────────────┐  ┌───────────────────────────────────┐
│ 召开省委常委会│  │ 书记办公会沟通、酝酿,确定提交常委 │
│              │  │ 会讨论                             │
└──────────────┘  └───────────────────────────────────┘
        ↓
┌──────────────────────────┐  ┌──────────────────────┐
│ 先由省委组织部对任命事项  │  │ 须有2/3以上常委到会, │
│ 进行介绍,然后由常委对拟  │→ │ 在集体讨论基础上,无  │
│ 任人选进行讨论,包括省委  │  │ 记名表决,赞成票超过  │
│ 政法委书记、分管干部口的  │  │ 应到会常委人数1/2者  │
│ 副书记以及省委书记等主要  │  │ 通过。               │
│ 领导先后表态。            │  └──────────────────────┘
└──────────────────────────┘           ↓ 任前公示
┌─────────────────────────────────────────────────────┐
│ 公示通过,省委任命该人选为该院党组书记,到岗。       │
└─────────────────────────────────────────────────────┘
        ↓ 同时
┌─────────────────────────────────────────────────────┐
│ 以省委名义将人选推荐给市人大常委会,任命其为代理院长 │
│ 或副院长。                                           │
└─────────────────────────────────────────────────────┘
        ↓ 人大召开前
┌─────────────────────────────────────────────────────┐
│ 以省委名义将人选推荐给市人大主席团,作为正式提名进入 │
│ 法律程序。                                           │
└─────────────────────────────────────────────────────┘
        ↓ 人大会议召开
┌─────────────────────────────────────────────────────┐
│ 人大主席团将提名交与会代表酝酿,最后履行表决程序,过 │
│ 半数当选。                                           │
└─────────────────────────────────────────────────────┘
```

图 6-5 中院院长任用流程图

定,"今后任命各级法院院长,候选人必须经省高级人民法院同意后,方能提交人大表决通过"。①

如果由省高院推荐人选,那么一般而言,人选将是来自法院系统内部,且往往就是省高院内部的中层干部,比如某个庭的庭长,研究室、办公室或政治部的主任,等等。一位即将到某地下挂锻炼的高级法院法官这样解释道:

> 省高院党组不可能像省委组织部的人那样熟悉那么多部门的干部,他们比较了解的人只可能是法院系统内的;当然,它对高院内部的干部最知根知底,哪个合适下去当中院院长哪个不合适,还有谁比省高院党组更有发言权呢?再说了,从法院系统内选人也是符合司法职业规律的,组织部门的人现在还是有这种意识,有时还比较倾向于由省高院提人选。②

上述解释不无道理,但省高院提出的人选为何经常是高院内部的呢?首先,较之下级法院的人,省高院无疑对本院自身的干部更熟悉,任用起来更知根知底,更靠得住,降低了任用失察的风险。其次,对于一些优秀中层干部的提拔,根据《党政领导干部选拔任用工作条例》的规定③,在提拔前必须有下挂任职的经历;即便不是出于提拔的目的,按照组织部门的说法,"让干部下去锻炼一下对其成长也是有利的",因此省高院也倾向于把自己的优秀干部派下去锻炼。再次,院长的任职有地域回避的问题,根据《党政领导干部选拔任用工作条例》第53

---

① 何磊、程刚:《吕忠梅代表:5种人不适合当法院院长》,载 http://news.sina.com.cn/c/2005-03-10/17246050252.shtml。
② 参见2006年月4日我们与某高级法院一位熟识的审判员偶遇时的谈话内容。
③ 《党政领导干部选拔任用工作条例》第7条规定:"提拔担任党政领导职务的,应当具备下列资格:……(二)提任县(处)级以上领导职务的,一般应当具有在下一级两个以上职位任职的经历……"

条的规定,担任法院主要领导职务的,一般不得在本人成长地任职[①];而中国地方法院法官本地化的比例是很高的,副院长往往是本地法官提拔起来的,这样他就没法在本院做院长。复次,在一定意义上,中国法院系统上下级之间存在事实上的"领导与被领导关系",而省高院下派干部到中级法院任职,无疑强化了省高院对下级法院的影响力,便利了对下级法院的有效"管理"。又次,从省高院的中层干部中下派人选,也有一个行政级别上的考虑:省高院庭长这一级别的干部与中级法院院长的行政级别正好对应,调动起来方便;而从下级法院的副院长中选任,其行政级别往往不够,涉及提拔晋升则组织程序要复杂得多。诸如此类,使得一旦地方上推不出合适的人选,省高院便很乐意派人下去赴任。A中院一位有过下挂经历的法官还补充道:

> 当然,从其他中级法院平调一个院长过来也可以,但不是你说调就可以随便调的。首先,不是本院的干部,人事权不在你手上,如果这个院长还比较能干(不能干的话你可能又不会看中他了),人家当地领导未必愿意放人过来;其次,他本人愿不愿意来,也是个问题,你还是要考虑他本人的意愿。这个就不像系统内下派干部,一般说来,上级法院的干部都还是比较愿意下去挂职的,其他好处不说,起码可以过一下当一把手的瘾。[②]

如是观之,就不难理解为何 B 市和 C 市近几任院长中都是省高院下派的中层干部居多。不过,中级法院院长毕竟不是在省上工作而是在市上工作,那么其工作所在地的地、市、州党委在院长的选任过程中有没有什么作用呢?在《干部任用条例》第 32 条中,有"属于上级党委(党组)管理的,本级党委(党组)可以提出选拔任用建议"之规定。对此,有关人士介绍说:

[①] 《党政领导干部选拔任用工作条例》第 53 条规定:"实行党政领导干部任职回避制度。担任县(市)委书记、县(市)长职务以及县(市)纪检机关、组织部门、人民法院、人民检察院和公安部门主要领导职务的,一般不得在本人成长地任职。民族自治县另行规定。"

[②] 2005 年 8 月 19 日 A 中级法院访谈内容,见访谈笔录第 36 页。

从最终人选的决定权力上讲,本地党委起不了什么作用,因为这一级的干部任免权限不在本地。但中级法院院长毕竟在工作上是接受本地党委领导的,因此省委也会就人选征求市委的意见。况且院长人选多是来自本地区的干部,因此市委向省委组织部提出人选建议也是自然。市委有时也会协助省委对人选做一些具体的考察汇报工作。当然省委采纳不采纳市委的建议就是省委自己考虑的事情了。①

以 B 中院为例,其现任院长是从该市检察院的检察长调来的,而他即是 B 市市委向省委组织部提出的建议人选。实际上,本地党委往往更喜欢来自本地其他部门的干部担任本市法院的院长。因为"自己的人"往往比"上面下来的人"更加熟悉本地的情况,已有的人脉关系使得工作更容易上手,与其他部门打交道也更容易——省委组织部在考虑人选时,这其实是个重要考虑因素。B 中院自 1983 年以来的历任院长中,只有一位不是出自本地——系 2000 年时省高院办公室主任下派而来。② 那些"空降"而来的院长,作为"上面下来的人",主持法院工作则不具备前述的天然优势。而且,在某种意义上,习惯于把法院看做是自己手下的一个工作部门的地方党政领导人,对于"钦差大臣"领导下的法院是否能很好配合本地的各项工作,心中难免忐忑。下挂来当院长的省高院干部,如果与地方党委"闹得不愉快",大不了拍屁股走人,调回省高院便罢,与地方再无相干。但出自当地的院长则不可能这么轻松地一走了之——这一定程度上会左右该院长在与地方党政机关处理关系时的策略。

虽然最终人选由省委常委会定夺,但由于省委组织部、省高院和地方党委都有人选建议权,如果各方都有不同意见时,又该怎么处理呢?就本课题组了解到的情况而言,在这几方当中,省委组织部无疑

---

① 2005 年 8 月 1 日 B 中级法院访谈内容,见访谈笔录第 50 页。
② 这位省高院办公室主任之所以能来到 B 中院做院长,有一个重要的背景是:在省委组织部征询意见时,B 市自己本来准备提出的人选由于市委常委会内部意见不统一而迟迟不能确定,于是省委组织部采纳了省高院的人选建议。

掌握着最大的话语权,因为它是代表主管部门(省委)直接负责任用事宜,如果组织部已有考虑好的人选,省高院和地方党委在被征求意见时也很难再说什么,除非后二者能提出该人选明显不合适任职的理由。不过,省委组织部在提议人选或在征求人选时,实际上会更倾向于来自中院当地的人选,其考虑缘由前文已述。换言之,如果省委组织部暂无合适人选提出,而需要省高院和市委提出建议的话,则地方党委建议的人选可能会更容易被采纳;除非地方上没有提出合适的人选,省高院才有可能发挥更大的影响力。而省高院对于地方上自己提出的人选,一般也不会有太多异议,毕竟省高院是协管方而非主管方,除非该人选有明显不符合《法官法》任职要求的"短板"。① B 市的领导正是吸取了 2000 年的"前车之鉴",所以在后来省高院因故准备召回那位办公室主任时,立马向省委组织部推荐了该市的检察长接任中院院长,结果当然"顺理成章"。

至于中级法院本身,对其院长的任用过程则完全不作任何参与。三个受访中院的政治部主任在被问及此事时,回答都很一致而干脆:"没我们的事,省上说了算!"

省委形成决定之后,按规定,人选须进行公示。尽管《党政领导干部选拔任用工作条例》第 38 条规定"公示应当在一定范围内进行",但实践中基本上已是面向社会公众公开发布"干部任前公示",比如在公众信息网络上发布消息。公示期按规定一般为 7 至 15 天(7 天更为常见)。只要公示结果不影响任职,即可着手办理相关任职手续。

---

① 在这里之所以要强调是"明显"不符合《法官法》的任职要求,乃是法律上定性的模糊使得现实中存在一种"擦边球"现象。比如,长期从事党政工作也无法律教育背景的干部出任法院院长,在当下往往被人们视为不符合《法官法》的法定条件。但该人若曾担任过几年的公安局局长,省高院则很难理直气壮地说"不"。因为公安局的经历在实践中也被解释成了法律工作经验。而《法官法》的立法原意恐怕并非如此。事实上,很多党政领导在其从政经历中多多少少都会有在公安系统这种实权部门"接受锻炼"的经历。

表 6-4　省委组织部在 C 中院新任院长人选确定后
发布于公众网络上的任前公示

干部任前公示
××同志(××岁,大学,省高级人民法院办公室主任)拟提名为 C 市中级人民法院院长人选。 以上同志任前公示时间为×月6日至×月12日。干部群众如有情况需要反映的,请以真实姓名向省委组织部干部监督处(电话:×××-×××××××,传真:×××-×××××××)电话、书面反映或面谈。 中共 S 省委组织部 ×××年×月×日

由于法院院长属于"需要由人民代表大会选举的领导干部人选",而人民代表大会又并非经常召开,因此在既定人选在走完组织程序后、通过法律程序当选前,常常有一个时间差。而"新任院长"往往在组织程序履行完毕后就会到院接手工作,因此为了在此期间不影响其工作的开展,实践中,省委都是先行在自己权限内任命其为法院的党组书记(院长本来也就兼任党组书记)以便其以法院一把手的身份赴任。同时,省委将向市人大常委会做出推荐,提名该人选为该院的代理院长或副院长,由人大常委会在其权限内予以任命,赋予其法律身份——这就是我们在很多法院院长的履历表中看到的常见介绍,其正式当选院长前的身份为"院党组书记兼副院长(代理院长)"。待下一次人民代表大会全体会议召开之际,再以省委名义向市人大主席团提名该人为院长人选,市人大主席团接受提名后,整个任用过程即进入最后的法律程序——依法选举其为院长。①

(二) 上级主导型

根据我国干部管理权限"下管一级"的相关规定,地、市、州一级的

---

① 《党政领导干部选拔任用工作条例》第44条规定:"党委向人民代表大会推荐由人民代表大会选举、任命的领导干部人选,应当以本级党委名义向人民代表大会主席团提交推荐书,介绍所推荐人选的有关情况,说明推荐理由。党委向人大常委会推荐由人大常委会任命、决定任命的领导干部人选,应当在人大常委会审议前,按照规定的程序提出,介绍所推荐人选的有关情况。"

党委除了负责管理本级机关局和局级领导干部外,还要负责管理本级辖区内的区、县级领导干部。也即区、县一级领导干部的管理权限属于该区、县所属市的党委。而基层区、县法院院长的职务在行政级别上自然比区长、县长低半级,应是副区(县)级干部。所以,如果说中级法院院长是"省管干部"的话,那么基层法院院长就是"市管干部"。既然是"市管干部",按道理,基层法院院长任用的核心权力自然应掌握在市委手中,就像省委之于中院院长一样。但实际上,基层法院院长的任用机制并非完全"克隆"自其上级法院的管理方式,或者说是对以往的法院院长任用模式进行了变革——突出了中级法院党组在基层法院院长任用过程中的作用。

按照法院系统以往的干部双重管理模式,地方法院领导班子成员由同级党委主管,上级法院党组协管,即地方党委虽然有权决定法院领导干部的任免,但按规定应征得上一级法院党组的同意。① 而自1988年起,一些地区开始改变前述的主管/协管关系,即试行地方法院领导班子成员改由上级人民法院党组主管,地方党委协管的做法。1999年出台的《人民法院五年改革纲要》对此予以了肯定,并实际上推广了这种做法。② 从"协管"到"主管"的角色变化,使得中级法院党组在基层法院院长任用过程中的重要性骤然凸显。课题组在调研中发现,这样一种改革,使得中级法院党组对基层法院院长人选的看法,已不再仅仅是一个建议或参考,甚至都不再局限于行使否决权,而是在很大程度上成为确定基层法院院长人选的决定性因素。因此我们可以看到,即使基层法院院长是"市管干部",市委组织部很多时候也已不再参与具体的提名过程,而是放权给中级法院进行操作,一旦中

---

① 中共中央1999年4月15日下发的《关于进一步加强政法干部队伍建设的决定》(中发〔1999〕6号)明确提到:"地方各级政法部门继续实行干部双重管理。地方党委决定任免政法部门的领导干部,要征得上一级政法部门党组(党委)同意。"

② 最高人民法院于1999年10月20日下发的《人民法院五年改革纲要》规定:"对1988年以来在一些地区试行的地方法院领导班子成员以上级人民法院党组为主管理,地方党委协助管理的做法进行总结,肯定试点取得的成果,认真研究试点中存在的问题,提出解决的办法。"

级法院党组确定了人选,市委及组织部门一般都给予认可。A中院一位曾经到基层法院挂职院长的庭长就说道:

> 中院对于下面(基层法院)的一把手人选的影响力是决定性的,通常就是中院在提名。虽然是市委任命的干部,市委组织部在考察,但他们一般都听中院的意见。就算是区、县党委提名的人选,他们报上来,只要中院党组不同意,那就搞不成。当然区、县可以和中院就人选进行协商,但因为中院是主管,他们是协管,中院就有权直接否决他们的意见。①

因此,我们可以作出一个明确的判断:"基层法院的一把手人选基本上是中院党组说了算。"自中级法院党组成为基层法院院长任用的主管部门以来,我们注意到,无论是A市、B市还是C市,三地的基层法院院长人选经常来源于其中级法院的中层干部,而且人数不少。他们毫无疑问是中级法院决定派下去的。中院下派庭长到基层法院当院长的考虑,与前文提到的省高院下派庭长到中院当院长的策略考虑,在很大程度上是相同的,只不过前者在更大程度上是因为享有"主管"的便利。A中院研究室负责人曾言及此事:

> 既然改革目标是要把上级法院党组协管变成主管,那么中级法院对基层法院院长的人选就应该负主要责任。怎么体现主管?那就是我来提人选。我提当然是提我比较熟悉的,中院党组对谁最熟悉,当然是对中院内部自己的法官最熟悉,把自己的庭长派下去也就顺理成章了。②

例如,B中院近3年下派了4个中院庭长到下辖各区、县法院担任院长,b法院现任院长即为中院行政庭庭长下派。C中院所辖8个基层法院中有4个法院院长是中院庭长直接下派。A中院更为明显,其下辖的20个基层法院院长中,系近年来从中院下派的正、副庭长者前

---

① 2005年8月19日A中级法院访谈内容,见访谈笔录第36页。
② 2007年11月21日A中级法院访谈内容,见访谈笔录第106页。

前前后后就有 19 人！可见中级法院的"主管"角色对基层法院领导班子成员的影响力之巨大，以至于另有一位中院院长在与课题组负责人闲聊时曾颇为自豪地说："下面的（区县法院）哪个当院长，我们（中院党组）开了会就定了！"

尽管中院"大权独揽"，但受访者还是提醒我们，在党政干部任用程序上，组织部门的介入仍然是必不可少的。按规定，基层法院院长的人选由市委组织部与中院党组联合进行考察。如果人选来自中院内部，则考察工作就在中院内开展。某院政治部领导介绍说：

> 组织部门会派人来了解人选的个人情况，要谈话，搞测评。和他本人谈话，和他的同事谈话，和他的领导谈话。打分搞测评还要分好几步，同事测评、部门测评、领导测评，等等。这两年来在干部用人制度上是非常规范了，考察测评是必经程序。①

由于中院党组事实上已经决定好了人选，尤其是对于来自中院内部的人选而言，组织部门的考察、谈话和测评等程序，更大意义上是给中院的决定赋予一个"程序上的正当性"。

那么，中级法院内部又如何产生一个可以下派当院长的干部呢？据了解，当一个基层法院院长职位可能出现空缺时，如果中级法院党组决定从本院下派干部去接任，那么将首先圈定一个可能比较适合的人选范围——本院的中层干部（包括各业务庭的正、副庭长以及办公室、研究室或政治部的正副职领导）。中院下派中层干部的主要目的在于多多锻炼自己的后备干部，供以后提拔之需，因此一般是把人选锁定在那些还没有到基层当过一把手的中层干部，在基层已经任过院长而返回中院的干部一般不会被再次下派。当然，没有下派锻炼经历的中层干部往往也不止一人，为此，院党组一般会设定一些挑选条件。比如，A 中院党组就规定，要到城区法院任院长的中层正职，必须任正处级干部 3 年以上才有资格。如果通过限定条件的筛选还剩多个人

---

① 2005 年 8 月 19 日 A 中级法院访谈内容，见访谈笔录第 18 页。

选,则由院领导综合考虑决定。A 中院一位庭长介绍道:

> 两个人可能都比较合适,到底选哪个下去,这是院党组要做出的选择。中院的庭长都是从最好的法官中选拔出来的,其实都很优秀,但名额只有一个,那就要看,在院领导心目中,哪个更具备管理和协调能力,因为叫你下去又不是下去办案子的。有时,可能也会搞一下民主测评,看看他们的同事对他们的各方面能力是怎么看待和评价的,以便院领导抉择时参考。①

由于下派到基层当一把手往往被大家视为可能得到提拔重用,使自己职业前途更上一层楼的大好良机,因此符合条件的中层干部在一定意义上存在相互竞争关系。这不得不让我们想到一个非常"中国化"的问题:这种竞争关系是否意味着与院领导关系比较好、更为熟识的中干会更有可能被选中?一位副处级法官在私下聊天被问及时认为:

> 这种说法在一定意义上是成立的。抛开纯粹的私人关系不说,你如果和院长接触比较多,院长比较了解你的能力,那当然会提高你在他心目中的印象分。这就是综合部门的干部比业务庭干部具有优势的地方,像政治部、办公室、研究室这些部门,他们的人在综合能力上本来就要强一些,又经常和院领导有工作接触,因此那些主任、副主任下到基层当院长、副院长的命中率会更高。私人关系可能也是有影响的,上次有个审判长被派下去当副院长,起码我看他能力也不见得更强。②

中级法院选派干部到基层法院担任院长,必然涉及区县党委是否愿意接受该人选的问题,毕竟区县法院的工作需要当地党委的支持。对此,A 中院一位有下派经历的庭长认为:

> 基层一般还是欢迎中院派人下来。因为中院下去的人当一

---

① 2007 年 11 月 21 日 A 中级法院访谈内容,见访谈笔录第 108 页。
② 2007 年 11 月 12 日 A 中级法院访谈内容,见访谈笔录第 114 页。

把手，从实践来看，在很多问题上确实要比他们自己站得高、看得远些。尤其是一些偏远点的区、县，中院派个人去就能够给他们带去很多新观念、新思维和新方法，对于他们当地开展工作肯定是有利的。①

我们在调研中进一步了解到，中院提出人选时一般都会与地方上进行沟通。但因中院是主管单位，因此区、县党委如果找不出该人选明显缺点的话，也只能接受。某中院政治部负责人相当自得地向课题组介绍：

> 我们派下去的干部肯定是考虑过的，派人下去还不是为了你当地好，一般来说不会（被地方上）抓住什么把柄。主管的好处就在这里，我可以做主。你对人选有意见？我大不了再换一个人，我还可以请市委协调嘛。但只要我不同意，你下面再咋个提名都没有用。②

据介绍，中院党组否决区、县提出的院长人选，通常都是基于人选明显不符合《法官法》的任职条件。B 中院政治部主任就告诉我们："去年 W 县有个乡镇干部要当法院院长，报上来我们一看就不行，没有任何司法经历，这是最高法院明确强调了不准担任的情形，我们就给他否决了。"当问及中院如此行使"否决权"是否会顾及到地方上的"面子"问题时，该主任笑答：

> 这不是我们给不给面子的问题。最高法院和省高院对这些标准现在都卡得严，就算我们给他这个面子，到上面他也通不过——像那种乡镇干部，就算地方上已经任命了你当院长，省高院那里的初任审判员资格审核他也不可能通过，难道他愿意当一个没有审判资格的院长？岂不是让人笑话！中院一般会给他们

---

① 2005 年 8 月 19 日 A 中级法院访谈内容，见访谈笔录第 36 页。
② 2005 年 8 月 19 日 A 中级法院访谈内容，见访谈笔录第 18 页。

解释,他们自己也就知道知难而退了嘛。①

事实上,中院"公开"行使否决权的机会并不多。因为在大多数时候,如果地方党委准备向中院提名一个基层法院院长人选,通常会在履行组织正式程序之前就会有"私下"沟通。比如一位中院副院长在访谈中介绍说,区县党委书记可能会先与中院院长个别地"通气",就某个人选是否合适直接交换意见,而院长如果不直接答复,就可能将此事拿到院党组会上来讨论一下,然后再答复对方。行,到时就直接按程序办;不行,那就会建议地方上另外换人,或告知其中院已有人选。有时候,地方党政领导也可能在其法院院长人选需要更换之前故意放点风声出来,"准备让谁谁来当院长之类的消息满天飞,这不外乎是想试探一下中院的反映,不过这种方法不太高明",一位深谙此道的受访者如是说。如果地方提出的人选符合《法官法》的任职条件,中级法院党组一般会采纳,以体现中院对地方上选择权的尊重。但如果中院同时也有自己考虑好的人选,比如来自中院内部中层干部,如何权衡? 一位中院资深法官受访时表示:

> 决定权当然在我们手上,派不派我们自己的人下去,中院有一个对全局的通盘考虑问题,包括中院自身内部的工作安排和人事安排,以及对全市所有法院的工作部署和干部管理问题。如果用地方提名的人会妨碍中院的既有安排,那么我们可能就会力主用我们自己的人。当然,我们会和地方上做一些沟通,其实要否决你一个人选那还不容易? 说不好听点,作为上级总能挑出下级的一个缺点吧。②

综上而言,基层法院的院长任用权力分配架构与中级法院有所不同,主要体现在具有实质意义的提名环节上,法院系统(通过上级法院)自身的权力得到了扩张,如图6-6所示。

---

① 2005年8月1日B中级法院访谈内容,见访谈笔录第53页。
② 2007年12月15日C中级法院访谈内容,见访谈笔录第122页。

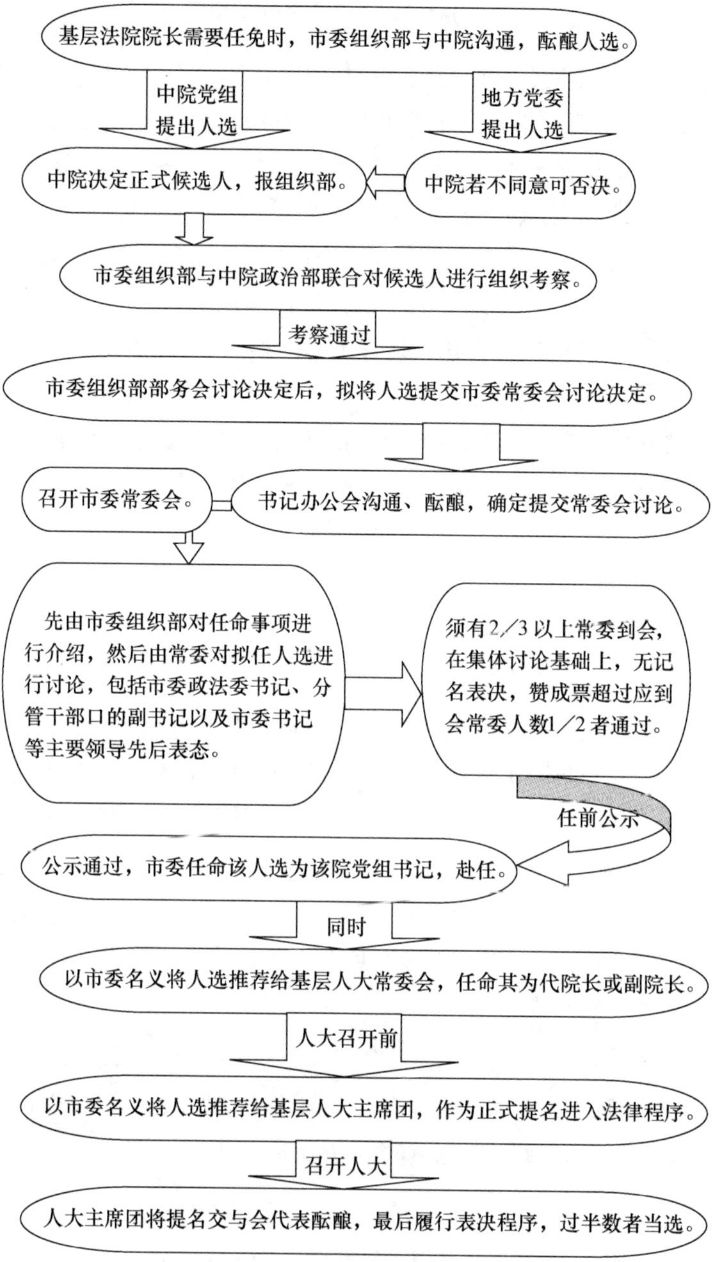

```
                    基层法院院长需要任免时，市委组织部与中院沟通，酝酿人选。
                          ↓                              ↓
                    中院党组                          地方党委
                    提出人选                          提出人选
                          ↓                              ↓
              中院决定正式候选人，报组织部。  ←    中院若不同意可否决。
                          ↓
              市委组织部与中院政治部联合对候选人进行组织考察。
                          ↓ 考察通过
              市委组织部部务会讨论决定后，拟将人选提交市委常委会讨论决定。
                          ↓
   召开市委常委会。    书记办公会沟通、酝酿，确定提交常委会讨论。
          ↓
   先由市委组织部对任命事项进          须有2/3以上常委到会，
   行介绍，然后由常委对拟任人选进      在集体讨论基础上，无记
   行讨论，包括市委政法委书记、分  →   名表决，赞成票超过应到
   管干部口的副书记以及市委书记        会常委人数1/2者通过。
   等主要领导先后表态。
                                                  ↓ 任前公示
              公示通过，市委任命该人选为该院党组书记，赴任。
                          ↓ 同时
              以市委名义将人选推荐给基层人大常委会，任命其为代院长或副院长。
                          ↓ 人大召开前
              以市委名义将人选推荐给基层人大主席团，作为正式提名进入法律程序。
                          ↓ 召开人大
              人大主席团将提名交与会代表酝酿，最后履行表决程序，过半数者当选。
```

图 6-6　基层法院院长任用流程图

由于我国法院行政化管理体制下实际上是"院长负责制",因此地方法院院长由地方任命的机制,成了司法地方化的一个重要诱因;同时,我国基层司法活动中的一些混乱现象,也是法院院长任用过程未严格依法进行而导致的后果。而中级法院党组对基层法院一把手进行"主管"后,中院在很大程度上变成了基层法院院长人选的"把关者",这对上述弊端的消除显然具有积极意义。比如,它可以更有效地保证基层法院院长的专业素质,彻底杜绝以前那种法盲都能当院长的"黑色幽默",提升了基层法院院长群体的专业水平,从而整体上给基层法院的运作过程注入更多的符合司法理性,也更加职业化的体制性因素;同时在一定程度上消解了地方党政对法院工作的不合理干涉,有利于司法系统自足性的养成。2013年党的十八届三中全会《决定》肯定并推广了这一做法,强调要"改革司法管理体制,推动省以下地方法院、检察院人财物统一管理",地方法院的人事、财政、事务大权等将更为彻底地从地方分离出来。但我们也必须意识到,人财物由"省级统管"只能解决部分问题。如果改革不够彻底,或者制度设计不够妥当,改革后的司法也未必足以保证基层法院的审判独立,因为实行"省级统管"后,许多司法问题(如群体性事件的处理、裁判的执行等)仍然需要地方党政机关的支持,许多事项(如档案管理、卫生管理、消防管理等)依然要受地方的管理;同时,虽然法院的人财物不再由地方管理,但其家属、亲属总会在地方工作、生活,而家属、亲属的工作与生活必然在诸多方面依赖于地方政府及其各个部门。[①] 在这种情形下,"空降"院长,甚至"上收"全体法官的任用权限虽然有助于基层法院坚持审判独立的逻辑,但如何与地方党政保持良好的沟通协调仍然是院长们在工作中必须反复权衡的大事。

此外,这种做法可能在进一步强化法院系统内部本就存在的行政性的领导/依附关系,使得《宪法》规定的上下级法院之间的"监督/被监督"关系更加异化为事实上的领导与被领导关系。因为下派而来的

[①] 参见张明楷:《刑事司法改革的断片思考》,载《现代法学》2014年第2期。

院长更有可能习惯于将中院当成自己的上级,而且由于人脉上的优势,工作遇有疑难则内部请示汇报将更便利。对此,不仅学界表达了类似的忧虑,"脱离于地方的法院看似摆脱了地方保护主义影响,实则又陷入部门利益的深坑。对地方保护主义影响,法官尚可以司法专门技术抵制,若上下法院人财权物浑然一体,等级森严分明,令出如山,官大一级压死人,下级遁无可遁,唯仰上级鼻息诺诺而已。法官独立性将丧失殆尽,审级制形同虚设。法院行政化反遭强化,甚至法院与军队无异矣。"①a2 法院的一位庭长委婉地提出:

> 按法律规定,法院院长和检察院检察长的任命本来是有区别的②,但现在实际上是一样的。法律上作不同规定肯定是有其道理的,现在这个样子恐怕多多少少会有点问题吧。③

再者,由于法院行政化管理模式的存在,促使法官认真工作的职业动力在一定意义上是源自个人对于职务晋升的期待。而上级下派干部到基层当院长的比例如果过高,很大程度上堵死了基层法院干部职务晋升的通道。因为在职数固定、定编定岗的干部管理模式下,如果一个副院长没有多大机会晋升院长,那么副院长职位空缺的可能性也就相应减小了,这则意味着会有更多的庭长无法寻求到副院长空缺的晋升机会,也意味着更多的普通法官难以实现当庭长的职业抱负——而这无疑会挫伤他们的工作积极性,调研中不少法官都表达了类似观点。

(三) 效果的评估

1. 职业化的趋势

近 10 余年来,随着法官职业化日益成为大众密切关注的问题,最

---

① 刘小生:《系统直管并非司法改革的正确方向》,载 http://www.21ccom.net/articles/zgyj/fzyj/article_2013123097941.html。

② 按现行法律规定,检察系统上下级之间是领导关系,地方各级检察院检察长的任免,须报上一级检察院检察长提请同级人大常委会批准;而法院系统上下级之间则不是领导关系,地方各级法院院长的任命本不应受制于其上级法院。

③ 2014 年 11 月 2 日 a2 法院谈话内容,见访谈笔录第 2 页。

高人民法院采取了一系列旨在强化法院院长专业素养的措施。比如，最高人民法院2002年7月18日下发的《关于加强法官队伍职业化建设的若干意见》。在该意见第20条要求："严格按照法官法的规定选配法院领导干部。……既要符合一般领导干部的条件，又要符合法官法规定的任职条件。法院领导干部应当具备法律专业知识和法律工作经历……不符合法官法规定条件的人员，都不能任命为院长、庭长，不能进入领导班子。"随着《法官法》修改进一步提高法官任职门槛，党政官员出任法院院长的现象得到了大幅度的改变，尤其是基层法院，越来越多的院长开始出自法院系统内部的职业法官。B中院一位副院长介绍说：

> 2000年之前，党政干部到法院当院长的情况是普遍存在的，2002年后，也就是《法官法》修改以后，这样的调任就少多了。现在对法院院长的一般要求是，必须有从事法律工作的经验，本科文凭，严格的话必须是法律专业的，还要有工作业绩那些（要求）。①

我们了解到，A中院就曾专门下发过文件，要求A市辖区内所有基层法院的院长换届人选必须具有法官资格或检察官资格——这样一来，基层法院院长的人选就只可能从本院内部提拔或中院下派——而且实际上，更多时候是由中级法院从其内部中层干部中下派而来。该院执行庭庭长和立案庭庭长在2004年分别就任A市内两个城区法院的院长。2005年新到任的a2法院院长也是A中院下派来的一个立案庭副庭长，而其前任院长同样也是来自该中院的研究室主任。b法院现任院长则是B中院行政庭庭长下派而来。a2法院主管人事的一位科长对此举评价较高：

> 九几年之前，院长有从其他机关调过来，有的完全不懂（业务），主持审委会的话还要你给他解释一些基本的（问题），我们简

---

① 2005年8月1日B中级法院访谈内容，见访谈笔录第57页。

直都(不好说),还不敢得罪他。现在就对了,院长都是从中院派下来的,都很懂业务,水平都比我们高。上面派下来的院长,确实给我们下面的人带来了很多新的东西,毕竟中院那个层次的人水平要高些,我们现在院里很多新观念以及新的管理方法就是这两任院长带来的。①

表6-5 互联网随机检索到的2004年底时13位任基层法院院长人选的简况

所在地	出任(代)院长的时间	任(代)院长前的职务	任职前有否长期的司法工作经历	学历
湖南宁远县	2002年	中院刑二庭庭长	有	全日制法学本科
厦门思明区	1999年	中院经济庭庭长	有	全日制法学本科
广东恩平市	1999年	中院行政庭庭长	有	大学学历
四川广汉市	2002年	另一基层法院院长	有	全日制法学本科
宁波宁海县	2004年	中院民二庭庭长	有	大学学历
日照东港区	2002年	另一基层法院院长	有	党校、夜大
山东垦利县	2001年	中院民庭庭长	有	全日制法学本科
长治市城区	2003年	中院刑一庭庭长	有	大专
佛山顺德区	2003年	中院副院长	有	本科
咸阳秦都区	1997年	另一基层法院院长	有	大学学历
台儿庄区	1996年	中院办公室主任	有	大学本科
温州乐清市	2002年	中院立案庭庭长	有	全日制法学本科
四川彭州市	2003年	中院立案庭副庭长	有	全日制法学本科

从表6-5来看,从中级法院内部下派中层干部到基层法院担任院长,已不是某个地方的个别现象,而是成为我国法院系统一种新的实

---

① 2004年11月15日a2法院访谈内容,见访谈笔录第1页。

践惯例。① 这是一种好的趋势,它逐渐改变了中国基层法院院长由党政干部"随意出入"的不合理现象,提升了基层法院院长的整体法律素养,通过院长司法水平的提升从而给基层法院的运作注入了更多的符合司法特性也更加专业化的因素,这符合法官职业化建设的需要。中级法院院长的选任同样呈现此种趋势。从对 B 中院和 C 中院的调研可知,2000 年以后这两个中院先后新产生的 4 任院长都系司法系统内的专业人士,如表 6-6 所示。

表 6-6　B 中院和 C 中院近两任院长人选简况

院长	上任时间	任职前的职务	任职前主要经历
B 中院前任	2000	省高院办公室主任	长期任省高院法官
B 中院现任	2003	市检察院检察长	长期在检察院系统内工作
C 中院前任	2004	省高院办公室主任	在省检院、政法委、省高院内工作过
C 中院现任	2008	省高院政治部副主任	长期任省高院法官

从 2008 年最新一次换届选举的结果来看,院长们更加职业化的趋势更为明显。截至 2008 年 3 月 4 日的统计显示,全国已经有 99% 的基层法院和 93% 的中级法院完成了各自院长的换届选举工作。并且在这次换届选举后,各级法院院长的专业素养有了较为明显的提高。②（见图 6-7 和图 6-8）

但应注意到,法院级别越高,法官出身的院长所占的比例也就愈小。在 2004 年底进行的随机数据统计比较中可以发现:基层法院院长中,法官出身的院长之比例在 90% 以上（表 6-5）;在中级法院院长

---

① 这里,尽管随机检索的数据很可能"偶然地"把那些非职业法官出身的院长过滤掉而影响到统计结果的准确性,但我们想说的是,由于法官职业化改革措施的推进,这样一种"偶然"其实是必然出现的。如广东省高院在 2004 年就表示,以后坚持在法院院长、副院长的选拔任用工作中"以从法官中择优提出人选为主"。参见《省人大代表建议从法律专业人士中选拔地方法院院长》,载南方网 http://news.sohu.com/20041024/n222651605.shtml。

② 参见李飞:《以改革创新的精神加强地方法院班子建设——全国地方法院院长换届工作综述》,载 2008 年 3 月 4 日《人民法院报》。

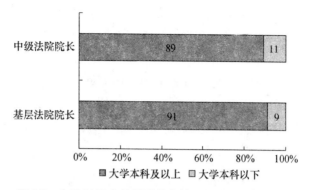

图6-7　全国2008年换届后的中基层法院院长学历构成

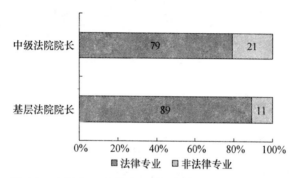

图6-8　全国2008年换届后的中基层法院院长专业构成

中,具有法检工作经历的比例则下降到60%左右(图6-2)。而到了高级法院这一层面,上述反差就更为明显。在2004年全国31个高级法院的院长中,有45%的任职者(14位)不具备任何的法科专业学习背景(见图6-9);并且,在担任高级法院首席法官这个职位之前,有45%的院长(14位)从未在司法机关中任过职——他们是从那些非司法机关的领导职位上,直接调任至高级法院院长职位的(见图6-10)。

当然,这并不意味着这14位都是法律外行。如图6-11所示,14人当中有一知名法学教授,另有3位出身于与司法工作有关联的公安系统(其一还是法学本科毕业者)。所以,完全的法律外行应该是另外10位任职者(且不具有法科学习经历),他们是以行政高官的身份直

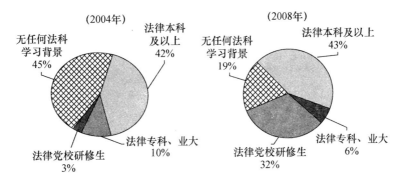

图 6-9 高级法院院长学历背景比较(2004 年与 2008 年)

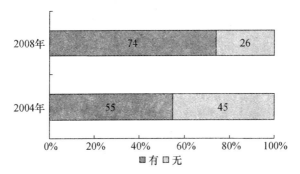

图 6-10 履职前是否拥有司法机关工作经历的高级法院院长人数比例

接出任司法高官。①

除前述 14 位大法官外,在另 17 位上任前曾有过司法机关工作经历的高级法院院长中,有 10 位系全日制大学法律本科毕业者,比例达 58.8%,大大高于前面 14 位院长中的所占比例(仅两位,比例 14.3%)。从此学历构成比例看,有过司法工作经历的院长在整体上明显比未有该经历的院长要显得更加专业化。但"有司法机关工作经历"也并不意味着一定就算得上司法工作的"内行"——17 位中有 4

---

① 必须指出,即便是曾经接受过大学法律专业培养的党政官员,由于其长期从事行政性工作,不仅导致其对司法业务越来越陌生,而且其在强烈的行政逻辑长期浸染下的头脑中,能在多大程度上保持着作为一个法律专业人员的思维习惯,能在多大程度上重拾一个法院系统应具备的司法逻辑,不无疑问。

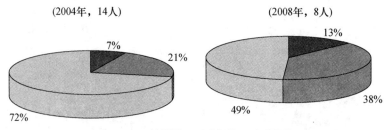

图6-11 不具备司法机关工作经历的高级法院院长履历背景

位的司法机关工作经历仅有1年左右,另一位为2年(见图6-12)。①

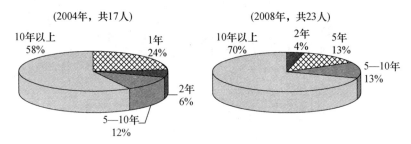

图6-12 具备司法机关工作经历的高级法院院长的司法机关工作时间

稍加分析大法官们的简历,可见一个明显的共性——这5位"司法资历"较短者在进入法院之前都是长期担任非法律专业部门的党政领导。即他们虽然是以本院副院长身份当选院长,但在任副院长之前基本上是行政官员。质言之,他们仍然是以司法工作"外行"的身份进入法院的,而进入法院的目的则是为了当院长。只不过较之前14位大法官那种"瞬间角色转换"而言,他们在正式履职前得到了一两年的"准备期",常见的是以担任副院长的形式先进入领导班子来"熟悉熟

---

① 就世界各国的普遍经验来看,高等法院法官通常需要10年左右的司法经历方可担任;我国学者一般也认为,10年左右的审判经历差不多才能造就一名比较"成熟"的法官,所以我们在此处的"内行"划分标准大致是以10年为标准的。

悉工作"。① 严格地说,这样一两年的准备期很难说得上能积累多少"司法工作经验",因此我们仍然把这5位大法官归入"外行"之列。如此算来,在当时的31位高级法院院长任职者中,差不多半数的人(15人)可以说是在半辈子甚至大半辈子都没有接触过司法专业工作的情况下,转眼间就从一个司法外行变成了一名大法官——以西方式法治的眼光来看,这种身份转变未免过于陡然了。

还需提到的是,当时的高级法院院长们不仅在整体上缺乏长期的司法机关工作经历,而且更缺乏一线审判工作办案经验。课题组在之前通过描述助理审判员、审判员、正副庭长等职位的角色已经表明,在中国法院系统内,院级领导基本上是不办案的,法院所处理的大量案件主要是由普通法官(助审员和审判员)以及副庭长来完成——要积累真正的司法经验,自然须扮演此类角色,即须具备一线办案经历。但在2004年31位院长的履历中可以看到,仅7人(占23%)曾有担任过助理审判员或审判员的记录(见图6-13)。也就是说,除了这7位大法官是从普通法官一步一步晋升到高级法院院领导职务外,其他即使有司法机关工作经历的院长也非从基层审判岗位干起,而几乎都是一进法院即担任院领导。按中国党政干部的任用惯例,能够一进法院就当领导干部的只可能是其他部门的领导干部。因此,除了极个别来自学界的大学校长外,不具备一线办案经验的高级法院院长几乎都曾长期任职于党政机关领导岗位(见图6-14)。②

---

① 这样一种干部调动安排是当下一种越来越普遍的现象。1999年4月15日中共中央下发的《关于进一步加强政法干部队伍建设的决定》(中发〔1999〕6)中就有明确要求:"拟安排担任政法部门主要领导职务的政法系统以外的干部……还应采取提前调入担任常务副职……使其熟悉业务。"

② 在统计中我们发现,极个别院长在大学毕业分配时虽然直接进入法院,但却一直从事非审判工作,所以这一类型的高级法院院长虽然有长达一二十年的法院工作时限,但却没有一线办案经历,特此例外说明。

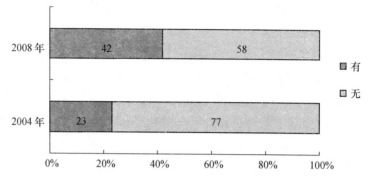

图 6-13　履职前是否拥有一线审判经历的高级法院院长人数比例

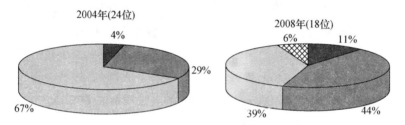

图 6-14　没有一线司法经验的高级法院院长在上任前的主要工作岗位①

　　司法机关工作经历短于 10 年的高级法院院长,除了个别来自大学校长外,也无一例外地来自党政机关的高官(图 6-15)——正因他们出身于非司法系统,所以他们不具备直接办案的能力;又因为他们都是党政高官,所以他们到法院也不可能担任普通法官。结果,就出现了中国法院系统长期存在的一种"外行领导内行"现象:具备审判能力的法官难以成为管法官的领导,而不具备审判能力的领导却总是成为管法官的官,法院级别越往上走越是如此。这体现了我国政法/司法实践的一个传统特征,即司法职业化程度较低,司法官员专业化程度不高而政治性过强,因此越到高层,人们越容易把法院里的法官当成"官",而不是司

---

① "法律相关部门"指的是司法行政部门、纪检监察部门以及政府法制办等等。

"法"的审判人员。① 不过,2008年初随着全国31个高级法院院长换届选举工作的完成,我国高级法院大法官们的"专业成色"已经明显有所提高。从图6-9到图6-15的对比中已经凸显,新一届高级法院院长群体已经变得更加专业化,更多的高级法院院长看起来也更像是真正的"大法官"了。也许这是一个信号,也许人们有理由对未来期待更多。

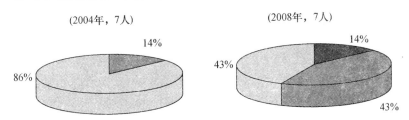

图 6-15 司法机关工作经历短于10年的高级法院院长之任前岗位

2. 干部化的取向

如前所述,从2001年《法官法》修改之后的实践来看,司法职业化改革的趋势已日益明显。但是,中国各级法院(尤其是中、高级法院)院长的任用标准虽然未能严格执行《法官法》的标准,作为一个基本的判断,我们认为这种"职业化"的转变趋势在短时间内还难以撼动在院长任用问题上"干部化"价值取向的主导地位。虽然最高人民法院近年来反复强调的"法院领导干部应当具备法律专业知识和法律工作经历"这一要求,在基层法院院长的任用条件中,这一要求也基本上被等同于"院长人选应当是法官或检察官出身";但在中级法院院长的任用条件中,这一要求已被演化为"院长人选只要从事过与法律有关的工作即可"(典型的比如当过公安局长或政法委书记);而在高级法院院长的任用条件中,这一要求则基本上不再是一个硬性指标了。比如,2008年院长换届后全国仍有近1/3的高级法院院长是来自行政、公

---

① 调研期间我们了解到一个趣闻:几年前,曾有一个县委书记到C市某基层法院当了1个月的"院长"后又被迫离职。原因是省高院在审核其初任法官资格时,发现其不具备法律所要求的专业知识和工作经历,故不予批准,无法官资格自然院长也就当不成了,地方上也奈何不得——这在法官职业化改革以前是不大可能出现的。

安、政法委等职位)。① 因为,"在中国,法院院长——尤其是高级别法院院长——不仅仅是一个法律家,更是一个政治家"。② 我们的首席法官更多的身份是一个"行政首长",是一个"政务官",对本院内部无论是审判事务还是行政事务都有绝对影响力。而法院本身在整个国家社会结构中又处于权力不大但责任不小的特殊地位,因此院长们必须为了在法律效果与社会效果之间取得平衡,在本人或本部门利益与其他关系方利益之间实现协调,而不得不周旋于纷繁复杂的社会关系网络之中——这决定了对于法院院长的人选,很多时候不是必须(甚至可以不)考虑司法专业因素,而是必须从一个干部的综合领导能力上予以宏观、战略性的考量。

这在一定程度上使得中国法院院长的任用策略类似于美国法官选任的那种政治化考量。但和美国明显不同的是:其一,中国法院院长任用在相当长的一段时间内没有以法官职业化为基础,而是一种纯粹的党政干部选任——人选的法律素养几乎完全让位于其行政管理能力、社会关系能力以及各种政治标准乃至待遇。甚至,如果不是各方有识之士再三推动,院长的专业素质在人选权衡范畴中能占多大比重仍难乐观。其二,美国法官政治性选任的考量因素,主要体现在候选人所秉持的政治/司法理念问题上,而中国这种"干部能力"考量,则主要是指能否有力执行权威部门制定的方针与政策,落实其布置的计划与任务,上任后能否与所在地党政机关搞好关系,在工作中争取到当地的支持以及有效解决该院经费财物,带出的队伍能否"业务强,不出事",能否给本地工作大局"保驾护航""增光添彩"而不是"帮倒忙""添乱",等等。中美之间的这种差异在很大程度上源自两国在政治/

---

① A中院作为我国法院职业化改革相当突出的法院,多年来连续4任院长都是从本院副院长提拔;但2007年上任的新院长却是一位标准的党政干部——本地某区委书记(有公安局长经历)。而在湖南长沙,2008年1月上任的长沙中院新院长系长期在宣传部门工作,后一直担任基层党政领导人,其不仅没有法律教育背景,甚至连与"政法"沾边的工作也未从事过,而他的前任则是一位资深检察官。

② 李修源:《司法公正理念及其现代化》,人民法院出版社2002年版,序言(贺卫方语)。

司法的体制与环境上的分殊。① 概而言之,中国法院的政治地位、社会功能及其所面临的各种复杂关系,决定了只有选择这样的干部当院长,才可能保障法院机构的正常运转,而法院正常运转是推进法治的重要前提——"干部因素"作为任用院长的主要考虑,在当下无疑具有相当的正当性与合理性,甚至客观上还有助于维护审判独立。②

就在2002年最高人民法院下发《关于加强法官队伍职业化建设的若干意见》后,当年7月19日中共中央颁布的《党政领导干部选拔任用工作条例》也开始实施,它明确地规定其适用范围包括人民法院系统③;而2006年1月1日起生效的《公务员法》也明确把法官纳入公务员管理模式,虽然该法明确规定《法官法》对法官的义务、权利和管理的规定优先于《公务员法》的规定④,但在实践中,法官的选拔、任用和管理一直参照普通公务员在执行,并未展示出多少体现法官职业特殊性的举措,基本上所有的立法、行政、司法和社会团体的领导干部任用都遵循着同一理路:党管干部。党管干部原则是我国坚持中国共产党领导的组织保证,是党的领导在国家人事工作中的具体体现。法院的院长作为一级国家机关的"一把手",是非常重要的领导干部,由各

---

① 由于司法独立精神的根深蒂固与终身任职的坚强保障,美国联邦法官一旦上任就基本不再受制于任何人,因此当权者能够影响司法的最好机会就是在人选的选择上——主要看中候选人是否与自己秉持同样的观念,以期就任者在以后的司法活动中即便是独立判决,也能客观上让结果尽可能符合本方的司法政策利益。

② 由于司法行政化与法官干部化,实践中的法院"审判独立"能力往往取决于院长对外能否"顶得住"。而如果一个非常有威信的党政老领导到法院当院长,由于其人格影响力所致,地方政府可能还真不敢怎么对法院批条子、打招呼——这是法院"自产"院长所无法企及的。

③ 《党政领导干部选拔任用工作条例》第4条规定:"本条例适用于选拔任用中共中央、全国人大常委会、国务院、全国政协、中央纪律检查委员会的工作部门或者机关内设机构的领导成员,最高人民法院、最高人民检察院的领导成员(不含正职)和内设机构的领导成员;县级以上地方各级党委、人大常委会、政府、政协、纪委、人民法院、人民检察院及其工作部门或者机关内设机构的领导成员;上列工作部门的内设机构的领导成员。"

④ 《公务员法》第3条规定:"公务员的义务、权利和管理,适用本法。法律对公务员中的领导成员的产生、任免、监督以及法官、检察官等的义务、权利和管理另有规定的,从其规定。"

地各级党委按照干部管理权限直接负责选任。无论是基层法院还是中级法院乃至高级法院，正院长提名人选都是由上级党委常委会决定。各级法院内设的党组的职责实际上也是在协助党委管理本院的干部。基层法院院长由中级法院党组负责提名的改革，看似脱离了地方党委对院长职务的控制，但中院党组作为同级党委的一级派驻机构，本质上仍是代表党委在行使干部管理权限。或者说，党委将部分权力下放给法院党组，但非让渡该权力。尽管之前会征求其他方面的意见，之后还有人大的选举或任命程序，但党组织对确定最终人选的绝对话语权以及人大表决中仅有唯一候选人的事实，使得"党管干部"的组织原则在整个选任过程中发挥着实质作用。值得注意的是，虽然党的十八届三中全会《决定》启动"省级统管"改革以后，中国的法官任用机制正面临着深刻的变革，但是组织程序在院长任用中的核心地位却从未实质性的削弱。比如，根据2014年11月广东省公布的司法体制改革试点方案，广东对法院工作人员实行省级统一管理后，市级、县级法院院长系由省级党委（党委组织部）管理①，党内组织程序即党委对法院院长人选的挑选过程最关键、最核心。

　　由于组织程序是整个院长任用程序的核心部分，此一过程中必然存在某种程度上的不同参与主体之间的博弈——一如前述，本地党委、上级党委、本地法院、上级法院等主体，因各自处在不同的利益节点和权力位阶上，都会对人选有各自不同的看法乃至偏好。但在掌握最终话语权的部门的统筹协调之下，意见分歧最终又将通过组织程序演化为党委的统一意志。党委决定院长人选主要也是从全局战略出发，考虑的是其作为一个部门的首长能否按照党委的要求把队伍带好，是从党对一个领导干部的政治要求角度出发进行考核——这是"党管干部"理应解决的主要问题。

　　尽管《宪法》和《法院组织法》皆规定"人民法院依照法律规定独

---

① 参见邓新建：《广东公布司法体制改革试点方案》，载《法制日报》2014年11月28日。

立行使审判权,不受行政机关、社会团体和个人的干涉",但由于我国"党"和"政"的亲密关系①,使得法院人事安排事实上也受到地方政府的掣肘,尤其是地方行政在人事和财政上握有法院的"命脉"。众所周知,"就人类天性之一般情况而言,对某人的生活有控制权,等于对其意志有控制权"②。依此逻辑,除非行政机关有"较高的觉悟",否则法院要坚持独立审判就是个"不可能完成的任务"。不过,在法官任用中掺杂法律/司法之外因素本身未必就是一种"恶",因为"法官选任本来就是司法机关之外的事情,并且往往是政治各种力量均衡的产物"③,尤其是在中国特定的政治架构中,以"党管干部"为核心的干部化取向主导院长任用总体上讲是无可厚非的。因此,决定法院院长任用机制优劣的关键,并不是政治本身的渗透,而是政治渗透的方式,是采取一种制度化的、透明的、符合司法规律的方式,还是采取一种恣意的、暗箱的、违背司法规律的方式。就此而言,我国当前的法院院长任用程序如果能更加法定化,进而更加远离行政性力量的恣意干扰,则善莫大焉。

---

① 调研中,某基层法院一主管人事工作的领导说到法院受行政干预时"大倒苦水":"法院接受党委领导这没啥不对,但区长、县长就是区委、县委的第一副书记,副县长、副区长也都是党委常委,你说这和地方政府在领导法院有多大区别?"2004年11月15日a2法院访谈内容,见访谈笔录第1页。
② 〔美〕汉密尔顿、杰伊、麦迪逊著:《联邦党人文集》,程逢如等译,商务印书馆1980年版,第396页。
③ 侯猛:《法官职业化的制度障碍——兼评离职大法官张军》,载北大法律信息网http://article.chinalawinfo.com/article/user/article_display.asp? ArticleID=23631。

第七章　中国法官任用机制评析
——以任用理念为脉络

前文已向读者展示，正式法律条文上看似具有统一构造的中国法官任用机制，实践中演化出了三种大不相同的标准和程序，分殊为三种行动类型：业务型普通法官任用、业务型领导法官任用和政治型领导法官任用。(1)业务型普通法官(助理审判员、审判员)被定位于纯粹的案件审理专业人士，因此其任用标准主要以其专业水平的高低为评判依据，不仅将专业导向的法律职业资格作为任职的刚性要求，而且在柔性标准上也特别看重熟练运用法院特有的司法知识处理案件的业务能力，同时其任用程序也主要采用能较充分体现其专业能力的方式来展开。(2)业务型领导法官(副庭长、庭长、副院长)的功能定位则不仅仅是要求其自己能审案，更要求其能以更高的专业素养对普通法官的案件审理予以把关，而且还要求其能对自己职权范围内的人、事、物实施有效管理。因此，其主要从那些专业水平更加出众的法官中进行任用，并注重考察其是否具备较强的行政领导能力，且这种要求随着职务级别的提高而相应提高。在任用程序上，随着职务级别的提高，外部组织程序在业务型领导法官任用中的重要性也相应地提升。在正、副庭长的任用中，竞争上岗已成为主流的任用机制，组织部门主要进行宏观管理，通常放权给人民法院；而在副院长的任用中，程序主要由地方党委组织部门主导，虽然上级法院对副院长任用的影响正在增强。(3) 政治领导型法官(院长)比较特别,虽然在法律上这一职位是法院内的首席法官,但实际上其功能定位基本上不是审理案件,而主要是对内统管全院的人、事、财、物,对外协调法院与其他机关的关系,从政治大局的高度把握法院的总体工作路线、方针和政策;所以,对于院长的选任标准而言,专业素养不是首先需要考虑的,而是否具有足够的"领导能力"才是最重要的考量标准。在任用程序上,随着法官专业化、职业化建设的推进,上级法院党组逐步取得了对基层法院院长的提名权,但中级法院一级的院长任用仍然主要由地方组织部门主导。

表面上看来,这三种任用类型由于职务功能定位的完全不同造成其任用标准和程序迥异,相互间似乎更多的是差异性而非共同性。然而,当我们深入现象看本质的时候,当我们对每一法官职位的获得方式予以具体剖析的时候,却能发现三种任用机制实际上都被两个基本的因素——党政干部选拔理念和司法职业遴选理念所形塑。申言之,中国法官任用制度的构建一直是在党政干部选拔理念和司法职业遴选理念的双重作用与综合影响下进行的,这二者的存在情势从根本上决定了中国法官任用制度所能生成的样态,这是我们在研究中国法官任用制度时必须予以密切关照的两个宏观视角。对此,我们拟通过以下分析阐述。

一、两种理念主导下的法官任用

(一) 两种法官任用理念的缘起

如前所述,形塑法官任用制度的理念并不是一维的,同时包容了党政干部选拔理念和司法职业遴选理念等不同面向,在业务型普通法官、业务型领导法官和政治型领导法官不同任用机制的背后,其实是不同理念之间的组合。因此,制度的变迁在深层次上是理念的变迁,法官任用制度改革其实是随着党政干部选拔理念和司法职业遴选理念的变迁对在法院内部承担不同功能角色的审判人员构成上的调整和重组。如果脱离这一点去架构改革方案,最后很可能会因为与制度理念的冲突而窒碍难行。

1. 党政干部选拔理念

"党政干部选拔理念"(以下简称"干部理念"),是指根据"党管干部"的原则,在党组织(以下简称"组织")的统一领导下,采用统一的标准和程序选任各类干部,并根据党的需要统一分配至各岗位的人事任用观念。① 在我国,"党管干部"原则是逐渐形成的。中共成立初期,侧重于领导制度的建设,干部管理体制的建设只是初步的。后来,为适应对敌斗争需要,中共中央决定统一管理干部②,"党管干部"原则开始形成并制度化。在战争年代,党统一管理干部的体制避免了干部使用的分散状态和本位主义,使党能够统一调配力量,"加强有决定意义的战线和部门"。③ 在当时的历史条件下,没有必要也没有可能依工作性质的不同分类任用。而司法工作更是与对敌专政工作融为一体,成为革命斗争的重要部分。即或在今天,司法机关专政工具的角色也并未改变,其政治职能尽管在范围与作用形式方面有所变化,但

---

① 所谓"干部",其意义是"指在国家机关和公共团体中起骨干作用的人员"。根据1995年商务印书馆出版的《现代汉语词典》的解释,"干部"是指:(1)担任一定领导工作或管理工作的人员;(2)国家机关、军队、人民团体中的公职人员(士兵、勤杂人员等除外)。这个看似颇具中国特色的指称其实是源于对日文"干部"(かんぶ)一词的借用。"干部"一词属于日语中的和制汉语,来源于法文"cadre"的音译,而"cadre"从拉丁文"quadrum"演变过来,它第一次出现是在1539年法国大作家拉伯雷的作品中,直至今日,干部一词被许多国家采用,其概念的外延和内涵在各国并不一致。早期中国革命家们在学习日本经验的过程中将其引入,即用"党的干部"来指称党内的各级负责人。参见孙矩:《干部概念研究》,载《山东社会科学》1993年第1期。

② "1938年,中央决定在敌后方的各中央分局、区、地、县、市、分区的党委设立组织部,集中管理干部的考察、征调和分配等工作。1941年10月,中共中央进一步明确规定,除了军队干部外,党的干部都在中央和各级党委的领导下,由中央和各级党委的组织统一管理。1948年11月,中央组织部发出了《关于组织部门业务与报告请示制度的通知》指出,中央组织部的11项经常性任务之一,便是挑选、配备、调整及重新训练干部。"中共中央组织部研究室:《中国共产党干部制度建设的回顾与思考》,载《求是》2001年第15期。

③ 山东社会科学院课题组:《马克思主义人才理论与实践》,山东人民出版社2005年版,第28页。

与其他国家机关相比,特性并不突出。① 故按照统一的标准来选拔干部,顺理成章地成为当时乃至其后党管干部的旨归。

1949 年后,共产党全面掌握国家政权,党员广泛任职于各级国家机构,"党管干部"原则自然推及"政的干部","干部理念"亦当然成为国家机关人事工作的基本政策。1953 年 11 月,中共中央下发了《关于加强干部管理工作的决定》,把干部划分为军队、文教、计划和工业、财政和贸易、交通和运输、农林和水利、民主党派、政法、党群等 9 大类。② 除军队干部外,其余各类干部都采用了统一的选任方式。在执政党看来,各类干部作为政策的执行者,只是分工不同。官方话语中,国家机构里只有"干部","党政干部"成了国家公职人员标准而统一的称谓。

在 1949—1979 年间,法官都采用行政干部的选任方式进行任用,官方未作区别。由于在基本理念上把法院视为与军、警一样的专政"刀把子",司法机关用人选人上重视"红"而轻视"专",大批具有良好法律功底的"旧法人员"被清洗,一大批政治素质过硬的干部取而代之。③ 相应,法院不成其为纯粹专业机构,而作为执行党的路线、方针、政策的办事机构,法官角色等同于其他党政干部。法院里没了"法官",只有"审判员"——从事审判工作的"干部"。即使《法官法》的颁布突出了法官区别于其他政府官员的特性,但"党政干部"身份并没有发生彻底改变。

需要指出的是,干部理念在任用法官中占据绝对主导地位,与时代背景息息相关。在本质上,如同学者郑永年所言,新中国成立初期到改革开放后的一段时间,革命治理方法和行政治理方法是主要的国家治理方法,以统一而不加区分的革命或行政方式治理国家包括处理纠纷是中国的常态。相应的,国家治理的模式尤其政治与司法的关系

---

① 参见高其才、左炬、黄宇宁:《政治司法:1949—1961 年的华县人民法院》,法律出版社 2009 年版,第 5 页。

② 参见王河:《领导干部选拔任用制度改革的历史回顾》,载《唯实》2005 年第 2 期。

③ 参见董必武文集编辑组:《董必武政治法律文集》,法律出版社 1986 年版,第 228—241 页。

模式便呈现一种一体化的模式,并决定着关于法官任用的基本理念。①在司法、政治一体化时代,"我们人民法院是通过自己的审判工作来执行国家的政治任务的"。②"离开政治来谈法律是不对的……我们人民司法工作必须积极地为政治服务,必须与当前的政治中心任务与群众运动相结合。"③司法虽有一定的解决纠纷、保障权利功能,但更重要的是在此基础上实现对敌专政、执行政策、发展生产、教育民众等政治功能。在政治运动中,审判机关的主要性质是专政工具,主要作用是在党的领导下配合政治运动,实现政治动员与宣传教育,司法人员的政治素质因此受到突出的注意。④ 在政治与司法功能高度一致化的背景下,司法与政治干部的标准与任用机制当然高度一致,对法院的要求也就变成"把机关革命化和干部革命化进行到底"。⑤

同时,纠纷的形态也决定了解纷的知识构造。在新中国建立后的较长时间,法院中心工作更多的是处理与政治有较密切联系的刑事案件。1964年,最高人民法院工作报告中首先强调,"在党的领导下,依靠群众,向反动势力实行专政,是我国人民民主专政的根本路线,也是人民法院工作的根本方向"。运用阶级斗争的政治哲学与理念来看待和处理刑事案件;即使是"处理民事案件",也"必须具有坚强的阶级观点"。⑥ 当然,由于经济生活形态的单一,民事纠纷的类型也相对简单,婚姻家庭纠纷构成了主要的民事纠纷。⑦ 纠纷解决方式强调调解,所

---

① 参见郑永年:《中国模式——经验与困局》,浙江人民出版社2010年版,第66—80页。
② 1950年6月17日最高人民法院院长沈钧儒在政协全国委员会第一届第二次会议上所作的《最高人民法院工作报告》。
③ 1951年10月28日最高人民法院院长沈钧儒在政协全国委员会第一届第三次会议上所作的《最高人民法院工作报告》。
④ 参见高其才、左炬、黄宇宁:《政治司法:1949—1961年的华县人民法院》,法律出版社2009年版,第3—4页。
⑤ 最高人民法院院长谢觉哉1964年12月26日在第三届全国人民代表大会第一次会议上所作的《最高人民法院工作报告》。
⑥ 同上注。
⑦ 参见冉井富:《当代中国民事诉讼率变迁研究——一个比较法社会学的视角》,中国人民大学出版社2005年版,第146—159页。

以对法官解纷能力的要求并不充分体现为独特的法律知识构造,相反,政治意识、政策水平对胜任法官工作显得尤为重要。在此背景下,"司法职业遴选理念"既没有产生所需要的政治可能性,一定程度上也没有倡导的现实必要性。而法官选任的这种干部理念,说穿了就是以选拔党政行政官员相同的方式和要求来选拔法官,故法官选任的干部理念事实上成为当时中国司法非职业化、行政化的重要思想与制度根源。

2. 司法职业遴选理念

所谓"司法职业遴选理念"(以下简称"司法理念"),是指明确认知法官是"以行使国家审判权为专门职业,并具备独特的职业意识、职业技能和职业地位"的专门性群体,并且由此出发选拔专业人士充实法官队伍的机制。[1] 中国古代基层政权历来实行行政与司法合一的制度,行政吞并司法,司法理念是不折不扣的舶来品。按照司法特性来选拔法官的理念,在清末法制改革时首次提及,清王朝在颁布中国历史上首部《法院编制法》时提到"考用法官,尤关重要"。这样一种当时似乎是应景之作的变革对后世影响深远,中国近代司法审判制度的现代化由此寻求到了智识上的重要支撑。司法理念在民国时期得到某种程度的实践,1915 年民国司法部在援用前清《法院编制法》实行三级审判制时,对于推事的任用明确规定"必须经司法官两次考试合格,方能任用"。[2] 遗憾的是,1949 年以后,基于前述因素,刚起步不久的司法理念未能得到有效传承,"作为职业的法官"一度淡出了人们的视线。

1979 年之后,中国的政治、经济、社会形势都发生了大变化,首先,中国社会的治理模式告别革命,走向常态化,先是常规的行政治理方式,后是在 20 世纪 90 年代后期兴起的政治治理方式逐渐发挥重要作

---

[1] 参见最高人民法院《关于加强法官队伍职业化建设的若干意见》,载《中华人民共和国最高人民法院公报》2002 年第 4 期。

[2] 韩秀桃:《司法独立与近代中国》,清华大学出版社 2003 年版,第 309 页。

用。行政尤其是政治的治理方式要求区分国家活动的不同方式,尤其要求形塑一种适当分离的司法与政治关系模式。相应的,相对独立化、专业化的司法机构开始出现。1978年12月召开的十一届三中全会上,中共中央针对民主与法制问题指出:"检察机关和司法机关要保持应有的独立性;要忠实于法律和制度,忠实于人民利益,忠实于事实真相。"①1987年中国共产党第十三次全国代表大会报告中指出要实行党政分开,要"划清党组织和国家政权的职能,理顺党组织与人民代表大会、政府、司法机关、群众团体、企事业单位和其他各种社会组织之间的关系,做到各司其职,并且逐步走向制度化"。②③ 党的十五大报告则进一步指出,要"推进司法改革,从制度上保证司法机关依法独立公正地行使审判权和检察权"。④ 党的十五大报告进一步指出,要"推进司法改革,从制度上保证司法机关依法独立公正地行使审判权和检察权"。⑤ 党的十八大报告则对领导干部的法治思维和法治方式提出了明确要求,强调要"提高领导干部运用法治思维和法治方式深化改革、推动发展、化解矛盾、维护稳定能力"。⑥ 而此后的十八届四中全会更是首次以全会的形式专题研究部署全面推进依法治国,提出要建立符合职业特点的司法人员分类管理制度和单独的专业职务序列及工资制度,这便为一种司法化的任用机制的构造奠定了政治基础。

与此同时,党和最高司法机关均对司法队伍职业化提出了新要求,1979年6月,时任最高法院院长江华在第五届全国人民代表大会第二次会议上所作的法院工作报告即提出:"要选派善于学习、思想解放、实事求是、敢于坚持真理、修正错误、富于斗争精神的优秀干部到人民法院的领导岗位上来,配备政治思想较强、司法业务能力较高的干部担任审判工作。要加强对司法干部的培养教育,在国民经济调

---

① 《中国共产党第十一届中央委员会第三次全体会议公报》(1978年)。
② 《赵紫阳在中国共产党第十三次全国代表大会上的报告》(1987年)。
③ 《江泽民在中国共产党第十四次全国代表大会上的报告》(1992年)。
④ 《江泽民在中国共产党第十五次全国代表大会上的报告》(1997年)。
⑤ 参见《江泽民在中国共产党第十五次全国代表大会上的报告》(1997年)。
⑥ 参见《胡锦涛在中国共产党第十八次全国代表大会上的报告》(2012年)。

整期间对审判员以上的干部分期分批地进行轮训,同时办好政法院校,培养新生力量。"①党的十四大报告首次提出,要"加强政法部门自身建设,提高人员素质和执法水平"②,十五大报告中再次指出要"加强执法和司法队伍建设"③,并在十六大报告中明确了要建设一支"政治坚定、业务精通、作风优良、执法公正的司法队伍"。④ 此后,随着法制建设和司法改革的深化,法官任用在司法工作中的基础性地位日益凸显,党的十八届四中全会在部署全面推进依法治国基本方略时,亦将法官任用制度改革作为重中之重予以规划,并对法官任用机制改革提出了明确要求,强调要"抓住立法、执法、司法机关各级领导班子建设这个关键,突出政治标准,把善于运用法治思维和法治方式推动工作的人选拔到领导岗位上来",要"推进法治专门队伍正规化、专业化、职业化,提高职业素养和专业水平"。显然,中央在强调司法队伍传统的政治坚定的同时,明确了对司法人员业务素质的要求,司法理念的形成与发展因此获得了政治支撑条件,呼唤着有所不同于行政官员的选任标准与任用程序。

随着中国的政治、社会、经济生活步入常态,各类民事、经济纠纷大量涌现⑤,除了数量的大幅上升外,纠纷类型也日益复杂,为了应对纠纷形态的复杂化,法院系统于 1979 年下半年起开始逐步建立专门的经济审判组织,截至 1983 年底,最高法院、各高级法院、中级法院(除个别边远地区外)和 87% 的基层法院都已建立了经济审判庭。⑥

---

① 《最高人民法院工作报告》(1979 年)。
② 《江泽民在中国共产党第十四次全国代表大会上的报告》(1992 年)。
③ 《江泽民在中国共产党第十五次全国代表大会上的报告》(1997 年)。
④ 《江泽民在中国共产党第十六次全国代表大会上的报告》(2002 年)。
⑤ 时任最高人民法院院长江华在 1981 年的最高人民法院工作报告中指出:"随着国民经济的调整和经济政策的放宽,在全国经济形势越来越好的情况下,也出现了一些新的问题,反映在民事关系上,就产生了不少新的纠纷。因此,人民法院民事收案逐年大量上升,1979 年比 1978 年上升 29.6%,1980 年比 1979 年上升 45%,1981 年上半年比 1980 年同期上升 27%。"关于纠纷数量与类型变化方面的情况还可参见 1983 年《最高人民法院工作报告》。
⑥ 参见 1983 年《最高人民法院工作报告》。

而随着我国海上运输事业和对外经济贸易的迅速发展,海事案件和海商案件日益增多,为了应对这一情况,最高人民法院根据1984年11月第六届全国人大常委会第八次会议的决定,最高人民法院决定在广州、上海、青岛、天津、大连5个沿海港口城市分别设立海事法院,审理国内与涉外的第一审海事案件和海商案件。① 基于纠纷数量的大幅增长和纠纷类型日趋多样、复杂的现实,最高人民法院在强调法院队伍革命化的同时,提出了法院队伍专业化、现代化的要求②,针对法院经济审判、行政审判力量薄弱的状况,最高人民法院提出,在不增加法院编制的情况下,要着重提高法官的(业务)素质,明确提出了法院在任用法官方面的自主权力,要求对新增编的法官根据"宁缺毋滥,统一考试,择优录用,高级法院把关"的原则进行任用。③

(二) 两种理念影响的法官任用

在当下中国,法官任用的干部理念与司法理念在演进、发展中微妙互动,时间、空间和情境的变化都影响和制约着两种理念的互动模式,致使其出现既各行其道又竞争互动的格局,并深刻影响到任用机制。

首先,二者各行其道,在任用对象、任用标准或任用环节上各有其适用场域。

在任用对象方面,任用业务型普通法官(即一线办案、不担任行政

---

① 参见1985年《最高人民法院工作报告》。
② 参见1986年《最高人民法院工作报告》,报告指出:"从去年(1985年)开始,我们对法院现有干部着手进行大规模的、比较正规的培训,同时,采取多种形式进行专业训练。……计划用三年或再多一点时间,使学员达到法律大专水平。……提高学员和马克思主义理论水平和审判业务水平。"这或许可以认为是法官专业化理念在最高司法机关决策者思想中的雏形。
③ 参见1988年《最高人民法院工作报告》。该报告提出:"我们要求这次增编的人必须一个顶一个用。我们希望,根据改革的精神,法院也能有用人的自主权。无论是社会招考,还是单位调配的或转业军人,都坚持标准,公开招考,择优录用,不合格的坚决不要。我们在去年规定,这次进人由各高级法院统一管理,对不合格的,有权拒绝接收。最高法院将进行检查,如发现通过'指令''条子''搭配'和'关系'等途径进来的不合格者,坚决清退。我们殷切希望各级党委、各级人大和政府支持法院保证进人质量,希望组织、人事部门帮助法院把好进人关。"

职务的法官)时,司法理念已经逐步占据了主导地位,这鲜明体现在普通法官的司法职业准入机制的建立和完善上,尤其是对学历和资格考试要求的不断提升。如审判长选任,则更是以学历高低、考试成绩、能力优劣为基本选拔标准。

然而,在具有领导职务的法官任用方面,干部理念依然发挥其支配性作用。尤其是一院之长的任命,虽然法律上已对初任法官资格设定了较高标准,但院长、副院长任职时依然不要求其必须通过司法资格考试,甚至对其是否应具备法律专业知识都不作明确规定。究其原因,在于领导职位的法官的任用思路仍主要依据干部理念来实施,而不看重司法职业的需要。

在任用标准方面,两种理念也各有其适用场域。司法理念标准表现为专业性要求,干部理念则往往表现为政治性要求。如,欲进入司法机关从事司法工作者必须经历"双重考验"——既需要通过司法考试,而且还需要通过公务员考试,甚至要先当上公务员才能当上法官。这与法治发达国家通常把司法职业资格考试与文官资格考试合二为一的惯例迥异。[①] 这一方面体现司法理念和标准,又反映组织人事工作决策者的观念:法官作为"法院的干部",和其他部门的人员一样都是"党政干部",应采用相同的招录理念和政治标准。所以,司法考试只被视为当上"法院干部"的一个必要而非充分的条件而已。[②] 干部标准和法官标准作用于任用标准的不同方面。

---

① 我国推行的"三合一"法律资格考试模式明显借鉴了日本和德国的相关制度,而传统上实行官员职业募选机制的欧陆国家,即使法官被认定为公务员中的一分子,也无通过了司法考试需再参加公务员考试的做法。事实上,我国北洋政府时期开始实行的近代司法官考试制度也是将二者合并进行的。

② 与之相关的另一个有代表性的问题则是,法院自身没有进人权限。由于法院人员的编制数量与招录权限掌握在党政机构的组织人事部门手中,法院自身没有用人主动权,人员进出自己说了不算,地方党政如果硬往法院里"塞人",法院也无法拒绝。不少法院或多或少存在着具有法官资格却实际上缺乏办案能力或者是因为能力问题无法获得法官资格的人——"需要的人进不来,进来的人不需要,不需要的人又出不去"。这样一种人事管理模式,对于我国从整体上打造更加职业、精干、高效的法官队伍造成一定妨碍。

在任用环节上,两者也有各自的场域。普通法官的实质性任用环节基本上在法院内部,但进入法院则常实行"逢进必考"的做法,由省级法院与省人事组织部门组织实施。领导型法官的关键性任用环节通常是法院之外的组织决策环节。作为一把手的院长,如中、高级法院院长,由于在党内职位和级别较高,实质性的任用权力掌握在上级组织手中。至于副院长则还常由同级组织定夺。

其次,二者常常竞争互动。司法理念与干部理念在形塑法官任用制度的过程中,互相作用、互相影响,呈现出相异与相混的博弈样态。在相混方面,突出表现为:现有助审员任用的准入机制所要求的教育背景、学历知识、考试资格和实践经验等基本上都体现域外法治先进国家法官任用模式,但干部理念并未从助审员任用机制上完全隐退。由于法官被归入整齐划一的公务员管理序列,而我国各部门的公务员都有行政编制的限定,因此要当上助审员必须首先能分配到行政编制内的名额,取得公务员身份;而那些以事业编制身份招聘到法院的人员,即使满足了职业准入的要素,但只要进入不了行政编制,拿不到公务员身份,还是当不上法官。两种理念的影响在助审员任命的条件和程序中均有体现。

在相异方面,微观运作中两种理念往往有冲突,也有妥协。如基层法院副院长的任用,由于在干部管理权限上地方组织及其组织部门是主管方,可能出现地方组织依据干部理念,根据自己的需要而提名政工干部到法院任职,但遭到作为协管方的中级法院以不符合《法官法》要求而反对的情形。过往,如果地方组织坚持其意见不退让,甚至搞"先斩后奏""木已成舟",中级法院也奈何不得。由于任用权限归于地方上的权力结构,两种理念之间的博弈多半以干部理念的胜出而告终。但在 2004 年以后,由于最高人民法院力推初任法官审核制度①,要求各地任命法官在履行干部管理手续和法律程序前,必须先上

---

① 参见最高人民法院政治部《关于进一步加强初任法官审核工作的通知》(法政〔2004〕59 号)。

报高级法院进行资格审核,从而在事实上改变了基层法院法官任用问题上的权力结构关系。由于基层法院副院长在任命前必须经过高级人民法院的资格审核,而且通过中级法院上报,那么地方组织就不大可能再"一意孤行",因为中级法院以不符合《法官法》为由表示反对的话,也就意味着人选不可能通过高级法院的资格审核,而再搞"先斩后奏"则会出现走马上任了却没有法官资格的尴尬局面。如此,二者博弈中司法理念可能胜出。

最后,二者的关系模式一直处于演进发展之中。这主要表现在两点。一是从整体上看,随着时代的发展,干部理念对法官任用的影响力已经下降。法官任用标准不再是一元化的政治忠诚或领导有方,而是转向多元化的考量与策略,人选的司法职业素质被更多地纳入了评估范畴——由组织直接选用的法院院长中,"三无干部"①比例大大降低可资证明。而司法理念这个因素在法官任用过程中则从过去无足轻重甚至可以忽略不计的弱势话语地位逐渐上升到强势话语地位,以司法职业特性来统领任用之理念在很多环节上都获得正当性支持与合法性认可——地市级组织在基层法院院长任用问题上对中级法院党组的赋权即是明证。而中共十八届四中全会之后启动的以员额制为核心的法官任用制度改革进一步强化了这一趋势②,在提高法官待

---

① 我们所称"三无干部",是指那些既无法律教育背景,也无法律专业知识,更无法律工作经历的纯粹的"政工干部"。在以往的各级法院中,由地方党委安排进入领导班子的该类人员是比较常见的。而现在,各级党委在其观念中多多少少有了这方面的意识,抉择人选时会尽量避免选任那些与法律工作完全不沾边的干部——即使是缺乏法律教育背景或系统知识,但起码都是从事或曾经从事过和法律有关的工作。

② 2014年6月,中央全面深化改革领导小组第三次会议审议通过了《关于司法体制改革试点若干问题的框架意见》和《上海市司法改革试点工作方案》。针对长期以来法官选任未能充分体现司法职业特点,不利于把优秀人才留在司法一线等问题,框架意见和上海改革方案确定了司法人员分类管理的基本思路和工作要求,即把法院工作人员分为法官、司法辅助人员和司法行政人员,并对法官实行有别于普通公务员的管理制度。参见《坚持顶层设计与实践探索相结合积极稳妥推进司法体制改革试点工作——访中央司法体制改革领导小组办公室负责人》,载新华网,http://news.xinhuanet.com/politics/2014-06/15/c_1111149887.htm。

遇、强化法官责任的同时,压缩法官员额并提高法官任职条件①,法官入职的专业门槛进一步提升。

具体而言,司法理念在法官任用标准和任用程序上均有越来越多的体现。在标准方面,无论文本上还是行动中,皆越来越强调知识专业化和人员职业性;法官准入资格逐渐具有了一种普适性意义,任职标准开始独立于一般公务员;大多数法官(主要是普通型法官)任用时,职业化因素已经占据主导地位或成为主要标准之一,司法理念的制度化使得法院终于可以理直气壮地将不适格人员拒之门外。在任用程序方面,第一,传统的政治性任用色彩被淡化,组织部门在决定法院领导干部人选时,开始更注意听取来自司法机关和专业人士的意见;第二,出现了有中国特色的淡化政治色彩的任用方式,表现为司法机关自身决策权的增加,如外部组织部门对于中层干部以下的法官职位任用进行放权,基本不再实质性过问,而仅是备案与形式审批而已。第三,十八届四中全会之后开始出现司法组织层面的革新,即在省一级设立具有广泛代表性的法官遴选委员会,先由该委员会全面考察法官参选人选各方面的表现和业绩,从专业的角度提出法官人选建议,再由组织人事、纪检监察部门在政治素养、廉洁自律等方面考察把关,最后由人大依照法律程序任免。

二是干部理念与司法理念自身也随着时代的发展而演进,从而使得法官任用机制也与时俱进。我国传统的干部任用方式多采用上级对下级干部直接委任,或同级组织对同级干部以内部组织决定的方式任命。这些年,从中央到地方,干部人事制度进行了如火如荼的改革,诸如公开选拔、竞争上岗、民主评议、公推公选等措施纷纷出台,相应,不少法院内部都实行"两推一陈述"和竞争上岗等制度。这些变化反

---

① 比如,按照上海市的司法改革试点方案,法院工作人员将分为法官、法官助理等司法辅助人员和行政管理人员三类。经过3—5年的过渡期后,三类人员占队伍总数的比例将控制在33%、52%和15%,这样就确保了85%的司法人力资源直接投入办案工作。与此同时,实行法官单独职务序列管理,并健全司法人员职业保障制度,建立有别于一般公务员的职业保障体系。参见姜微、杨金志:《上海司法改革试点拉开序幕》,载2014年7月13日《人民法院报》。

映我们的干部任用理念中增加了民主性、竞争性、公开性和透明性这些现代民主政治元素,有助于改善干部任用方式的科学性,法官优胜劣汰的机制开始出现。对于"历史包袱"较重的法院,竞争上岗实际上是裁汰冗员,让能者上的一种人事改革手段。这对于打造高素质的法官队伍,建设精英型法官群体有帮助。

当然,干部人事制度的改革实践有时难免形式大于实质,且缺乏刚性,具体操作方式在一定程度上取决于主事者的意愿。① 虽然我们创造出了一些基于中国式干部体制特色的程序性保障机制,比如中、高级法院在干部双重管理体制下有权否决那些不符要求的下级法院法官任命,又比如法院内部通过竞争上岗的方式来甄别那些真正具备司法能力的人。但由于人大任命权的虚置,像法治发达国家那种能够保障法官资质的实质要件得到严格甄别的外部监督程序仍然阙如,在改革试点地区新设的法官遴选委员会能否切实承担起对候选人专业资格严格把关的职能仍待观察。② 值此之故,现行法官任用方式的改革效果依然不能高估。

二、二律背反:法官任用的中国图景

(一) 任用标准国际化与任用程序本土化

在两种理念的作用下,当代中国法官任用制度呈现出非常鲜明的

---

① 2007年11月6日,我们在某法院的调研过程中,一名受访法官指出:"这次的候选人名单是根据民意测验的结果公布的,但公布了名单却没有公布上榜者的得票数,那么此人最终当选究竟是因为民意支持率高还是领导器重他,则无从得知。有时会公布得票率,有时又不公布,所谓的公开和透明并没有形成一种严格的制度。"

② 比如,根据傅郁林教授的观察,在6个试点省(市)委政法委报送的方案中,除了上海由高院主导外,其他几省要么由政法委书记担任遴选委员会主任,要么办事机构设在政法委,总之均由省委政法委主导。但从《宪法》和法律的层面做顶层设计,最合理的安排应该是设在省级人大,而最不恰当的安排是放在政法委。参见任重远:《学者建议由人大主导法官遴选 司法改革:法官谁来选,怎么选》,载 http://www.infzm.com/content/104386。

中国图景：任用标准国际化与任用程序本土化这一独特的、二律背反的模式。具体说来，表现在以下方面：

在任用标准上，虽然呈现混合性，既有西式标准，也有中式特点，既有传统色彩，也有现代观念。但整体上就绝大多数办案法官的任用而言，专业标准起着第一位的作用。如2002年开始实施的"三合一"司法考试，便典型地借鉴了国外司法职业募选机制，尤其在形式上几乎就是日本司法考试制度的翻版。又如在实务中，虽然无论是哪一级别的法官任职，"政（治）评价"是必不可少的一道工作程序（初进法院更必搞"政审"）。但这一从革命年代沿袭下来为确保选拔对象根红苗正的甄别手段，基本上已是形式大于实质，更多地被赋予了一种程序正当性的意义。同时，基于互动的多样复杂性，不管是普通型法官还是领导型法官，任用可能都有多种因素在发挥作用。比如，虽然院长人选是组织拍板，组织主要考虑的是政治素质和领导能力，但地方组织部门往往会主动征求上级法院对于人选的意见——包括人选专业水平方面的意见；组织部门在考察副院长候选人时也会征求法院领导的意见。这说明司法理念对于法院领导班子的选任并非不起任何作用，即使是组织也会在政治因素和司法因素之间反复斟酌与衡量。

在程序方面，则更体现中国式的特征，主要是体现中国式政治方式。传统方式如组织最终决策制，将各级法官选任的核心权力一直牢牢掌握在组织（外部的上级党委与内部的党组）手中，"党管干部"在此一问题上从未有过任何动摇与改变，几十年如一，从而体现出中国法官任用制度守成的一面。现代方式如晚近法院内部对拟任职人选搞测评与投票，则是一种体现群众意见的表达方式；同时，除了群众参与的民主化，领导决策也呈民主化，如法院内部党组开会时对候选人的背靠背打分，以及法院外部的人大和上级法院参与对人选的考察和评审，等等。此外，对于候选人之间的竞争方式，实行一种"协调式竞争"，制度上不允许竞争时出现针锋相对的"拉帮结派"，甚至公开拉选票也被禁止。虽然，在中国这样的关系社会，"私下拉票"仍是不可避免的现象。同时，虽然法治式的职业募选机制在助理审判员等的考选过程中日益显现,但从整体态势上,我国法官任用程序性机制的国际化程度并不高,西方化味道并不浓。尽管相对于过去而言,任用程序有较大变化,但并没有像任用标准那样体现出明显的追寻西式现代性改革进路。总体而言,任用程序仍然以中国因素为主,尤其是干部理念为主导,受中国传统文化习惯与中国式民主建设成果的影响,并且在一定程度上刻意与西方司法职业遴选理念下的技术和程序划清界限。

由此,我们不难发现中国法官任用的中国图景,甚至可以说是"中国问题":一个二律背反式的悖论——在当下我们在努力让法官更加专业化、职业化从而实现向国际通行做法靠拢时,却选择了一条非国际化的、离国际通行做法更远的本土化方法与进路——内容与形式之间出现了背离。

在我们看来,法官的任用标准的国际化可从中国人的实用主义上加以解释。韦伯在论述中西社会理性之异时曾指出,东方社会奉行实质理性,关注结果。这似乎也体现在法官任用标准方面。由于法官应当具有的专业知识和专业能力更多地涉及的是纯粹的司法技术与技艺,这在内容上与我国官方传统所强调的"又红又专"其实具有逻辑上的一致性,并不冲突,甚至还是在新的历史条件下对"又红又专"要求的一个很好注脚。但任用程序的问题就没有那么简单。如同达玛斯卡所言,司法的权力结构更受政治结构的影响。作为国家选拔司法官员的方法,采取何种形式来搭建法官任用程序,在很大程度上不但取决于国家权力的运作模式,而且更受制于司法与权力、司法与政治的具体关系——因为法院在一国政治结构体系和权力配置架构中的位置与功能,影响了官方以何种眼光与态度来看待法院的作用,决定了法院会被以什么样的方式来构建——法官的选任方式即是其中重要一环。换言之,法官任用程序改革虽然表面上可能只是形式上的变化,但这个形式却直接而深刻地影响到既有政治权力格局的配置,基于中国治理方式主要表现在针对社会的实际运作方面,而在权力自身的、固有的结构及相应的内部治理模式改变有限的基本性约束条件下,变化谈何容易！首先,当下中国社会生活所处的宏观背景没有发生改变,党的领导仍然是一切工作都必须毫不动摇地坚持的基本原则,包括法官在内的所有公职人员任用都始终坚持"党管干部"的机制;其次,中国语境下司法与政治的相互关系也没有发生根本性变化,法院作为"政法机关"仍然被牢牢定位于人民民主专政工具的地位,是负责落实执政党在司法领域各种决策的执行部门,司法对政治服从一如既往;再者,出于不同意识形态和社会制度之间竞争的需要,为避免在西方的影响力中陷入被动,中国开始按照自己的方式来推进民主政治与法治现代化,有意呈现一些与所谓国际标准不同的样貌,以体现自身特点。凡此种种,皆决定了我们在法官任用程序这一具有"政治正确"深远意义的问题上必然会推崇"本土化",而对"国际化"敬而远之。

必须指出的是,任用标准提升的国际化趋势与任用程序本土化的这种悖反现象,专注司法的专门技艺与统摄司法的政治理念之间的差异,已经给中国司法实践活动制造了某种张力,引发了一定的矛盾与问题。比如,符合职业化标准的法官更适宜通过职业化的程序选拔而来——只有专业性的程序才能保证专业性的结果,这是法治发达国家之所以能建设出一支高水平法官群体的基本规律。而政治性的任用程序可能会影响专业性标准的贯彻,从而导致两者间的紧张关系。任用越是专业化与职业化,则可能意味着对程序的内在独立性要求越来越强,这样一种逻辑暗含要求程序摆脱外在因素对程序本身施加的影响力。显然,这种情况不可能被彻底消除,因为它本身就发端于这种二律悖反的实践之中。对由此引发的问题,按照司法理念选拔出来的职业法官按照专业化的认知对案件进行审理,潜意识中很可能完全会按照职业法律家的思路作出裁判,而"技术理性"与"实质理性"的差异在一些场合下就会使职业法官基于职业标准作出的司法判决,与政治机构所期望的结果不相一致,从而导致司法与政治的紧张关系,政治领导人或许会产生司法脱离其掌控的危机感。自2006年以来,全国司法机关中广泛掀起"社会主义法治理念"教育活动而有意淡化西式"现代法治理念",并再次强调党对司法工作的绝对领导地位,与前述这种紧张关系便不无牵连。

（二）下层法官职业化与上层法官干部化

在任用标准国际化与任用程序本土化之外，法官内部功能性的分化与区别性的角色进一步增加了中国法官任用机制的复杂性。中国语境中的法官是一个分殊的、异质的群体，同时包容了助理审判员、审判员、副庭长、庭长、副院长和院长，以致审委会委员等多个主体，而且这些主体之间具有较为明显的从属关系，呈现出一种科层式的层级化结构，因而在任用标准和任用程序上具有不同的考量，这种区分使得正式法律条文上看似具有统一构造的中国法官任用机制在实践中演化出了三种大不相同的标准和程序，并由此形成了另外一种独特的、二律背反的模式：下层法官的职业化与上层法官的干部化。

首先，应当看到，历经10余年的司法改革之后，以1995年《法官法》制定和2001年《法官法》的修订为标志，以国家统一司法考试的实施为标准，司法理念更多地向助理审判员、审判员等普通型法官渗透，在选任标准上，法律专业水平成为重要的评判依据，而在任用程序上也基本由法院自行主导，并通过确立任命法官和提请任命法官审核制度逐步加大了强化省级法院的管理权限。同时，在逐级（半级）晋升的制度要求和实践惯例中，业务领导层的副庭长在任前绝大部分为资深审判人员，庭长绝大部分来自于中层副职，副院长也越来越多地来自于法院中层正职，其结果是，法律专业素养在正副庭长、副院长等业务领导层法官任用中已成为至关重要的考量因素，法院系统在整个法官任用程序中的话语权也得到提升，司法理念进一步延展到业务领导层法官，尤其是正、副庭长等中层领导的任用上。在此基础上，中共十八届三中全会《关于全面深化改革若干重大问题的决定》进一步直接提出要推动省以下地方法院人财物统一管理，建立符合职业特点的司法人员管理制度，中国法官任用制度中法院系统内部"条条"上的管理权限可能进一步扩张，同时以职业化、专业化为核心的改革也可能在经历了数年的调整之后重启，由此可能形成并维持一个以法律人为主体,具有一定独立性的、自律性的"法的空间"。

但是,从总体上看,这样一种职业化、专业化走向的发展趋势如果存在,它也更多局限在业务型普通法官这一层级。而对科层式法院组织体系中居于上层的政治型领导法官(院长)的任用,则不那么看重法律的专业素养,相反更加倚赖候选人贯彻领导核心政治意图的意愿和能力,及其对职权范围内的人、事、物等实施有效管理的行政能力。在院长的任用标准上,真正在实践中起作用的可能不是专业出身和司法经历,而是"管理和协调的综合能力",是对"为官之道"的谙熟。因此,一个人能不能当法院院长,主要是看其会不会"当领导",会不会"做官"——这对各级法院的院长都适用,且法院级别愈高,就愈加明显。而在院长的任用程序上,无论是法定的正式程序还是内部的组织程序,都对院长和其他法官作了区分。首先,从现行法律明文规定上看,我国在法官任用上采取了二元模式:院长实行选举制,其他法官采用任命制。根据我国《宪法》及其他相关法律的规定,各级法院院长应当由各级人大选举,也即院长的任用程序属于权力机关实施的选举程序中的一种,而其他法官(包括副院长、庭长、副庭长和审判员)则由院长提请各级人大常委会任命,助理审判员由本院院长任命,这就与院长任用在法律程序上形成了鲜明的对照。① 其次,在更重要的党内组织程序上,院长由于属"高半级"配备的干部,因此任用的决策权在上级地方党委及其组织部门,其任用过程同时涉及上级法院党组和政治部、本地党委及其组织部门等实权机构和人物的博弈,干部理念更为彻底地主导着院长的任用过程,党的各级组织部门保留了事前、事中或者事后介入或干预的可能性。而且,随着法院级别的提高,外部组织部门介入的广度和深度不断增加。同时,这种干部理念还会进一步往业务型领导法官的任用渗透,尤其是向作为分管领导的副院长渗

---

① 在实践中,由于人民代表大会几乎没有否决过被提名的候选人,加上此类选举一般都只有唯一候选人,因此凡被正式提名的人选几乎可以肯定当选,因此,任用院长的该选举程序基本上不具有实质意义。

透,虽然不管历史上还是现实中,副院长任职时以司法经验为表征的业务能力事实上都得到了重视和强调。一个例证是,针对2001年《法官法》第12条第1款对法官任用必须"通过司法考试""具备法官条件"这一要求,同条第2款同时对法院"院长"和"副院长"的任职资格都网开了一面,规定法院院长、副院长除了应当从法官中选拔外,还可以从"其他具备法官条件的人员"中选出。这里所谓的"其他具备法官条件的人员"意味着不一定需要司法考试合格、法律本科学历诸条件。

不难发现,在这里,又一个二律背反式的悖论形成了——在基层的普通法官呈现出某种专业化、职业化发展趋势的同时,上层的领导法官却在干部理念的支配下一如既往的呈现出政治化的运行状态。问题是,为何职业理念主导的法官任用机制改革在"遭遇"以院长为代表的领导法官时会更多地让位给干部理念?在我们看来,当前法院在既定政治架构中的地位和法院组织规模迅速扩张后形成的制度需求是两个十分重要的因素。首先,相对于司法理念,干部理念在既定的政治架构中可以更好地适应当前中国以党政部门为核心的政治整合机制。与高度分权的美国社会更多的由司法部门承担整合功能不同,当代中国社会的利益整合机制是以各级党委和政府为核心展开的,司法部门只是党政链条中的一环。在这样一种政治整合机制下,对党政部门而言,可能会倾向于对司法作工具化的理解并将法院运转必不可少的人事、编制、财政等核心资源置于党政部门的控制之下,因此在任用作为法院"一把手"的院长时,各级党政部门往往会将"如何保障党对法院工作的领导"作为主要出发点,并由此形成干部理念主导的任用模式。同时,从法院的角度看,面对这样一个法院在人事、编制、财政等核心资源上严重依赖党政部门的政治格局,院长也只有具备卓越的沟通协调能力,才有可能让各级党政部门认可、接受或者支持法院在党政部门政治议程上所应发挥与实际发挥的重要作用,进而获得法院运转所必不可少的政治、经济资源。"省级统管"改革虽然提高了法院人财物管理的层级,进而一定程度上将法院从对市、县党政部门的依赖中解脱出来,但并未改变法院与省级党政部门之间的关系格局,即使实行中央统管亦如是。在此意义上,革新的只是党领导司法工作的方式,而非党的领导本身,党管干部原则过去是、现在是、将来也仍然会是中国法官任用机制的核心理念。其次,相对于司法理念,干部理念主导的任用标准和任用程序可以更好地筛选出具有卓越管理能力的干部,进而适应法院组织规模迅速扩张后产生的内部管理需求。随着中国整体社会向市场经济转型,法院在经济社会生活中发挥的作用愈加凸显,社会对法院的功能期待更加复杂、多元而迫切,由此导致法院系统的组织规模自改革开放以来急速扩张①;而在不断膨胀的组织规模和不断延伸的科层链条中,居于科层顶端的法院院长必然会面临大量的管理问题。② 这些问题错综复杂,既涉及法院的审判业务部门以及与之相关的流程再造、架构优化等审判管理问题,也涉及法院的综合管理部门和相关的法院人、财、物的管理等司法行政事务,对法院院长的管理能力无疑提出了相当高的要求。③ 而相对于司法理念主

---

① 截至 2007 年底,全国法院系统的法官和工作人员已达 30 多万人。法院规模的急速扩张使得法院在内部结构样态上发生了很大的变化。首先,法院在内部治理上发生了功能上的分化,内设的庭、处、室自 1979 年以来不断增加,尤其是在审判庭设置上,到 2001 年中央编委提出《地方各级人民法院机构改革意见》的 20 余年间,庭室数量基本上每五年都要向上翻一倍。关于 1978 年之后中国社会复杂性的剧增与法院内部分庭管理制度的发展,可参见刘忠:《论中国法院的分庭管理制度》,载《法制与社会发展》2009 年第 5 期。以被调研的 A 中院为例,截至 2011 年,其内设机构也多达 23 个,包括刑一庭、刑二庭、未成年人案件综合审判庭、民一庭、民二庭、民三庭(知识产权庭)、民四庭、行政审判庭(赔偿委员会办公室)、立案一庭、立案二庭、审判执行监督庭、执行工作局(下设执行一处、执行二处、综合处)、办公室、信息化工作处、司法行政装备管理处、研究室、审判管理办公室(审判委员会办公室)、技术室、法警支队、监察室(与市纪委派驻纪检组合署办公)、政治部、机关党委和离退休人员工作处,规模已经相当庞大。

② 比如,法院干警职级晋升标准的设定,不同机构及其成员在工资、福利、办公等资源分配上的平衡,对司法或者非司法的违规或者越轨行为的制裁,法院内部不同机构之间的联络和沟通,等等。

③ 以审判管理为例,如果要对法院各项管理措施的实施效果进行评价进而寻求可能的改进——这通常被设定为法院院长典型的工作范围,法院院长不能仅仅考虑个案或者个人的评价,还必须同时考虑如何对类案或者业务庭甚至整个法院的审判质量进行评估;既要考虑短期的评估,也要考虑中期或者长期评估的可能;而在设计评价指标体系时,则既要合理确定质量评查的重点方面,也要兼顾审判活动的各个方面。此外,要确保制度的实效性,还应当将行政或者纪律上的奖惩等可能的激励约束机制纳入其中,而这又会进一步涉及复杂的人际协调工作。

导的任用过程,干部理念不仅在任用标准上更加看重此类素质,而且在任用程序上也更加有利于筛选出此类素质,因而表现出一种语境化的制度优势。

值得注意的是,由于在中国的司法场域中,下层的普通法官和上层的领导法官并不是两个平行、不相交的子域,而是共处于一个具有较为明显的从属关系、科层式的层级化结构之中,因此这些不同理念主导的任用机制在实践中又被紧密地嵌套在同一个组织空间之中,这种嵌套在增强法院适应外在组织环境灵活性的同时,也为中国司法的实践活动制造了新的矛盾和问题。因为在这样一种晋升模式下,一个好的审判者未必就是一个好的管理者,因而可能无法晋升到领导型法官的岗位;但在当代中国,业务技能未必突出或者对法外因素的考量更加敏感的领导型法官,却在现实的审判管理和裁判生成机制中具体承担着对个案裁判进行审查、控制和监督的职责。① 显然,这样一种监控可能会侵蚀由法官、检察官、律师等法律人在个案的裁判生成过程中所建构起来的"法的空间",从而在具体承办案件的普通法官和领导法官之间造成心理上的疏离感和认同危机。虽然我们在理论上可以设想像许多西方国家那样将领导型法官活动的场域限定在辅助性质的司法行政事务上,进而剥离其对法院审判活动进行政治控制和质量把关的职能,为个案裁判中一个相对独立的法律空间的生成创造前提,但这种剥离可能割裂我国在可预见的一段时间里仍然十分看重的政治控制的链条,同时在诉权等替代性制约机制未能真正建构起来的现实语境中,它也可能进一步放大法官的自由裁判权,恶化个案裁判的质量。

当然,对这种疏离和危机的严重程度似乎也不宜作过高的估计,因为长期以来形成的法院内部科层式权力架构和法院外部以党政部

---

① 经过长期的实践探索、调整和总结,中国法院已逐步形成了一个比较稳定的以"中国式科层制"为特色的,"多主体、层级化、复合式"的审判运行机制。在这种中国式的法院管理模式中,法院的审判业务活动在组织构造上呈现出一种塔形结构,从审判委员会到一线办案法官组成的合议庭,权力依次递减,一旦审委会作出决定,合议庭必须服从,但在特定的个案中,合议庭的意见是否需要复议以及是否需要将个案提交审委会讨论等事项则作为审判管理事项交由院长、副院长、庭长和副庭长等来"把关"。

门为核心的政治整合路径为这种干预的合法性提供了某种论证。同时,职业化理念本身的演进也部分解决了这一问题。总体上看,经过10余年的司法改革和队伍建设之后,在当代中国法院内部的法官群体中,从助理审判员到分管副院长已逐步走向专业化、职业化,再辅之以各地法院在权力下放和节点管控基础上形成的层级化内部管理体系,中国法院常规审判业务活动的理性化水平大大提升,由审判员、助理审判员组成的业务型普通法官和副庭长、庭长、副院长组成的业务型领导法官共同组成的中国式科层治理模式已基本上可以满足案件裁判质量控制的要求,此时对政治性领导法官职业化的真实制度需求并不突出。易言之,在法院这一组织体中,处于科层序列顶端的政治型领导法官(院长)本应具备的法律专业技能的相对弱化,或者说非法官化,正源于整个法院组织的理性化和法院院长以下整个法官群体专业化和职业化水平的总体提升,这使得法院院长可以超然于个案的裁判,专注于承担对法院的总体运行而言更加重要的角色。此外,在司法实践中,院长干预个案的范围和方式还可以通过一些技术性的处理手段来控制,比如在审委会讨论案件时合理设置院长的发言顺序等。①因此,在中国语境中,诸如外行院长如何能够胜任审委会事务等质疑或许夸大了院长缺乏专业素质的弊端,当前的法院院长选任标准和程序亦有其合理性。

三、前瞻:中国法官任用机制的未来

当前,中国的法官任用机制正在"职业化"和"干部化"两种任用

---

① 关于外行院长如何能够胜任审委会事务的质疑,外界在这个问题上可能过于夸大了院长缺乏专业素质的弊端。调研中受访的一位中院研究室法官表示:"开审判委员会时,院长都是最后一个发言,即使不懂,在听了大家的意见后再表态,也相当于学习之后再总结,并不难,错也不会错到哪里去,况且还有主管副院长把关。特别是中国的刑事案件,凭借朴素的正义情感也能作出判断。尤其是真正需要院长自己拿主意的问题,往往已经不是单纯的法律问题了。因此院长即使是法律外行,也不见得就会影响审委会的工作。"2007年11月6日与某法官的座谈内容,见访谈笔录第115页。

理念之间徘徊与嬗变。行文至此,似乎应关注是否改革、如何改革,但基于对中短期内前述宏观政治司法变化的有限性尤其是政治发展方向的判断,我们却很难给出"司法理念将取代干部理念彻底主导中国的法官任用机制"这样一个大幅变化的、前瞻性的具体看法。虽然如同我们所处的这个变动不居的转型社会一样,这一制度注定会继续变化发展下去,事实上十八届三中全会《关于全面深化改革若干重大问题的决定》也从省级统管、逐级遴选、职业保障等方面对新一轮司法人事制度改革作了新的安排和部署,但在司法所处的宏观政治环境和政治架构变化不大的情况下,这些改革是否会彻底改变两种理念在法官任用过程中的比例关系,仍然有待观察。未来中国的法官任用机制究竟会向何种方向发展完善,当主要取决于中国自身之政治司法结构是否以及如何调整,而非取决于人们的主观价值判断,也非决定于某种西方意识形态的衡量。

在我们看来,未来中国的法官任用机制会由司法理念主导还是由干部理念主导,取决于若干因素。一是法院和法官在中国社会的角色定位。这种定位可以从多个角度观察。比如,司法在回应社会变迁、补强立法的方面程度有多高,这种针对社会变迁的角色度量的是"司法开创性";或者透过司法对人权等核心价值的保障来控制多数决法律的能力和意愿又有多高,这种针对反多数决的角色定位度量的是司法的"政治自主性"。把这两种视角叠加在一起就会有四种不同的角色定位:两者皆低的为"执行者",两者皆高者为"政治人",司法开创性高而政治自主性低者为"代理人",政治自主性高而司法开创性低者为"守护者"。[①] 显然,不同的角色定位对法官任用标准和任用程序的要求都不一样,在确定中国法官任用机制的可能走向时,必须考量法院和法官在中国社会的角色定位。如果其角色在中国被定义为"政治人",比如像美国联邦最高法院甚至下级法院那样的角色,党政部门一

[①] 参见苏永钦:《从司法官的选任制度看法系的分道和汇流》,载《寻找共和国》,台北元照出版有限公司2008年版,第400—404页。

般会寻求更多的控制，在法官任用过程中干部理念胜出的概率就会更高；而如果司法的角色被限定在技术性的审判事务上，像德、法、英、日等国的下级法院一样定位于"执行者"，则即使在中国，也有可能期待党委采取更为柔性的控制策略，司法理念在法官任用过程中也有胜出的概率。二是司法理念与干部理念主导的任用机制在实践中的矛盾程度，以及实际选任出来的法官在履行职责方面的实际效果。基于一种法律实用主义的演进路径，法官任用机制的最终任务是选拔出一批批既能胜任现代司法工作，又令政治当局与社会各界满意的法官。因此，目前选出来的法官是否可以满足党政部门和社会公众期待，以及当它不能满足这种期待时，我们对其病因的具体诊断，将直接决定后续的制度走向。

显然，就上述这些因素而言，现状虽然存在较大的问题但尚未达到整体上不被接受之程度。由此，我们预判中短期内的大改将殊为不易。然而，这并不排除我们的一个整体性看法：中国这种二律背反式的法官任用机制本身可以尝试一体化、协调性的整合，以查明、控制其间存在的张力。为此，整合形成一套统一、综合的理念，并由此形塑一套统一、协调且实质有效的任用标准与程序，便是努力方向。当然，这种变化的努力，既不能简单遵循西化路径，也不能完全固袭传统符号与道路，而应以司法能妥善承担社会、当事人及国家的功用为出发点与皈依。对此，我们的期盼是：一种现代式的专业化与政治化兼顾且协调化的中国式理念与机制。当然，其具体内容当有待通过实践来探索。

参考文献

一、中文著作

1. 牛敏编:《人民法院审判运行机制构建——成都法院的探索与实践》,人民法院出版社2012年版。
2. 公丕祥:《当代中国的审判管理——以江苏法院为视域的思考与探索》,法律出版社2012年版。
3. 孙洪坤:《司法民主、公平正义与法官制度》,法律出版社2012年版。
4. 郑永年:《中国模式——经验与困局》,浙江人民出版社2010年版。
5. 高其才、左炬、黄宇宁:《政治司法:1949—1961年的华县人民法院》,法律出版社2009年版。
6. 谭世贵等:《中国法官制度研究》,法律出版社2009年版。
7. 陆而启:《法官角色论:从社会、组织和诉讼场域的审视》,法律出版社2009年版。
8. 唐应茂:《法院的表现:外部条件和法官的能动性》,法律出版社2009年版。
9. 苏永钦:《寻找共和国》,元照出版公司2008年版。
10. 吴英姿编著:《法官角色与司法行为》,中国大百科全书出版社2008年版。
11. 韩大元:《1954年宪法与中国宪政》,武汉大学出版社2008年版。
12. 黄宗智:《经验与理论:中国社会、经济与法律的实践历史研究》,中国人民大学出版社 2007 年版。

13. 黄光国:《儒家关系主义:文化反思与典范重建》,北京大学出版社 2006 年版。

14. 郑戈:《法律与现代人的命运:马克斯·韦伯法律思想研究》,法律出版社 2006 年版。

15. 方立新:《传统与超越:中国司法变革源流》,法律出版社 2006 年版。

16. 孙笑侠等:《法律人之治——法律职业的中国思考》,中国政法大学出版社 2005 年版。

17. 山东社会科学院课题组:《马克思主义人才理论与实践》,山东人民出版社 2005 年版。

18. 冉井富:《当代中国民事诉讼率变迁研究——一个比较法社会学的视角》,中国人民大学出版社 2005 年版。

19. 苏力:《也许正在发生——转型中国的法学》,法律出版社 2004 年版。

20. 左卫民等:《最高法院研究》,法律出版社 2004 年版。

21. 李烈满:《健全干部选拔任用机制问题研究》,中国社会科学出版社 2004 年版。

22. 周庆智:《中国县级行政结构及其运行——对 W 县的社会学考察》,贵州人民出版社 2004 年版。

23. 贺卫方:《超越比利牛斯山》,法律出版社 2003 年版。

24. 韩波:《法院体制改革研究》,人民法院出版社 2003 年版。

25. 韩秀桃:《司法独立与近代中国》,清华大学出版社 2003 年版。

26. 赵小锁:《中国法官制度构架——法官职业化建设若干问题》,人民法院出版社 2003 年版。

27. 强世功:《法律人的城邦》,上海三联书店 2003 年版。

28. 赵心树:《选举的困境——民主及宪政改革的批判》,四川人民出版社 2003 年版。

29. 龚祥瑞:《比较宪法与行政法》,法律出版社 2003 年版。

30. 苏泽林主编:《法官职业化建设指导与研究》(2003 年第 1 辑),人民法院出版社 2003 年版。

31. 张培田:《法与司法的演进与改革考论》,中国政法大学出版社 2002 年版。

32. 张卫平主编:《司法改革论评》(第三辑),中国法制出版社 2002 年版。

33. 贺卫方:《运送正义的方式》,上海三联书店 2002 年版。

34. 李修源:《司法公正理念及其现代化》,人民法院出版社 2002 年版。

35. 于显洋:《组织社会学》,中国人民大学出版社 2001 年版。

36. 苏力:《送法下乡:中国基层司法制度研究》,中国政法大学出版社 2000 年版。

37. 左卫民、周长军:《变迁与改革:法院制度现代化研究》,法律出版社 2000 年版。

38. 周道鸾编:《外国法院组织与法官制度》,人民法院出版社 2000 年版。

39. 信春鹰等主编:《依法治国与司法改革》,中国法制出版社 1999 年版。

40. 陈俊荣:《大法官》,台北扬智文化事业股份有限公司 1999 年版。

41. 季卫东:《法治秩序的建构》,中国政法大学出版社 1999 年版。

42. 贺卫方:《司法的理念与制度》,中国政法大学出版社 1998 年版。

43. 韩延龙主编:《中华人民共和国法制通史》(下),中共中央党校出版社 1998 年版。

44. 贺卫方编:《中国法律教育之路》,中国政法大学出版社 1997 年版。

45. 徐达深主编:《中华人民共和国实录》(第二卷),吉林人民出版社 1994 年版。

46. 曹沛霖、徐宗士主编:《比较政府体制》,复旦大学出版社 1993 年版。

47. 苏尚尧主编:《中华人民共和国中央政府机构》(1949—1990),经济科学出版社 1993 年版。

48. 有林、郑新立、王瑞璞主编:《中华人民共和国国史通鉴》(第三卷),红旗出版社 1993 年版。

49.《中国法律年鉴》,法律出版社 1989 年版。

50. 董必武文集编辑组:《董必武政治法律文集》,法律出版社 1986 年版。

二、外文译著

1. 〔美〕布雷耶:《法官能为民主做什么》,何帆译,法律出版社 2012 年版。

2. 〔美〕琳达·格林豪斯:《大法官是这样炼成的:哈里·布莱克门的最高法院之旅》,何帆译,中国法制出版社 2011 年版。

3. 〔以〕巴拉克:《民主国家的法官》,毕洪海译,法律出版社 2011 年版。

4. 〔美〕马修·戴弗雷姆:《法社会学讲义:学术脉络与理论体系》,郭星华等译,北京大学出版社 2010 年版。

5. 〔美〕李侃如:《治理中国:从革命到改革》,胡国成、赵梅译,中国社会科学出版社 2010 年版。

6. 〔美〕迪特里希·鲁施迈耶:《律师与社会:美德两国法律职业比较研究》,于霄译,上海三联书店 2010 年版。

7. 〔美〕波斯纳:《法官如何思考》,苏力译,北京大学出版社 2009 年版。

8. 〔美〕理查德·L.埃贝尔:《美国律师》,张元元、张国峰译,中国政法大学出版社 2009 年版。

9. 〔美〕亨利·J.亚伯拉罕:《司法的过程》,泮伟江等译,北京大学出版社 2009 年版。

10. 最高人民法院中国应用法学研究所编译:《美国法官制度与法院组织标准》,于秀艳等译,人民法院出版社 2008 年版。

11. 李毅:《中国社会分层的结构与演变》,肖蕾、李毅译,安徽大学出版社 2008 年版。

12. 〔法〕詹姆斯·汤普森:《行动中的组织——行政理论的社会科学基础》,敬乂嘉译,世纪出版集团、上海人民出版社 2007 年版。

13. 〔美〕詹姆斯·马奇:《决策是如何产生的》,王元歌、章爱民译,机械工业出版社 2007 年版。

14. 〔美〕劳伦斯·J.彼得、〔美〕雷蒙德·赫尔:《彼得原理》,闾佳等译,机械工业出版社 2007 年版。

15. 〔美〕罗伯特·K.默顿:《社会理论和社会结构》,唐少杰、齐心等译,译林出版社 2006 年版。

16. 〔美〕安东尼·唐斯:《官僚制内幕》,郭小聪等译,中国人民大学出版社 2006 年版。

17. 〔意〕莫诺·卡佩莱蒂:《比较法视野中的司法程序》,徐昕、王奕译,高鸿均校,清华大学出版社 2005 年版。

18. 〔美〕H.W.埃尔曼:《比较法律文化》,高鸿钧、贺卫方译,清华大学出版社 2002 年版。

19. 〔日〕冈泽宪芙:《政党》,耿小曼译,经济日报出版社 1991 年版。

20. 〔英〕马丁·阿尔布罗:《官僚制》,阎步克译,知识出版社 1990 年版。

21. 〔美〕汉密尔顿、杰伊、麦迪逊:《联邦党人文集》,程逢如等译,商务印书馆 1980 年版。

三、中文论文

1. 孟建柱:《深化司法体制改革》,载《人民日报》2013 年 11 月 25 日。

2. 林娜编译:《欧洲各国法官选任机制的基本标准》,载《人民法院报》2013 年 7 月 5 日。

3. 王亚明:《审判管理:问题及进路》,载《长白学刊》2013 年第 4 期。

4. 杨知文:《中国法官的职业化遴选:现状、改革与发展》,载《重庆工商大学学报》(社会科学版)2013 年第 4 期。

5. 刘忠:《规模与内部治理——中国法院编制变迁三十年(1978—2008)》,载《法制与社会发展》2012 年第 5 期。

6. 孙伟良:《谁来守护司法的公正?——法官权利保障制度研究》,载《河南社会科学》2012 年第 3 期。

7. 〔英〕戈德林勋爵大法官:《提高法官来源的多样性——在 2012 年 5 月 23 日威敏法律政策论坛上的主题发言》,林娜译,载《人民法院报》2012 年 9 月 21 日。

8. 顾培东:《人民法院内部审判运行机制的构建》,载《法学研究》2011 年第 4 期。

9. 王琦:《我国法官遴选制度的检讨与创新》,载《当代法学》2011 年第 4 期。

10. 黄志强:《法官助理制度若干问题探讨——以本土化为视角》,载《福建法学》2011 年第 1 期。

11. 王禄生:《对本土制度语境下法官职业化的回顾、反思与展望——以三十年法院人事制度改革为分析样本》,载《四川大学学报》(哲学社会科学版)2010 年第 2 期。

12. 康宝奇、杜豫苏、阿尼沙、季立耘:《审判资源配置新视角:"外援型"法官助理模式运行之检讨及型构》,载《法律适用》2010 年第 11 期。

13. 聂鑫:《近代中国审级制度的变迁:理念与现实》,载《中外法学》2010年第2期。

14. 刘忠:《论中国法院的分庭管理制度》,载《法制与社会发展》2009年第5期。

15. 董馨、蔡小莉:《全国高院院长,14位党政型14位司法型》,载《成都商报》2009年7月20日。

16. 傅达林:《一省高院院长与一方司法生态》,载《中国青年报》2009年7月24日。

17. 俞可平:《中国政治发展30年》,载《文汇报》2008年12月17日。

18. 聂洪勇:《对审判长选任制度的反思》,载《中国司法》2008年第11期。

19. 重庆市第一中级人民法院课题组:《合议庭职责和院庭长裁判文书签发权限制度的完善》,载《西南政法大学学报》2008年第3期。

20. 林学启:《试论党管干部模式的演变》,载《消费导刊》2008年第20期。

21. 王晨光:《法官职业化和法官职业道德建设》,载《江苏社会科学》2007年第1期。

22. 王蕴:《中国语境下的法官职业化》,载《学海》2007年第4期。

23. 陈灵海:《成效比、激励和法官专业化》,载《华东政法大学学报》2007年第3期。

24. 宋世明:《竞争上岗的制度分析》,载《行政论坛》2007年第1期。

25. 朱蓉:《从民事审判看中级、基层法院的司法运作》,载《云南大学学报》(法学版)2007年第20卷第2期。

26. 夏明泉:《大力推行机构人事制度改革提高法院队伍素质》,载《学习月刊》2006年第10期。

27. 林学启:《论党管干部原则确立的理论依据》,载《重庆大学学报》(社会科学版)2006年第3期。

28. 陈新华:《能否简单取消助理审判员制度之辨析》,载《攀登》2005年第6期。

29. 高一飞:《质疑"法盲可以当法院院长"的立法》,载《法治与社会》

2005 年第 6 期。

30. 王河:《领导干部选拔任用制度改革的历史回顾》,载《唯实》2005 年第 2 期。

31. 阿计:《人民的选择——人大制度的历史沿革》(下),载《是与非》2004 年第 11 期。

32. 张华、王丽:《我国法官选任制度研究》,载《金陵法律评论》2004 年秋季卷。

33. 苏力:《法官素质与法学院的教育》,载《法商研究》2004 年第 3 期。

34. 苏力:《法官遴选制度考察》,载《法学》2004 年第 3 期。

35. 孙建:《法官选任制度的构建》,载《法学杂志》2004 年第 2 期。

36. 〔美〕杰弗利·格鲁夫:《美国法的构成要素——以权力分立、司法独立、法院组织、遵循先例以及对抗制为中心》,丁相顺译,载《法学家》2004 年第 5 期。

37. 左卫民:《最高法院若干问题比较研究》,载《法学》2003 年第 11 期。

38. 李昌林:《法官资格制度——比较与借鉴》,载《人民司法》2003 年第 8 期。

39. 阮世能:《法官逐级选任制度研究》,载《人民论坛》2003 年第 5 期。

40. 侯猛:《司法改革背景下的政法治理方式——基层政法委员会制度个案研究》,载《华东政法学院学报》2003 年第 5 期。

41. 刘忠:《关于法官的选任年龄》,载《比较法研究》2003 年第 3 期。

42. 张泽涛:《司法资格考试与我国法官选任制度的改革》,载《法学家》2003 年第 2 期。

43. 贺卫方:《中国的法院改革与司法独立———一个参与者的观察与反思》,载《浙江社会科学》2003 年第 2 期。

44. 陈祥军:《我国法官遴选制度现状及完善》,载《海南大学学报》(人文社会科学版)2003 年第 1 期。

45. 谭世贵:《从任职条件起步——关于法官、检察官选任制度的改革方案》,载《中国律师》2002 年第 11 期。

46. 陈秋兰:《从律师到法官——访安徽省高级人民法院副院长汪利民》,载《中国律师》2002 年第 9 期。

47. 张仁善：《南京国民政府时期县级司法体制改革及其流弊》，载《华东政法学院学报》2002年第6期。

48. 关毅：《法官遴选制度比较》（下），载《法律适用》2002年第6期。

49. 关毅：《法官遴选制度比较》（中），载《法律适用》2002年第5期。

50. 关毅：《法官遴选制度比较》（上），载《法律适用》2002年第4期。

51. 刘会声：《人民法院管理体制改革的几点思考》，载《法学研究》2002年第3期。

52. 陈卫东、韩东兴：《司法官遴选制度探微》，载《法学论坛》2002年第3期。

53. 姚建宗：《国家统一司法考试与我国司法官遴选：基本认识与框架设计思路》，载《法制与社会发展》2002年第2期。

54. 安克明：《建立司法官遴选及培训新型制度》，载2002年2月25日《人民法院报》。

55. 王晨光：《统一司法考试与法官素质和法官遴选制度》，载2001年9月9日《法制日报》。

56. 王丽萍：《美国的律师考试制度及其对我国司法考试的启示》，载《法律科学》2001年第5期。

57. 夏克勤：《中国法官职业化的必由之路——以法官选任制替代审判长选任制》，载《法学》2001年第4期。

58. 丁艳雅：《法官选任方式与程序之比较研究》，载《中山大学学报》（社会科学版）2001年第4期。

59. 李运海、陈海峰：《民权法院有个造假院长》，载2001年2月8日《南方周末》。

60. 曹瑞林：《续〈"复转军人进法院"风波〉》，载《法学》2000年第9期。

61. 芹夫：《"复转军人进法院"风波》，载《法学》2000年第7期。

62. 苏力：《基层法院法官专业化问题：现状、成因与出路》，载《比较法研究》2000年第3期。

63. 廖奕：《司法行政化与上下级法院关系重塑——兼论中国司法改革的第三条道路》，载《华东政法学院学报》2000年第6期。

64. 林涛：《三盲院长引起的思考》，载2000年3月29日《人民日报》。

65. 甄树青:《法官遴选制度比较研究》,载《外国法译评》1999 年第 4 期。

66. 龙宗智:《评贺卫方"复转军人进法院"一文》,载《法学》1998 年第 6 期。

67. 陈永生:《两大法系法官制度之比较》,载《政法论坛》1998 年第 5 期。

68. 陈端洪:《司法与民主:中国司法民主化及其批判》,载《中外法学》1998 年第 4 期。

69. 贺卫方:《复转军人进法院》,载 1998 年 1 月 2 日《南方周末》。

70. 周敦和:《从"重视教育、重视人才"谈法官教育、培训问题》,载 1994 年 5 月 12 日《人民法院报》。

71. 孙矩:《干部概念研究》,载《山东社会科学》1993 年第 1 期。

72. 陆正方、戴锡生:《正确理解和执行党管干部原则》,载《江苏社会科学》1991 年第 6 期。

73. 赵玉思:《法律教育应该大力发展》,载 1980 年 10 月 10 日《人民日报》。

四、网络文献

1. 冯建军:《中国将组国家公务员局 不再有"干部"概念》,载 http://www.chinavalue.net/Blog/BlogThread.aspx? EntryId = 49162。

2. 石洪涛:《大学生不愿当法官 律师不愿考高院》,载 http://zqb.cyol.com/conta2nt/2005-03/11/conta2nt_1047130.c1tm。

3. 《去年法官检察官中大本学历比例为 60.8% 和 63.2%》,载 http://news.sohu.com/20060826/n245009860.shtml。

4. 《司法考试:"门槛高"还是"个子矮"?》,载 http://la2arninc2.soc1u.com/62/36/articla2213723662.sc1tml。

5. 邓昭国:《法官职级待遇亟待提高》,载重庆法院网 http://www.cq-court.gov.cn/Information/InformationDisplay.asp? newsid = 33282。

6. 《我国近年法官流失 1.6 万人,西部地区尤为严重》,载新浪网 http://news.china.com/zh_cn/domestic/wpl/11027351/20050311/12161612.html。

7. 《法官流失的近忧远虑》,载中国法院网 http://www.chinacourt.org/public/detail.php? id = 154111。

8. 胡勇敏:《法院故事》,载天涯论坛 http://blog.tianya.cn/blogger/view_blog.asp? BlogID = 200431&CategoryID = 245709&idWriter = 0&Key = 0。

9. 胡勇敏:《完善法院青年干部培养选任机制的故事》,载天涯论坛 http://blog.tianya.cn/blogger/post _ show. asp? BlogID = 200431&PostID = 9091352。

10.《公开平等竞争择优 竞争上岗成为党政官员晋升主流》,载人民网 http://news.tom.com/Archive/1002/2003/8/12-46436.html。

11.《重庆市渝中区 2007 年人民法院工作报告——在 2008 年 3 月 6 日重庆市渝中区第十六届人民代表大会第三次会议上》,载重庆市渝中区人民政府网 http://www.cqyz.gov.cn/web/sub/mod/6/view.asp? newsid = 18848&siteid = 42。

12. 周力、仲迅:《让优秀人才脱颖而出》,载中国法院网 http://oldfyb.chinacourt.org/old/public/detail.php? id = 49547。

13.《春风吹来满眼绿》,载平安广西网 http://www.pagx.cn/childhtml/2007/3-17/20070317115829582.html。

14.《干部"年轻化"不是"低龄化"》,载新华网 http://news.xinhuanet.com/theory/2007-10/31/content_6974543.htm。

15. 李鸣:《基层法院"断层现象"剖析》,载中国法院网 http://www.chinacourt.org/html/article/200711/21/275521.shtml。

16.《竞争上岗,法官真正的痛》,载中国法院网法治论坛(http://bbs.chinacourt.org/index.php? showtopic = 40784)。

17.《惠东法院各庭室开展竞争上岗》,载青海新闻网 http://www.southcn.com/news/dishi/huizhou/shizheng/200308291305.htm。

18.《西宁市两法院开展竞争上岗活动》,载 http://www.qhnews.com/index/system/2007/04/07/002096121.shtml。

19.《周口中级法院竞争上岗受好评》,载新华网 http://www.ha.xinhuanet.com/zfwq/2007-10/30/content_11533194.htm。

20.《海口市中级法院竞争出效率》,载中国法院网 http://www.chinacourt.org/html/article/200204/02/1179.shtml。

21.《行贿事实曝光"乌纱帽"照戴》,载中青在线 http://news.sina.com.

cn/c/2008-04-01/070113665595s. shtml。

22.《新华法院分管副院长业务》,载新华区法院网 http://www.xhcourt.org/art/list2.asp?id=247。

23. 王宝鸣:《一位法院副院长的一天》,载中国法院网 http://www.chinacourt.org/html/article/200802/18/287858.shtml。

24.《重庆南岸区公招法院副院长 条件较高报名者寥寥》,载法律监督网 http://www.cqjcy.gov.cn/classview.asp?id=5560。

25. 温州市公开选拔副县级领导干部职位一览表,载 http://www.wzrb.com.cn/node2/node139/userobject8ai218378.html。

26.《安徽两律师就任法院副院长》,载 2007 年 11 月 5 日《民主与法制时报》。

27. 肃南县人民法院副院长马国平作的题为"立足本职,做好副职工作"的发言报告,载肃南党建网(http://www.gssn.gov.cn/zzbdj/gssndj/wj/第七组/马国平.htm)。

28. 昆明市盘龙区公开选拔干部公告,载 http://www.yn.gov.cn/yunnan,china/72623842526232576/20051116/1023087.html。

29.《人民法院报:希望在哪里?》,载 http://www.nen.com.cn/72345700460920832/20040301/1350037.shtml。

30.《睢宁法院公开选拔副院长》,载中国法院网 http://www.chinacourt.org/html/article/200505/30/163388.shtml。

31. 王佳宁:《人大否决法官任命的意义》,载中国在线 http://zqb.cyol.com/content/2003-01/10/content_594716.htm。

32.《新一届省级政法领导:法律背景浓厚 领导经验丰富》,载中国新闻网 http://www.chinanews.com.cn/gn/news/2008/02-29/1177744.shtml。

33. 郭锐:《公安局长兼政法委书记弊多利少》,载 http://www.jxnews.com.cn/jxcomment/system/2007/12/25/002641444.shtml。

34.《四川达县法院一副院长嫖娼后续:组织部长丢官》,载新华网 http://www.people.com.cn/GB/shehui/1060/1949408.html。

35.《一位法官的赤诚——追记广西防城港市中级人民法院副院长李红森》,载中国法院网 http://www.chinacourt.org/public/detail.php?id

= 202147。

36.《中国法官素质令人忧 别把法官当成"官儿"》,载新华网内蒙古频道 http://www.nmg.xinhuanet.com/xwzx/2003-09/25/content_985044.htm。

37.《司法考试是否太难?》,载 http://edu.sina.com.cn/exam/2007-03-15/111474664.html,2007-03-15。

38. 侯猛:《法官职业化的制度障碍——兼评离职大法官张军》,载北大法律信息网 http://article.chinalawinfo.com/article/user/article_display.asp?ArticleID=23631。

39. 志丹县政协:《马锡五的一生》,载延安市政协网站 http://www.yazx.gov.cn/WenShiDangAn/rwgc008.html。

40. 彭劲荣:《对聘任制书记员制度的思考》,载北大法律信息网,http://202.115.54.39/claw/ApiSearch.dll?ShowRecordText?Db=art&Id=0&Gid=335586937&ShowLink=false&PreSelectId=60606072&Page=0&PageSize=20&orderby=0&SubSelectID=undefined#m_font_0。

41. 杨明忠:《法官队伍流失、断层剖析——写在〈法官法〉实施15周年之际》,载四川法制网 http://www.legaldaily.com.cn/dfjzz/content/2010-07/07/content_2190341.htm?node=7495。

42. 朱忠保:《不懂法的人如何当上法院院长》,载光明网 http://news.sina.com.cn/o/2006-09-20/120010066214s.shtml。

43. 甘劲草:《法官流失现象透视》,载民主与法制网 http://www.mzyfz.com/news/mag/r/20090908/115548.shtml。

44. 黄有斌:《基层法官流失的原因考量及职业保障体系的完善》,载周口新闻网 http://www.zkxww.com/PAPERS/lunwen/falv/fxll/200903/35483.html。

45. 李飞:《以改革创新的精神加强地方法院班子建设——全国地方法院院长换届工作综述》,载 http://www.chinacourt.org/public/detail.php?id=290056。

46.《省人大代表建议从法律专业人士中选拔地方法院院长》,载 http://news.sohu.com/20041024/n222651605.shtml。

47. 何磊、程刚:《吕忠梅代表:5种人不适合当法院院长》,载 http://news.sina.com.cn/c/2005-03-10/17246050252.shtml。

48. 陈永辉:《最高法院副院长张军:审判工作既要讲法治也要讲政治》,载 http://news.xinhuanet.com/legal/2008-08/28/content_9728602.htm。

49. 黄燕:《法官选任制的反思与构想》,载 http://www.law-lib.com/lw/lw_view.asp? no = 6367。

50. 王忠友:《关于对法官遴选的探索与实践》,载 http://syzy.chinacourt.org/public/detail.php? id = 1596。

51. 刘志恒:《湖南省岳阳市中级人民法院创新法官任用机制》,载民主与法制网(http://www.mzyfz.com/cms/fayuanpingtai/xinwenzhongxin/fayuanxinwen/html/1071/2011-05-30/content-74251.html)。

五、会议报告

1. 1950 年 6 月 17 日最高人民法院院长沈钧儒在政协全国委员会第一届第二次会议上所作的最高人民法院工作报告。

2. 1951 年 10 月 28 日最高人民法院院长沈均儒在政协全国委员会第一届第三次会议上所作的最高人民法院工作报告。

3. 1964 年 12 月 26 日最高人民法院院长谢觉哉在第三届全国人民代表大会第一次会议上所作的最高人民法院工作报告。

4. 1979 年《最高人民法院工作报告》。

5. 1983 年《最高人民法院工作报告》。

6. 1985 年《最高人民法院工作报告》。

7. 1986 年《最高人民法院工作报告》。

8. 1978 年《中国共产党第十一届中央委员会第三次全体会议公报》。

9. 1987 年《赵紫阳在中国共产党第十三次全国代表大会上的报告》。

10. 1992 年《江泽民在中国共产党第十四次全国代表大会上的报告》。

11. 1997 年《江泽民在中国共产党第十五次全国代表大会上的报告》。

12. 2002 年《江泽民在中国共产党第十六次全国代表大会上的报告》。

13. 2007 年《胡锦涛在中国共产党第十七次全国代表大会上的报告》。

14. 2012 年《胡锦涛在中国共产党第十八次全国代表大会上的报告》。

15. 2013 年《中国共产党第十八届中央委员会第三次全体会议公报》及中共中央《关于全面深化改革若干重大问题的决定》。

六、学位论文

1. 赖波军:《F 高级法院:司法运作与国家治理的嬗变》,四川大学博士学位论文。
2. 亓荣霞:《法官职业化研究》,中国政法大学博士学位论文。
3. 王明新:《现代社会中的法官》,南京师范大学博士学位论文。
4. 米勇:《法官遴选制度研究》,吉林大学博士学位论文。
5. 刘兰:《中国法官任用运行机制研究》,四川大学硕士学位论文。
6. 张凤玲:《党委政法委员会制度研究》,中国政法大学硕士学位论文。

七、院志

1. 《A 中院院志》。
2. 《B 中院院志》。
3. 《C 中院院志》。
4. 《a2 法院院志》。
5. 《b 法院院志》。
6. 《c1 法院院志》。
7. 《S 省志·检察·审判志》。